RUSHI SHI NIAN SHENZHEN DUIWAI MAOYI SHUPING

入世10年深圳对外贸易述评

深圳海关 编著

中国海关出版社

图书在版编目（CIP）数据

入世10年深圳对外贸易述评/深圳海关编著．—北京：中国海关出版社，2012.11

ISBN 978-7-80165-900-2

Ⅰ.①入…　Ⅱ.①深…　Ⅲ.①对外贸易—经济史—深圳市—现代
Ⅳ.①F752.865.3

中国版本图书馆CIP数据核字（2012）第212967号

入世10年深圳对外贸易述评
RUSHI SHI NIAN SHENZHEN DUIWAI MAOYI SHUPING

作　　者：深圳海关
责任编辑：左桂月
出版发行：中国海关出版社
社　　址：北京市朝阳区东四环南路甲1号　　邮政编码：100023
网　　址：www.hgcbs.com.cn
编 辑 部：01065194242-7527（电话）　　01065194231（传真）
发 行 部：01065194242-7540/42/44/45（电话）　　01065194233（传真）
社办书店：01065195616/5127（电话/传真）　　01065194262/63（传真）
　　　　　北京市建国门内大街6号海关总署东配楼一层
印　　刷：北京铭成印刷有限公司　　经　　销：新华书店
开　　本：710mm×1000mm　1/16
印　　张：17　　字　　数：307千字
版　　次：2012年11月第1版
印　　次：2012年11月第1次印刷
书　　号：ISBN 978-7-80165-900-2
定　　价：25.00元

序　　言

2001年12月11日，中国正式加入世界贸易组织，标志着我国对外开放进入了一个新的阶段。作为中国对外开放的重要窗口，深圳经济特区紧紧抓住我国加入世界贸易组织这个重大历史机遇，坚持改革开放，勇于创新，积极参与国际竞争与合作，大力发展外向型经济，营造更加开放的市场环境，形成了全方位、多层次、宽领域的对外开放新格局，推动了经济社会全面发展。特别是对外贸易方面，深圳不断加强对外经贸交流与合作，着力转变外贸发展方式，提高外贸发展质量，优化外贸结构，对外贸易取得了长足发展。据统计，深圳外贸进出口总额从2001年的686亿美元增长至2011年的4 141亿美元，10年间增长了5倍，其中出口总额连续19年居我国大中城市首位。加入世界贸易组织10年来的实践充分证明，入世极大地推动了深圳对外贸易的跨越式发展，增强了深圳的经济实力和国际竞争力，为深圳建设现代化、国际化先进城市提供了强大的动力。

当前，深圳经济特区正在全面贯彻落实胡锦涛总书记重要讲话精神和广东省第十一次党代会重要精神，围绕科学发展的主题和加快转变经济发展方式的主线，紧紧抓住国家支持东部地区率先发展、珠江三角洲地区改革发展和经济特区创新发展的宝贵机遇，努力推动创新发展，创造深圳质量，当好坚持社会主义市场经济改革方向的突击队和排头兵，率先营造国际化、法治化的市场环境。我们将坚持以开放促改革、促发展、促创新，加快转变外贸发展方式，大力实施“走出去”战略，积极开拓新兴市场，促进市场多元化发展，进一步完善支持外贸发展的政策措施和服务体系，提高贸易便利化程度，全面提升开放型经济发展质量和水平，为实现有质量的稳定增长、可持续的全面发展提供更加坚实的支撑。

深圳海关组织编撰的《深圳外贸入世10周年述评》一书系统回顾了深圳入世10年来外贸发展的历程，多角度评析了深圳外贸发展的基本情况，对于研究深圳对外贸易的新情况、新问题提供了有益的参考和借鉴。我们要全面总结入世10年发展经验，更好地适应经济全球化深入发展、世界经济格局和分工体系深入调整的新形势，加快融入全球经济体系，利用国际国内两个市场、两种资源，在更大范围、更广领域、更高层次参与国际竞争与合作，拓展经济发展空间，提升国际贸易地位，形成全球化条件下参与国际经济竞争与合作的新优势，为国家改革开放和社会主义现代化建设不断作出新贡献。

深圳市市长 

目录 contents

附录

附表

总论

十年磨剑　再铸辉煌

秉承“发展才是硬道理”的原则，深圳以敢闯、敢试、敢为天下先的气魄和精神，在改革开放发展史中创造了一个又一个的奇迹，1993 年，首登全国大中城市出口冠军宝座，在对外贸易领域取得瞩目成就。2001 年 12 月 11 日，我国正式成为世界贸易组织成员，作为我国对外开放桥头堡的深圳，继续发扬敢为人先的精神，以更有力的步伐迈向世界贸易舞台，在我国融入世界经济的时代潮流中始终保持领导者的地位。

打开入世 10 年的历史画卷，深圳市对外贸易发展书写了浓墨重彩的一笔。据海关统计，10 年来，深圳市外贸进出口由入世前①的 686 亿美元飙升至 2011 年的 4 141 亿美元，年均增长 19.7%。其中，出口由 2001 年的 374.8 亿美元飙升至 2011 年的 2 455.2 亿美元，年均增长 20.7%；进口由 2001 年的 311.2 亿美元飙升至 2011 年的 1 685.8 亿美元，年均增长 18.4%。

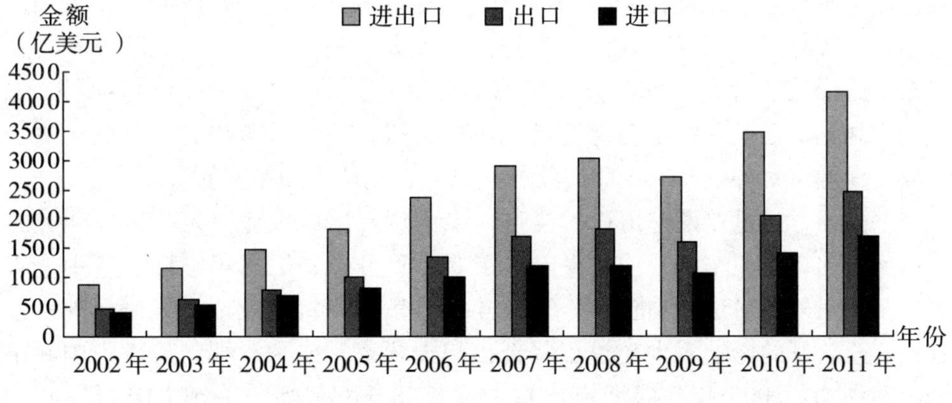

图 0.1.1　入世 10 年间深圳市外贸进出口年度走势图

一、发展的历程

脚步一：顺水推舟、突飞猛进（2002～2004 年）

加入世界贸易组织初期，我国先后 4 次对关税进行大幅度削减，关税总水平从 40% 左右大幅调低至 10.5%，包括配额、进口许可在内的各种非关税

① 书中统称为 2001 年。

壁垒不断降低，同时国际市场对我国产品的限制也大大减少。入世的东风给深圳外贸发展注入了新的动力，满载货物的远洋班轮加速航行。入世后的第一年（2002 年）深圳市进出口额为 872.3 亿美元，比上年①快速增长 27.2%，在 2001 年增长 7.3% 的基础上大幅提高了 19.9 个百分点。政策的放宽使外国产品进入国门的脚步迈得更加轻松快捷，在进口增速加快 24.8 个百分点对比下，出口增速稍逊，为提高 15.8 个百分点。入世后第二年（2003 年），深圳外贸进出口增速均达到了 10 年来的最高水平，进出口值首次突破千亿大关，达到1 175亿美元。由于进口增速快于出口，进口值占进出口总值的比重稳步提升，2004 年达到 47.1%，高出 2001 年 1.7 个百分点，为近 10 年最高水平。进口产品以更快的速度进入国内市场，在给国内产业带来冲击的同时，也使深圳大部分行业经受了洗礼，使其在竞争中得到发展壮大，使深圳外贸的班轮在入世后过渡期得以用更快的速度前行。

脚步二：乘风破浪、暗流涌动（2005～2007 年）

随着入世后过渡期的到来，我国处于社会经济快速发展的有利时期，国家实施积极的货币和财政政策，迅速扩大的中国市场和物美价廉的中国制造被国际资本看好。经济体制更为灵活、产业发展基础良好、政府运作更加高效等突出优势使深圳成为各路资本竞逐的地方，跨国公司的产业转移和志在全球的国内佼佼者在深圳汇集，深圳与外贸有关的生产经营活动急剧扩张，深圳本地制造业生产技术与产业结构不断升级，特别是蓄积的出口能量逐步释放，深圳市对外贸易的大船继续鼓满风帆，到达更加宽阔的海洋。

一方面，后过渡期进出口门槛进一步下调，出口优势明显。2004 年，虽然国家将出口退税率的平均水平降低了 3 个百分点，但同年修订了《中华人民共和国对外贸易法》，将实行了 50 年的外贸权审批制改成登记制，外贸经营权完全放开的影响大大超过了降低出口退税率，成为深圳制造进入国际市场的新动力。2005 年，深圳市出口首次突破千亿美元，达到1 016亿美元，2005～2007 年出口年均增长 28.2%。进口方面，2005 年降税涉及 900 多种商品，如家电平均关税税率降至 10%，汽车配额完全取消，小轿车等 42 个汽车及其零部件的进口关税税率在 2006 年 7 月 1 日被进一步降低，2005 年至 2007 年的进口年均增长 21.4%，低于同期出口平均水平 6.8 个百分点，使贸易顺差规模由上阶段末（2004 年）的 86.3 亿美元飙升至 2007 年的 499.5 亿美元，年均扩大 55.1%，贸易不平衡现象加剧。

---

① 书中若未专门注明，则同比均是与上年比较。

另一方面，顺差扩大导致贸易争端风波迭起，结构性矛盾倒逼“出口导向”战略的调整。加入世界贸易组织后，我国进出口高歌猛进，特别是出口的明显优势，在为国内积累了贸易盈余的同时，消耗了过多的资源，带来了污染，更面临宏观经济失衡等深层次的矛盾。因此，国家层面开始对出口导向战略进行完善，出台了加工贸易禁止类目录，对高污染、高耗能和资源型产品出口通过加征出口关税、削减出口配额等手段进行限制，加工贸易占据半壁江山的深圳外贸面临结构调整的压力增大。同时，随着我国贸易顺差的扩大，与主要贸易伙伴的摩擦成为深圳市外贸发展的暗礁，时刻考验着其出口的后续能力。在长达6年的过渡期里（2001～2006年），我国与其他国家的贸易纠纷诉诸世界贸易组织解决的仅3例，然而，过渡期接近尾声的2006年3月份，美国联合欧盟、加拿大对我国有关进口汽车零部件关税措施发起争端解决，成为历史开创性的第一案。该风波尚未平息，更加艰巨的考验和挑战接踵而至，后过渡期刚至、我国还未站稳脚跟之时，美国、欧盟等就按捺不住，2007年涉及我国的世界贸易组织争端解决案件呈爆发式增长，在全部13起案件中针对我国提起的就多达4起。

脚步三：攻坚克难、稳步前行（2008～2011年）

近4年来，我国基本取消了进口配额管理，并分批取消800多个税目商品的自动进口许可证管理，进一步完善进口促进体系，提高贸易便利化程度。2010年，我国进口关税总水平已降至9.8%，远远低于发展中国家46.6%的平均关税水平，至此，货物、资本、技术和人员加速整合，而深圳市外贸在前方失利、后方支持的格局中经历了过山车式的跌宕起伏：

一方面，作为开放最早的外向型城市，深圳最先感受到世界经济的波云诡谲。金融危机风疾雨狂、人民币升值硝烟弥漫、贸易保护雷区频现、铁矿石谈判风云再起、能源价格急涨急跌，时刻考验着正在轨道上高速前行的中国经济，在政府指挥棒指引下，深圳市及时调整发展战略，以转变对外贸易发展方式为终极目标，以更加积极主动、蓬勃大气的身姿投入经济全球化的舞台，为外贸里程画下了惊心动魄的注脚。另一方面，对外开放的姿态褪去了最初的青涩谨慎，无论是面对经济的风云变幻还是贸易争端的挑衅，慢慢从忐忑不安变得成熟自信，在多种力量的激烈角逐中，国内发展和对外开放的统筹及对两个市场、两种资源的利用变得更加游刃有余。“增长”、“下降”、“企稳”、“回暖”这些词汇准确地勾勒出该阶段深圳市外贸发展峰回路转的过程。2008年年底，百年一遇的金融危机迅速将深圳进出口增速拉回2001年的个位数水平，比2007年回落了16.9个百分点，低于同年全国进出口水平13.3个百分点，率先感受到外部市场的凉意，其中进口作为先导表现得更加敏感，当年所占比重降至近10年的最低；2009年金融危机态势的蔓延和恶化，让深圳市外贸遭遇了改革开放30年来少见的挫折，进出口同比大幅下滑10.4%，略微好于同期全国外贸境况。此后两年外贸形势快速恢复稳定增长，2010年进出口同比增长28.4%，快于上阶段末2007年6.9个百分点；2011年出口仍保持20%以上的同比增速，确保了在全国大中城市中出口19连冠的地位，但政策优势弱化的迹象有所显现，发展动力不足，进出口增速略慢于同期全国外贸水平。

表0.1.1　入世以来深圳市外贸进出口阶段主要情况统计表

单位：亿美元,%

时期	年均规模			年均增速			占进出口比重	
	进出口	出口	进口	进出口	出口	进口	出口	进口
合计	2 393.1	1 387.1	1 005.9	19.7	20.7	18.4	58.0	42.0
第一阶段	1 174.0	625.4	548.6	29.1	27.7	30.7	53.3	46.7
第二阶段	2 361.1	1 355.5	1 005.6	34.9	28.2	21.4	57.4	42.6
第三阶段	3 436.8	2 038.9	1 397.8	9.5	9.8	9.1	59.3	40.7

二、磨砺显锋芒

亮点一：加工贸易期待蜕变，一般贸易非同一般

深圳是改革开放版图的起点，是最先与国际市场接轨的阵地，是我国加工贸易发展壮大的摇篮。加入世界贸易组织，在让内外两个市场融合愈加紧密的同时，亦使“两头在外”的发展空间面临不断被挤占的命运，加上近年来受宏观调控、金融危机、结构性矛盾等多方面的制约，加工贸易正经历成长的阵痛。2011年，深圳市加工贸易进出口累计2 283.5亿美元，比2001年增长3.5倍，10年来年均增长16.2%，低于同期一般贸易增速10.7个百分点，占同期全市进出口总值的比重由2001年的74.1%降至55.1%。其中，出口1 387亿美元，比2001年增长3.4倍，年均增长16.1%，占同期出口总值的比重由2001年的83.2%降至56.5%；进口896.5亿美元，比2001年增长3.6倍，年均增长16.4%，占同期进口总值的比重由2001年的63.2%降至53.2%。尽管如此，加工贸易仍然占据着最大贸易方式的宝座，相比2008年金融危机时期面临在全国被赶超的境遇，其在深圳扎下的根基显然更为牢固。

深圳市一般贸易在我国加入世界贸易组织后加速对外开放进程中获益最多，其每年进出口以明显快于加工贸易的速度前行，后过渡期表现尤为抢眼，2006年增长超过50%，成为成长最快的年份。同时，本土产业在内外深度融合中得到历练，形成更为稳定的外贸力量，能成功抵御外部市场的严寒并伺机恢复，在2008年、2009年出口整体低迷时，仍分别保持8.9%和3.8%的增势。2011年，深圳市一般贸易进出口1 299.8亿美元，比2001年增长9.8倍，年均增长26.9%，占同期全市进出口总值的比重由2001年的17.5%增至31.4%。其中，出口779.7亿美元，比2001年增长18.1倍，年均增长34.2%，占同期出口总值的比重由2001年的10.9%增至31.8%；进口520.1亿美元，比2001年增长5.5倍，年均增长20.7%，占同期进口总值的比重由2001年的25.5%增至30.9%。

此外，2011年，深圳市海关特殊监管区域进出口值为707亿美元，比2001年增长10.1倍，年均增长27.2%。其中，海关特殊区域物流货物势头强劲，在入世第一年①即出现成倍增长，超过了保税监管场所进出境规模，至2011年进出口达到355.8亿美元，比2001年增长21.5倍，年均增长36.5%。

亮点二：国有企业、民营企业此消彼长，外贸主体三足鼎立

在实行以外贸指令性计划为主的年代，国有企业在对外贸易中的地位无可撼动。但随着国有企业战略的转移，加上开放政策对外资的吸引及私营企业进入外贸领域门槛的不断降低，国有企业的影响力逐渐减弱。2011年，深圳市国有企业进出口470.6亿美元，比2001年增长77.1%，年均仅增5.9%，在同期三大外贸主体中增速最慢，占同期全市进出口总值的比重由2001年的33.6%降至11.4%。其中，出口302.1亿美元，比2001年增长1.1倍，年均增长7.6%，占同期出口总值的比重由2001年的34.4%降至12.3%；进口168.5亿美元，比2001年增长40.1%，年均仅增3.4%，占同期进口总值的比重由2001年的32.7%降至10%。

尽管外商投资企业依旧占据外贸领域的头把交椅，但被近年崛起的民营企业挤占了不少空间，自2006年开始，其进出口份额慢慢减少，由2005年顶峰的67.9%降至2011年的56.7%，平均每年被民营企业挤占1.9个百分点；至2011年，深圳市外商投资企业进出口2 346亿美元，比2001年增长5倍，年均增长19.7%。其中，出口1 384.6亿美元，比2001年增长5.3倍，年均增长20.2%；进口961.4亿美元，比2001年增长4.7倍，年均增长19%。

---

① 书中均指2002年。

由于两头市场在外，外商投资企业对外界经济环境变化的灵敏度最高，在2008年金融风暴来袭时受损最为严重，同比仅增3.4%，低于国有企业3个百分点，低于民营企业4.2个百分点，其中当年7月份进出口增速同比就降至个位数并大体呈现出放缓的趋势，比国有企业和民营企业均大致提前了3个月；同年，外商投资企业个数在金融危机之前（2007年）的6 665家基础上仅增加了106家，2009年则进一步减少至6 360家。

外贸经营权的完全放开成为深圳市非公有制经济全面参与对外贸易的催化剂，其中个体工商户成为“小荷才露尖尖角”的新生力量，在2004年政策实施当年产生了15家个体工商户参与对外贸易，合计进出口额达到128万美元。2008年1月1日起，《中华人民共和国企业所得税法》的实施结束了长达20多年的内外资企业税率差异，使本土企业获得平起平坐的实惠，深圳内资企业从事外贸的竞争力得以提升。入世10年来，深圳民营企业进出口“今年花胜去年红”，其充沛活力令其他类型企业望尘莫及，至2011年进出口达到1 324.4亿美元，比2001年激增41.1倍，年均增长45.3%，占同期全市进出口总值的比重由入世当年的4.6%飙升至32%；在2007年一举拿下原属国有企业的亚军头衔，与外商投资企业进出口份额的距离以每年2.7个百分点的速度拉近。其中，出口768.5亿美元，比2001年激增82.7倍，年均增长55.7%；进口555.9亿美元，比2001年增长23.9倍，年均增长37.9%。有进出口实绩的民营企业数量也由2001年的961家激增至2011年的18 901家，其中在政策放开后的8年内以年均16.7%的速度扩张。

表0.1.2　入世10年来深圳市各外贸企业类型进出口分布统计表

单位：亿美元，家，%

企业类型	进出口值			进出口企业数量		
	2011年	2001年	年均增长	2011年	2001年	年均增加
国有企业	470.6	265.7	5.9	371	987	-9.3
外商投资企业	2 346.0	388.8	19.7	6 750	4 380	4.4
民营企业	1 188.7	24.3	47.5	18 901	961	34.7
其中：集体企业	130.2	8.8	30.9	23	27	-1.6
私营企业	1 057.4	15.5	52.5	18 818	2 104	35.0
个体工商户	1.1	0.0	-	60	0	-
其他企业	135.8	7.2	34.1	-	-	-

亮点三：金砖四国策马扬鞭，市场格局出现松动

从前十大贸易伙伴看，2011 年，除国货复进口外，深圳市前十大贸易伙伴依次为中国香港、东盟、美国、欧盟、日本、中国台湾、韩国、南非、印度。2001 年，深圳与上述十大贸易伙伴贸易总额合计 637.2 亿美元，占当年全市外贸总值的比重超过 92.9%，进出口国别与地区集中度过高。“市场多元化”战略实施以后，2007 年该比重首次降至 90% 以下；2011 年，深圳与十大贸易伙伴贸易总额合计3 639亿美元，所占比重继续下滑至 87.9%。

美、日、欧、中国香港（大部分转口至欧美市场）长期位于深圳市贸易伙伴前列，霸主地位稳固，但随着市场开放程度的加深和多边经贸体系的发展，入世第一年，东盟即以 5.5 亿美元的微弱优势取代欧盟跻身深圳市贸易伙伴前四强，传统发达经济体合计进出口的比重也相应由 2001 年的 63.9% 逐年减少，并于 2008 年金融危机时期降至谷底，为 51.2%，平均每年减少 1.6 个百分点，至 2011 年仍在 51.3% 的低位。

从以上可以看出，入世 10 年来，深圳市外贸进出口主要以欧盟、美国、日本等发达国家为核心，以东盟、韩国、中国台湾、俄罗斯、澳大利亚、印度等为基本范围，尽管进出口市场集中度正趋于下降，但仍维持在较高水平。与此同时，金融危机的侵袭使多年形成的相对稳固的市场格局有所松动，新兴市场经济增长引擎强劲为深圳市外贸注入新的活力，即便也同样遭遇冲击，但其以优于发达经济体的表现，率先启动了经济复苏进程。据国际货币基金组织统计，按购买力平价计算，最近 5 年世界经济增长的 50% 来自“金砖国家”（BRICS，指巴西、俄罗斯、印度、中国、南非）。2010 年，印度经济增长达到 10.4%；巴西经济增长 7.5%，是近 20 年来最高；即使是受危机严重冲击的俄罗斯，GDP 增长也达到 4%。在入世 10 年的后半段发展中，俄罗斯、印度、巴西、南非快马扬鞭，后来居上，占深圳市进出口总值的比重由 2001 年的 1.4% 增至 2011 年的 4.9%。2008 年、2011 年，印度和南非分别超越澳大利亚跻身深圳市前十大贸易伙伴行列。

从进出口市场分布看，深圳市企业参与国际分工的方式正发生细微变化：承接全球电子制造业转移仍然是深圳市外贸产业的主要构成，自东盟、中国台湾、日本和韩国等周边发达电子制造业国家或地区进口电子零部件，回流或销往欧美等传统市场以满足当地消费需求，但近年来对以上四地的进出口比重正逐步减少，由 2001 年的 36.6% 降至 2011 年的 27.2%，而构成对欧美传统市场另一出口主要力量的劳动密集型商品，正遭遇来自周边发展中国家日益激烈的同业竞争，导致市场份额逐步流失；同时，俄罗斯、印度、巴西、南非的经济发展拉动消费升级，成为深圳市外贸出口新动力、新方向，而且随着本土珠宝首饰行业日渐成熟及黄金投资保值功能的增强，促使从南非的进口突飞猛进。

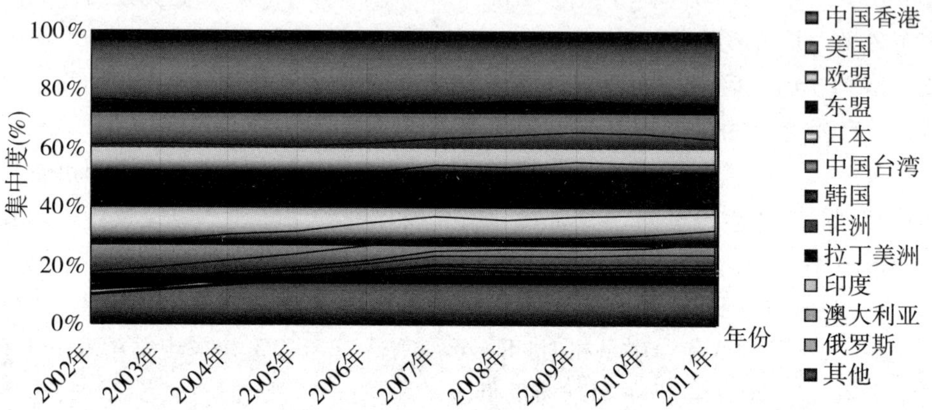

图 0.1.2　2002～2011 年深圳市进出口市场集中度走势图

表 0.1.3　入世 10 年来深圳市前十大进出口市场分布变化统计表

单位：亿美元,%

出口目的地	所占比重		年均增速	进口来源地	所占比重		年均增速
	2011 年	2001 年			2011 年	2001 年	
中国香港	45.9	35.8	23.7	中华人民共和国	29.4	11.1	30.5
美国	13.2	25.8	12.8	东盟	15.4	15.7	18.2
欧盟	11.3	13.2	18.8	中国台湾	12.9	17.1	15.1
东盟	7.3	6.5	22	日本	10.4	18.1	12
日本	3.3	9.3	8.7	韩国	9.3	7.1	21.7
印度	1.6	0.2	46.1	南非	5.4	0.8	43.2
中国台湾	1.2	2.1	14.4	欧盟	4.5	8.4	11.2
韩国	1.1	0.8	24.8	美国	3.2	7.5	8.8
澳大利亚	1.1	0.8	24.7	哥斯达黎加	1.1	0.0	93.2
俄罗斯	1.1	0.2	41.5	瑞士	0.9	0.5	26.2

亮点四：传统产业去芜存菁，电子产业蒸蒸日上

深圳市出口主要由劳动密集型和机电产品构成，入世后，两者地位此消彼长，资本技术密集型产品出口比重提升，劳动密集型商品出口比重稳定但略有下滑。一方面，先发改革优势让深圳市汇聚了大量的低成本劳动力，铸就了较为深厚的劳动密集型产业基础，但深圳作为沿海改革开放先驱，近年来不可避免地被卷入全国范围内轰轰烈烈的产业转移和区域转移浪潮，劳动力资源结构性失衡、经营成本提升、资源难以为继等深层次问题逐一显现。2001 年，除自动数据处理设备及其零部件、电流和有线电话机外，前十大出口商品其余席位均被传统劳动密集型商品占据，但到 2011 年，仅服装及衣着附件、鞋类、家具仍然在列，其余已难觅踪影，尤其是金融危机最严重时期，深圳外贸出口鞋企业数量大幅缩水。10 年来深圳主要传统劳动密集型产品①合计出口年均增长 15. 3%，低于同期全市出口平均增长水平 5. 4 个百分点。但传统产业并不代表落后生产力，它是解决充分就业、维护社会稳定、支撑深圳外贸的重要力量，多年来，深圳传统产业始终坚持在转型升级与保市场两条道路上并行，随着部分行业加快应用新材料、新技术，深圳制造的传统产品出口任重道远。另一方面，以手机和集成电路为代表的电子产品以快于 50% 的年均速度纷纷赶超、接连亮相，机电产品出口比重由 2001 年的 66. 2% 升至 2011 年的 73. 9%，第一大类出口商品地位日益巩固，成为深圳市对外贸易快速发展的中流砥柱。自 1992 年起，深圳市产业发展基调就开始从加工型制造业向高科技转型，每年投入大量的研发经费给本地民营高新企业提供创业沃土，近年来高科技产业产值高居全国首位。《深圳市 2011 年国民经济和社会发展公报》显示，2011 年，全市高新技术产品产值达11 875. 6亿元，占规模以上工业总产值的 58. 2%，比 2010 年提高 2. 3 个百分点。生产水平的提高带动出口实力的增强，高新技术产品出口比重于 2009 年首次超过半壁江山，十年来年均增长 27. 1%，高于同期机电产品出口水平 5. 1 个百分点。

电子制造业强势扩张与重工业逐步退场，促使深圳市进口商品重心持续向电子及电器产品移动，对工业原料进口依存不断减弱。2001 年，以工业原料为代表的初级产品进口需求较强，初级形状的塑料、钢材、铜材和纸板均位列主要品种前十，而到 2011 年仍坐守前排的仅初级形状的塑料一项；与此同时，凭借毗邻香港地区的地理优势、周边配套的产业链条和完备的基础设施，电子信息业乘入世东风生根发芽，茁壮成长为深圳的优势支柱产业，相关数据显示，2011 年，全市通信设备、计算机及其他电子制造业增加值

---

① 文中“主要传统劳动密集型产品”包括纺织服装、家具及其零件、灯具、玩具、箱包及类似容器、鞋类、塑料制品等七类商品。

2820.86 亿元，比上年增长20%，占规模以上工业增加值的53.9%①。与此同时，深圳市企业正向全球电子制造产业链上游延伸，采购国外核心部件显著增多，高新技术产品进口比重由2001 年的38.5%增至58.9%，比重增加幅度甚至比机电产品还多出6.6 个百分点。

表 0.1.4　入世 10 年来深圳市主要传统劳动密集型产品和机电产品主要出口品种统计表

单位：亿美元，%

商品类型	金额		比重		年均增速
	2011 年	2001 年	2011 年	2001 年	
主要传统劳动密集型商品	316.7	52.2	12.9	20.3	15.3
其中：					
服装及衣着附件	105.8	19.5	4.3	6.3	18.4
鞋类	47.6	13.2	1.9	3.6	13.7
家具及其零件	47.2	5.2	1.9	1.5	24.7
纺织纱线、织物及制品	33.5	5.5	1.4	0.8	19.8
玩具	29.2	15.2	1.2	0.1	6.7
塑料制品	27.6	11.1	1.1	0.1	9.5
箱包及类似容器	25.8	6.3	1.0	1.5	15.1
机电产品	1 813.8	248.0	73.9	66.2	22.0
其中：					
自动数据处理设备及其部件	325.4	35.7	13.3	6.6	24.7
电话机	269.8	7.8	11.0	0.4	42.5
自动数据处理设备的零件	88.3	41.3	3.6	0.4	7.9
打印机	63.7	–	–	–	–
集成电路	58.7	2.1	2.4	0.1	39.5
液晶显示板	31.1	–			–
通断保护电路装置及零件	28.1	2.9	1.1	0.1	25.5

① 《深圳市 2011 年国民经济和社会发展公报》。

表 0.1.5 入世 10 年来深圳市机电产品和工业原料主要进口品种统计表

单位：亿美元,%

商品类型	金额		比重		年均增速
	2011 年	2001 年	2011 年	2001 年	
机电产品	1 244.4	186.4	73.8	60.0	20.9
其中：					
机械设备	247.3	61.5	14.7	19.8	14.9
制造平板显示器用的机器及装置	14.7	–	0.9	0.0	–
飞机	9.4	0.3	0.6	0.1	39.3
金属加工机床	5.7	2.4	0.3	0.8	9.0
医疗仪器及器械	3.6	0.3	0.2	0.1	29.4
汽车零件	1.9	0.6	0.1	0.2	12.6
印刷、装订机械及零件	32.6	7.4	1.9	2.4	15.9
电器及电子产品	860.4	53.4	51.0	17.1	32.1
集成电路	451.1	–	26.8	0.0	–
自动数据处理设备及其部件	93.3	10.0	5.5	3.2	25.0
液晶显示板	60.7	–	3.6	0.0	–
自动数据处理设备的零件	55.7	32.9	3.3	10.6	5.4
二极管及类似半导体器件	43.3	7.4	2.6	2.4	19.3
通断保护电路装置及零件	32.2	4.9	1.9	1.6	20.8
变压、整流、电感器及零件	29.7	3.2	1.8	1.0	25.0
电视、收音机及无线电讯设备的零附件	12.4	2.6	0.7	0.8	17.2
工业原料					
其中：					
初级形状的塑料	41.3	22.1	2.4	7.1	6.4
未锻造的铜及铜材	23.4	4.7	1.4	1.5	17.5
成品油	16.8	–	1.0	0.0	–
钢材	13.2	9.6	0.8	3.1	3.3
液化石油气及其他烃类气	10.6	3.3	0.6	1.0	12.5
未锻造的铝及铝材	5.5	2.4	0.3	0.8	8.7
纸及纸板（未切成形的）	4.1	4.0	0.2	1.3	0.3
煤	3.8	0.0	0.2	0.0	–
原木	3.7	0.6	0.2	0.2	20.5

三、涉世初体验

体验一：环境的改善

深圳是我国外向型特征最为显著的城市，2001 年对外依存度高达 290.5%，近 10 年一直在 200% 以上的高位运行，净出口成为拉动深圳本地生产总值奔跑最快的一辆马车，地方财政一般预算收入也高居全国大中城市第三。净出口这驾马车的快速奔跑，与入世后有利的外贸环境密切相关。

加入世界贸易组织后，国家层面的经济体制改革不断深化：在加入世界贸易组织后两年半的时间内，国务院近 30 个部门根据世界贸易组织有关规则和我国改革经济管理体制的需要，清理各种法律法规和部门规章2 300多件，通过人大、国务院和各部门修订 325 件，废止 830 件，范围涉及货物贸易、服务贸易、知识产权和投资等方面；立法机构对《中外合资企业法》、《中外合作企业法》、《外资企业法》及相关实施细则进行了修订，修改或删除了外汇平衡、“当地含量”、出口业绩要求和企业生产计划备案等条款。地方层面上，世界贸易组织协定也同样影响了深圳地方立法改革方向，法制建设成为促进行政体制改革的推进器，深圳市于 2002 年 4 月和 5 月审议决定废止和修改 20 件与世界贸易组织规则和我国加入世界贸易组织承诺不符的法规和规章，其中废止法规 1 件，修改法规 7 件；废止规章 5 件，修改规章 7 件①。

进出门槛的降低，促使本土企业与国际市场深度融合，营造出更加温暖的成长环境。首先，深圳企业开拓国际市场的意识进一步增强，不少企业的核心创造力和国际竞争力有了新的提高，本土企业对外承包工程及其完成营业额分别以 43.8% 和 54.1% 的年均速度大步前行。其次，外贸基础设施建设日臻完善。深圳港拥有港口泊位数 172 个，10 年来增加 44 个，其中万吨级泊位 69 个，增加 30 个。2010 年深圳港港口货物吞吐量22 097.69万吨，年均增长 14.3%，其中集装箱吞吐量 2 250.96 万标箱，年均增长 18%，深圳港居全球集装箱枢纽港的位次由 2001 年的第 8 名升至第 4 位。2010 年，深圳机场货邮吞吐量 80.91 万吨，年均增长 14.1%；开通运营国际、国内航线 130 条，增加 20 条②。再次，深圳拥有连接香港的全国最大陆路口岸和便捷的通关条

① 深圳废止修改 20 余件法规规章．（2011 - 11 - 11）. http：//news. china. com. cn/rollnews/2011 - 11/11/content_ 11107046. htm.

② 数据来源于《深圳市 2001 年国民经济和社会发展统计公报》和《深圳市 2011 年国民经济和社会发展统计公报》。

件，有利于参与国际分工，拓展国际市场，形成国际化产业基地。香港国际金融中心与深圳金融中心遥相呼应，享受人民币跨境离岸结算，构建了特有的深港创新金融服务体系。最后，深圳海关坚持严密监管与高效运作原则，以保障国家经济建设和促进对外开放为工作重点，积极配合地方政府，营造便利通关环境，建立客户协调员制度促进企业守法便利。2001 年 1 月，深圳海关全面启动陆路通关改革，大大缩短车辆通过海关通道的时间，在加强监管有效性的同时，通关效率也大幅提高。

体验二：收获的喜悦

深圳市汇聚了全国 1/10 的外贸进出口，拥有与内地一些中等省份相当的研发经费投入实力，发明专利、PCT 专利申请量均居全国大中城市首位；电子信息制造业正从以 OEM（委托贴牌加工或原厂设备生产）为主体，向 ODM（委托设计生产）、OBM（自有品牌生产）模式转型升级。深圳企业出口产品流量流向同步增长，目前已经遍布世界 199 个国家和地区，在 2001 年基础上扩大了 40 个；而越来越多的民营企业、股份制企业主动参与国际领域，成为对外贸易另一发展特色和活力源泉。近年来，深圳地方政府出台了我国第一部国家创新型城市规划，并致力于为高新技术企业打造完整的产业支撑体系，提供宽松的政策环境和准确的发展指引。如今，深圳虽然没有国家部署高校和研究院所，也不依赖外国的技术，但民营企业已经发展为深圳高新技术产业的主力军，95% 的高新技术企业为中小型科技企业，涌现出华为技术、中兴通讯、同洲电子、迈瑞科技等一批技术中坚。为解决创业投资资金进入退出问题及中小企业融资难问题，开展公共的权益资本交易，2005 年 11 月 30 日，中国（华南）国际技术产权交易中心在深圳正式挂牌，实施创新型企业成长路线图计划，成立第二年就成功为1 000家以上的科技型企业提供配套服务，交易额近 200 亿元。如今，深圳企业在参与全球电子产业链分工中正扮演着越来越重要的角色。2011 年，全球最大代工厂富士康占据全市出口 18.8% 的比重，入世以来影响力有增无减，10 年来全市出口 6.6 倍的强劲增势中有 1.2 倍由富士康贡献；华为在成立后的短短 24 年时间里，其信息与通信产品和解决方案已经应用于 140 多个国家和地区，服务全球 1/3 的人口，源于海外销售收入的大幅增长及在电信网络、终端和服务产业的均衡发展，华为 2010 年销售收入达到1 852亿元，实现 24.2% 的同比增速。在龙头企业的带动和政策支持下，高新技术产业已经与金融、物流、文化并称深圳四大支柱产业，产业增加值约占 GDP 的 60%。迄今为止，拥有自主知识产权的高新技术产品产值比重已高达55%①。

随着政府积极营造良好的经商环境，外贸企业的政策反应敏锐化、灵活化、多样化，其防御风险和解决问题的能力不断增强。为抵御金融危机的冲击，2009年3月，深圳市即出台了《关于积极应对国际金融危机保持经济平稳发展的若干措施》（简称“27条”），计划在此后两年将产业技术进步资金预算内规模扩大1亿元，对利用自由资金进行技术改造的项目给予投资额5%以内的投资补贴，投入使用拥有9个产业集聚基地的公共技术服务平台；为解决企业少接单、订短单问题，安排财政资金3 500万元鼓励企业积极参展，安排7 500万元资金对企业投保一年期出口信用保险保费的资助，并制订了2012年28个境外重点展览计划。为达到调结构、增后劲的目标，深圳市对各区、街道实行转型企业新增税收返还制度，全面打响来料加工企业转型攻坚战。

体验三：成长的烦恼

入世后过渡期开始，深圳市外贸陷入“中年危机”的困惑，面临内忧外患的境地：

在国际市场上，2008年10月，深圳企业率先感受到危机征兆，失去了往日的进出口底气，而美欧经济的“再工业化”旅程给制造业平添了更大的压力。进入后危机时代，全球经济前景依旧扑朔迷离，美国失业率居高难下，欧洲国家主权债务危机几经反复，量化宽松货币政策导致美元走弱、新兴市场资产泡沫迅速膨胀；为保护本国产业的贸易摩擦持续增加，反倾销、反补贴调查商品范围由传统产业向高新技术领域转移，发起调查者由发达国家向发展中国家延伸。10年来，我国共遭受国外贸易救济调查602起，合计金额389.8亿美元，其中反倾销调查510起，反补贴调查43起，保障措施106起，特保措施33起。随着入世初期约束的松绑，过渡期结束第一年（2007年），涉及我国的世界贸易组织争端解决案件呈爆发式增长，世界贸易组织成员所提起的全部13起争端解决案件中，针对我国提起的就达4起；到2009年，世界贸易组织新发生案件则更是半数涉及我国。作为外向度最高的城市，深圳一直是贸易摩擦的重灾区，据不完全统计，入世至今，深圳遭遇贸易摩擦80余起，调查对象涉及深圳支柱产业和重点企业，有的企业还遭遇与贸易有关的海外民事诉讼和刑事诉讼案件。其中，2009年深圳市由于国外技术性贸易措施遭受的直接损失约为97.51亿美元，出口新增成本约35.96亿美元；深圳

① 深圳高新技术产业．http：//wenku.baidu.com/view/f155a46ca45177232f60a281.html.

市出口企业中，约有 54.9% 受到国外技术性贸易措施的影响①。

在本地市场上，土地、资源、环境等国内经济要素成本步步紧逼，优势明显弱化。目前，深圳最低工资标准提高到每月 1 500 元，“十二五”期间将年均增长 15%，到 2015 年将达到每月 2 300 元；基本养老保险费企业缴交比率调高了 3 个百分点，加上企业最低将承担 5% 的住房公积金，加工制造企业人工成本快速上升；房价上涨效应逐步累积，2011 年以来企业员工生活成本和场地租金成本进一步提高；而人民币升值预期加强，势必进一步削弱深圳市企业出口竞争力。传统制造模式在劳资矛盾凸显、权利意识觉醒的今天，其竞争力与生命力均受到拷问，新生代产业工人的集体诉求正催生着全新的发展模式。此外，高端的技术、人才等要素供给也远远不足，受国家宏观调控、银根相对紧缩影响，中小创新型企业融资问题将难上加难。

四、未来无极限

“乍暖还寒时候，最难将息。”面对国际能源资源价格上涨、国内生产成本攀升、宏观政策紧缩性调整、金融危机持续深度蔓延，后过渡期结束后，深圳外贸“快车”屡次遭遇“点刹”，谋求增长方式转变、实现结构调整已经成为今后较长一个时期的发展主题，但由于自身定位不清晰、核心技术难掌控、国际市场认识不够等病根的存在，误入盲区、弯道熄火、鸟去笼空的现象不时发生。然而，沧海横流方显英雄本色，深圳外贸的基本面并未受到改变，依然头顶全国大中城市出口 19 连冠的名衔，勇立潮头。

只有经历现实的打磨，出鞘的宝剑才能展露耀眼的锋芒。未来无论是被动转变，还是主动改革，深圳外贸企业间的合作与竞争，正酝酿着一次重大变局，百舸争流的发展格局呼之欲出；无论是区域转移还是产业承接，深圳市对外贸易都期待着增强内功、化蛹成蝶的再次蜕变。

涉世 10 年，看似一个圆满的句点，实则一个全新的起点。

---

① 深圳企业频遭贸易摩擦.（2011－04－09）.http：//news.cntv.cn/20110409/101835.shtmt.

贸易方式篇

一般贸易：追逐梦想　砥砺前行

一般贸易作为直接进出口的贸易方式，相对于加工贸易“两头在外”的特性而言，更能反映本地制造业的真实水平，也更能体现本地出口主体的实际获利情况，代表的是“真实的利益”。入世以来，伴随国家鼓励一般贸易进出口系列政策的出台，深圳市也开启了“本地制造”的梦想之旅，采取多种措施对一般贸易出口给予支持，促使深圳市对外贸易在快速增长的同时，贸易结构逐步优化，一般贸易在对外贸易中所占比重明显上升，以往加工贸易“一支独大”的情况慢慢改变，外贸发展更趋均衡稳健。同时，在金融危机的挑战面前，一般贸易相对加工贸易具备更强的抵御风险的能力，也使深圳市得以从容应对危机，显示了一般贸易发展对于经济平稳运行的有力支撑作用，深圳市一般贸易正在追逐梦想的道路上不断超越自我，砥砺前行。

一、地位崛起：入世10年不断跨越新台阶

入世10年来，深圳市一般贸易的发展速度不断加快，规模实现了跨越式的增长：从2001年的120.3亿美元起步，到2005年首次突破300万美元用了5年，但从300万美元突破500万美元，仅用了1年，随后分别于2007年、2009年和2010年，轻松突破700亿美元、800亿美元及1 000亿美元大关。同时，其占深圳市总体贸易比重逐年提升。其中，2006年实现51%的入世以来最快增速，占总体贸易比重突破20%；2009年在金融危机导致深圳市外贸进出口总体下降10.4%的情况下，一般贸易体现出了抵御风险的强大能力，实现逆势增长3.8%，占总体贸易比重突破30%，达到30.4%；2010年进一步提高到31.6%；2011年，深圳市一般贸易进出口1 299.8亿美元，比2001年增长9.8倍，年均增长26.9%，高于同期深圳市进出口总体年均增速7.2个百分点，占同期全市进出口总值比重由入世前的17.5%上升至31.4%，在外贸进出口中占据3成比重。

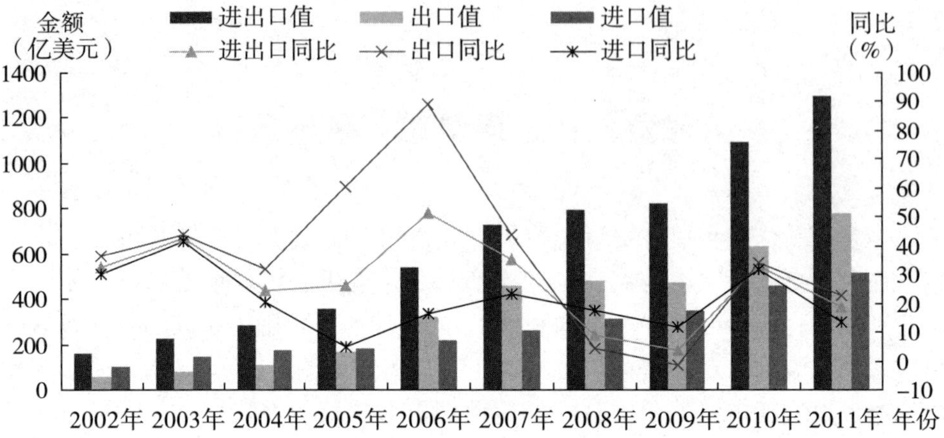

图1.1.1　2002～2011年深圳市一般贸易进出口值及其同比年度走势图

二、结构优化：入世以来一般贸易发展历程

（一）私营企业渐挑大梁，国有企业主导地位逐渐丧失

1. 私营企业一般贸易实现跨越式增长，逐步占据半壁江山

入世10年，深圳市私营企业一般贸易获得高速发展，伴随外贸经营权的放开，特别是2003年深圳将生产型私营企业注册资金门槛降低至50万元，流通企业为100万元，远低于当时外经贸部设定的标准，促进了深圳市私营企业一般贸易高速增长，从2001年的14.5亿美元增长至2011年的719.9亿美元，年均增长47.7%，快于同期深圳市一般贸易总体平均增速20.8个百分点；从私营企业占同期深圳市一般贸易总值的份额来看，2001年这一比重仅为12.1%，但此后的2003年、2005年和2006年，这一比重分别突破30%、40%和50%；2011年，深圳市私营企业一般贸易进出口比入世前增长48.5倍，占同期深圳市一般贸易进出口总值的55.4%，比2001年高出43.3个百分点。

2. 外商投资企业快速发展，地位稳定

深圳市作为国际贸易与投资一体化程度较高的地区，其外商投资企业在入世后一般贸易也得到迅速发展。2001年，深圳市外商投资企业一般贸易进出口24亿美元，占同期深圳市一般贸易进出口总值的19.9%；2006年，首次突破百亿美元，为101.5亿美元，占同期一般贸易进出口总值的18.9%；2008年再上200亿美元台阶，为205.3亿美元；2011年达269.2亿美元，占同期一般贸易进出口总值的20.7%。10年间，外商投资企业一般贸易年均增长 27.3%，快于同期总体一般贸易年均增速 0.4 个百分点，所占比重基本稳定在 20% 左右。

3. 国有企业增速缓于总体，比重逐年下滑

随着入世后对外贸易经营权的进一步放开，以往由国有企业主导的情况有所变化，国有企业在对外贸易中的比重逐年下滑。2001 年，深圳市国有企业一般贸易进出口 72 亿美元，占同期深圳市一般贸易进出口总值的 59.9%；2006 年，深圳市国有企业一般贸易进出口值上升到 104.5 亿美元，所占比重却下滑至 19.5%；2011 年，深圳市国有企业一般贸易进出口 190.9 亿美元，占同期一般贸易进出口总值的 14.7%，10 年间平均增长 10.2%，低于同期全市一般贸易进出口总体年均增速 16.7 个百分点。

（二）市场多元化战略初见成效，新兴市场开拓力度明显加大

入世 10 年来，借助自由贸易区全面建设的推进，深圳市企业在深挖传统市场的同时，也将业务触角逐渐延伸至新兴市场，促使一般贸易进出口市场中的多元化发展趋势得到明显增强。2001 年，深圳市一般贸易进出口主要集中于欧美市场和中国香港地区，对其进出口合计占全市一般贸易进出口总值的 45.5%，但 2011 年这一比重下降至 33.2%。其中，2011 年以一般贸易方式对香港地区进出口 172.4 亿美元，占全市一般贸易进出口总值的比重从 2001 年的 16.1% 下降至 2011 年的 13.3%，10 年间年均增长 24.5%；对欧盟进出口 161.6 亿美元，所占比重从 2001 年的 14.6% 下降至 2011 年的 12.4%，十年间年均增长 24.9%；对美国进出口 97.1 亿美元，所占比重从 2001 年的 14.9% 下降至 2011 年的 7.5%，10 年间年均增长 18.4%。而受益于对东盟市场开拓力度的加大和自由贸易区的全面建成，深圳市地缘优势进一步发挥，对东南亚市场的进出口动力得到全面增强，2011 年对东盟进出口 192.8 亿美元，10 年间年均增长 27.9%。东盟在深圳各大贸易伙伴中跃居首位，已超越欧美等传统贸易伙伴，所占一般贸易进出口总值比重从 2001 年的 13.7% 上升至 14.8%。对非洲、拉丁美洲进出口合计所占比重也从 2001 年的 5.6% 上升至 2011 年的 11%，体现出市场结构更趋多元与均衡。

表 1.1.1　2001 年与 2011 年深圳市一般贸易进出口主要市场情况表

单位：亿美元,%

进出口市场	2011 年	所占比重	10 年平均增速	2001 年	所占比重
合计	1 016.8	78.2	25.2	107.5	89.4
中国香港	172.4	13.3	24.5	19.3	16.0
美国	97.1	7.5	18.4	17.9	14.9
欧盟	161.6	12.4	24.9	17.5	14.5
东盟	192.8	14.8	27.9	16.4	13.6
日本	82.8	6.4	20.9	12.4	10.3
中国台湾	82.1	6.3	26.4	7.9	6.6
韩国	64.5	5.0	24.7	7.1	5.9
拉丁美洲	82.3	6.3	34.7	4.2	3.5
非洲	60.3	4.6	38.0	2.4	2.0
澳大利亚	20.9	1.6	24.2	2.4	2.0

（三）机电产品覆盖出口重点领域，高端产品出口实力明显强化

入世以来，机电产品逐渐成为深圳市一般贸易出口的重点领域，2001 年其一般贸易出口值为 12.5 亿美元，仅占当年深圳市一般贸易出口总值的 30.6%，2011 年这一比重增加到 62.8%，达 490 亿美元，比 2001 年增长 38.1 倍，10 年间年均增速为 44.3%。其中，电话机成为出口第一大品种，2011 年出口值达 83.3 亿美元，所占比重为 10.7%；主要传统劳动密集型产品（服装及附件、纺织纱线及织物、玩具、家具及其零件、塑料制品、箱包和鞋类）合计出口值从 2001 年的 10.3 亿美元增长到 2011 年的 185.9 亿美元，而比重则从 2001 年的 25.2% 下降至 2011 年的 23.8%。同时，一般贸易方式出口高新技术产品从 2001 年的 3.2 亿美元增长至 2011 年的 314.9 亿美元，10 年间年均增速高达 58.4%，占同期全市一般贸易出口总值的比重从 2001 年仅 7.8% 上升至 2011 年的 40.4%，其中静止式变流器、自动数据处理设备及其部件年均增速均在 60% 以上，显示出深圳市高端技术产品出口实力有所增长，产业创新能力得到显著提升。

表 1.1.2　入世 10 年深圳市一般贸易主要出口商品情况表

单位：亿美元，%

主要出口品种	2011 年		2001 年		10 年间平均增速
	出口值	占比	出口值	占比	
纺织服装	91.6	11.7	6.1	15.0	31.1
电话机	83.3	10.7	0.3	0.7	75.5
家具及其零件	38.9	5.0	0.6	1.5	51.8
鞋类	23.7	3.0	1.8	4.4	29.4
静止式变流器	17.5	2.2	0.1	0.2	67.6
箱包及类似容器	16.7	2.1	0.8	2.0	35.5
自动数据处理设备及其部件	16.2	2.1	0.2	0.5	55.2
农产品	14.3	1.8	-	-	-
塑料制品	11.3	1.4	0.6	1.5	34.1
蓄电池	10.7	1.4	1.5	3.7	21.7

（四）本土电子产业替代能力增强，进口品种向关键零部件和初级产品过渡

随着深圳产业结构的升级，本土电子产业自主创新能力增强，产业升级如火如荼开展，加之居民消费需求层次提升，深圳市一般贸易进口电子成品比重减少，而高精产品零部件比重逐步提升。2001 年深圳市一般贸易进口自动数据处理设备及其零部件分列进口品种前两位，合计进口 10.7 亿美元，占当年深圳市一般贸易进口总值的 13.5%，而到 2011 年这一比重下降至 7.5%。2011 年，集成电路跃居进口第一大品种，所占比重已达 27.3%，显示出深圳市对于核心元器件的需求更强；而在本地工业产能的快速扩张下，作为重要工业原材料的初级形状的塑料进口从 2001 年的 1.8 亿美元增加至 2011 年的 9 亿美元，10 年间年均增长 17.8%。此外，中国—东盟自由贸易区的全面推进加快了深圳市自东南亚国家以一般贸易方式进口农产品的节奏，农产品由 2001 年仅有零星进口激增至 2011 年的 28.4 亿美元，跃居进口主要品种第 3 位。

表 1.1.3 入世 10 年间深圳市一般贸易主要进口商品情况表

单位：亿美元，%

主要进口品种	2011 年		2001 年		10 年间平均增速
	进口值	占比	进口值	占比	
集成电路	142.3	27.4	–	–	–
自动数据处理设备及其部件	28.4	5.5	6.4	8.1	16.1
农产品	26.7	5.1	–	–	–
制造平板显示器用的机器及装置	14.1	2.7	–	–	–
二极管及类似半导体器件	13.7	2.6	0.6	0.8	36.7
计量检测分析自控仪器及器具	12.8	2.5	1.3	1.6	25.7
液晶显示板	12.6	2.4	–	–	–
自动数据处理设备的零件	10.7	2.0	4.3	5.4	9.5
初级形状的塑料	9.0	1.7	1.8	2.3	17.5
通断保护电路装置及零件	7.9	1.5	1.9	2.4	15.3

注：表中显示“–”中商品当年无单独编码。

三、自强内功，成长动力充沛

（一）制造业创新能力大幅提升，成为一般贸易强劲增长的源头活水

入世以来，深圳市良好的产业配套环境、优惠的产业政策、较高的政府公务服务水平及人才引进计划，吸引了国外先进的制造业企业落户深圳，带动了深圳市本地制造业水平的迅速提高。同时，深圳依托强大的创新能力和技术实力，在提升制造业水平、引导经济发展方式转变等方面，走在了全国各大中城市的前列。经过 30 多年的发展，目前深圳专业的工业设计机构已达 400 多家，占据全国 60% 的市场份额，规模和水平均处在全国前列。借助“珠三角”的制造业优势，深圳的工业设计在汽车造型、IT 产品、消费类电子、家用电器等各个领域优势明显，带动了相关产品国际竞争力的提升①。在有利的大环境下，立足深圳的华为、中兴、比亚迪等一批重点龙头本地企业得以快速发展，深圳制造业的总体水平和技术实力优势凸现，尤其是计算机、

① 工业设计提升深圳制造业水平．经济日报，2009－07－12.

手机等高端电子产业的快速发展带动深圳市成为全国电子制造业的最大基地，也带动了相关商品进出口的快速增长。

（二）内部消费需求旺盛，拉动进口高速发展

入世 10 年，我国每年平均进口7 500亿美元的商品，社会消费品零售总额由 2001 年的 4.3 万亿元增加到 2010 年的 15.7 万亿元，10 年增长了 2.7 倍，年均增长 14.9%①。深圳市的消费市场则更加活跃，2011 年，深圳社会消费品零售总额3 520.87亿元，同比增长 17.8%，且增速呈上升走势，在全国大中城市继续保持第 4 位。在主要商品销售类别中，保值性奢侈品成为亮点，金银珠宝类销售同比增长 52.1%；文化办公用品类、通讯器材类热销，同比分别增长 45.9% 和 28.4%；家用电器和音响器材类同比增长 7.2%；汽车类销售持平②。随着深圳市家庭可支配收入的不断提高，消费者品牌意识、个性化意识增强，拉动了进口消费品的迅速增长。在入世的契机下，深圳市一般贸易进入高速发展通道。

（三）民间经济积极活跃，前进动力更为充沛

非公有制经济特别是私营经济是深圳市一般贸易发展的主力军，入世之后，国家出台支持和引导非公有制经济发展的若干文件和配套政策，努力拓宽民间投资的领域和范围，改善非公有制经济的发展环境。对于深圳市民营经济的发展，深圳市于 2003 年至 2010 年间先后召开了 5 次全市民营经济工作会议，陆续出台了《中共深圳市委深圳市人民政府关于加快民营经济发展的意见》、《深圳市中小企业上市培育工程实施方案》、《关于进一步加快民营经济发展的若干措施》等，为深圳市非公有制企业进入高速发展时期提供了良好的平台。2005 年至 2010 年期间，深圳市市登记注册的各类民营企业数量从 15 万家增长到 31 万家，年均增长 3 万家，全市民营经济借入世东风发力，实现本地生产总值从1 329亿元增长到2 511亿元，外贸出口额则从 138 亿美元增长到 554 亿美元③。深圳市非公有制经济的发展有效带动一般贸易的快速发展，也使得深圳市本地经济发展的道路更为宽广。

---

① 入世十年国内消费需求快速增长.（2011－12－5）. http://finance.ifeng.com/news/industry/20111205/5194229.shtml.

② 深圳 2011 年社会消费品零售总额 3521 亿元 全国第四.（2012－02－08）. http://finance.sina.com.cn/roll/20120208/081511335449.shtml.

③ 深圳：中国最具“硅谷”气息的城市，2011－06－28.

四、前行路上，阻碍有待克服

（一）技术实力仍需提升，企业层次制约发展

由于一般贸易并不像加工贸易那样有着国外厂商订单的支持，需要更多地依靠本土产品自身的技术实力和综合竞争力，因此对企业的自主创新能力和研发设计能力提出了更高的要求。入世以来，虽然深圳市技术实力有了质的飞跃与提升，但距离世界先进水平仍然存在一定差距，从而制约了一般贸易进出口商品结构的优化。2011 年在深圳市一般贸易出口前 10 位商品中，有 6 类是传统大宗产品，纺织服装、鞋类等在出口中位居前列，这与加工贸易方式出口中主要为机电类品种形成了鲜明的对比，显示出本地自主制造能力大部分仍集中在较为低端的层面，利润拓展空间有限。在高端技术领域，当前深圳市虽涌现华为、中兴等可与世界先进制造企业比肩的龙头企业，但整体实力仍有待提高，自主创新能力仍有待进一步增强。与此同时，在深圳市一般贸易发展中，私营企业逐渐挑起大梁。2011 年，深圳市一般贸易中，私营企业虽占据了 55.4% 的份额，高于同期全市进出口中私营企业所占比重 29.9 个百分点，显示出一般贸易对私营企业的依赖度较高，但私营企业整体规模偏小，实力偏弱，目前在全市进出口值前 200 位经营单位中，私营企业仅占据 48 个席位，不到 1/4，显示私营企业中具有竞争力的龙头企业较少，整体研发实力有限，这也制约了一般贸易发展空间的进一步提升。

（二）汇率升值压力日显，企业经营风险不断加大

近年来，人民币升值为深圳市企业经营带来更大压力，而相对于加工贸易均以外币结算、受汇率波动较小的特点而言，一般贸易受到汇率波动的冲击更为明显。从 2005 年 7 月 21 日我国启动汇率制度改革以来，人民币兑美元汇率 6 年间累计升值 30%，人民币名义和实际有效汇率分别升值 13.5% 和 23.1%①。根据深圳加工贸易协会所作调查，在一般贸易方式出口逐渐具备优势的电子、服装鞋帽、机械等行业中，90% 的企业认为人民币升值弊大于利；在汇率对企业出口利润的影响上，30% 的企业利润减少 50 万元以下，10% 的企业减少 50 万 ~100 万元，40% 的企业减少 100 万 ~500 万元，20% 的企业利润减少 500 万元以上。在人民币升值压力倒逼下，很多企业被迫通过提价来对冲部分损失，从而导致客户流失、订单减少等后果，使得一般贸易利润空

---

① 入世十年 人民币升值急不急．（2011－11－24）．http：//intl. ce. cn/zgysj/201111/24/t20111124_ 22862893. shtml.

间受到压制。

（三）技术壁垒复杂多变，阻碍一般贸易出口步伐

近年调查显示，国外日益复杂多变的贸易技术壁垒也已成为当前深圳本土企业一般贸易出口面临的最主要障碍之一。以近年来深圳一般贸易方式出口增长较为迅猛的 LED（发光二极管）类产品为例，2010 年出口货值约 30 亿美元，较上年同期增长超过 1 倍。据深圳检验检疫局统计，在该局报检出口的 LED 企业约 180 家，抽样调查显示，其中 70% 的企业拥有自主品牌或兼有贴牌与自主品牌，77.48% 的企业为民营企业，51.40% 的企业年出口额在 100 万～1 000 万美元之间，出口地区主要为欧盟和美国；而 47.66% 的企业反映在 2009 年遭受过国外技术壁垒的影响，40% 的企业认为在出口过程中的最主要障碍来自应对国外复杂多变的技术壁垒，有 71.72% 的企业将技术壁垒与专利壁垒、汇率和关税一同列入出口障碍的前 4 位，且 LED 企业因国外技术壁垒而遭受的间接损失远比直接损失大，参与调查的 111 家企业受国外技术壁垒影响而新增的成本累计达4 495.9万美元①。贸易壁垒的频繁出台，对于一般贸易发展也形成严重阻碍。

五、深圳质量，长期发展的要义

当前，继续促进外贸结构优化升级，推进一般贸易快速发展，对于深圳市改善本地产业结构、加速自主创新、提高企业实际获利能力仍然具有重要的战略意义，也是深圳市平衡对外贸易结构、增强风险抵御能力的客观需求，是建设完善全市进出口贸易良好格局的题中之意。为进一步增强深圳市一般贸易与加工贸易均衡发展，应积极支持和服务本土企业创造“深圳质量”，加快实现从“深圳速度”到“深圳质量”的跨越：通过打造人才高地，使深圳成为全国甚至全球的创新型人才集聚地；通过加快建设国家超级计算深圳中心、深圳国家基因库等重大科技基础设施，继续引进、建设一批高水平研究机构等提供更高水平的创新载体和科研支撑实力；通过优化和提升政府服务环境、市场经济环境、法制保障环境和生活宜居环境，继续大力弘扬创新文化，扶持中小企业发展，培育创业企业家精神，为创新、创业、创优提供持续动力，推动深圳市一般贸易在继续深化发展的道路上不断提升自身实力，砥砺前行，创造属于自己的“真实梦想”。

---

① 对深圳 LED 产业遭遇国外技术性贸易壁垒的调查．（2011－05－10）．http：//www.cqn.com.cn/news/zgjyjy/409719.html.

加工贸易：去芜存菁　强筋健骨

加工贸易是深圳对外贸易的重要支柱，对深圳工业化进程和城市发展作出了巨大的贡献。加入世界贸易组织的10年也是深圳市加工贸易面对资源价格上涨、人民币升值等经营成本上升、外贸摩擦增多、需要进行转型升级的10年。10年来，深圳市紧紧把握加快转型升级这一主线，以技术要素、知识要素和劳动力要素的提升来“强健”加工贸易的“肌体”，不断去芜存菁，增强了深圳外贸发展后劲。

据海关统计，入世10年间，深圳市加工贸易进出口呈现快速发展势头，2001年仅为508.5亿美元；2005年进出口规模首次突破千亿大关，达1 250亿美元；2006年迅速攀升至1 539亿美元，比2001年增长2倍；2011年更是突破2 000亿美元关口，达到2 283.5亿美元，比2001年增长3.5倍，10年平均增长16.2%。其中，出口由2001年的311.9亿美元增长至2011年的1 387亿美元，年均增长16.1%；进口由2001年的196.6亿美元增长至2011年的896.5亿美元，年均增长16.4%。

表1.2.1　2001～2011年深圳市加工贸易进出口情况表

单位：亿美元,%

年份	进出口合计		出口		进口	
	金额	同比	金额	同比	金额	同比
2001年	508.5	5.9	311.9	7.7	196.6	3.1
2002年	628.9	23.7	376.6	20.7	252.4	28.4
2003年	822.8	30.8	498.2	32.3	324.6	28.6
2004年	999.7	21.5	598.8	20.2	400.9	23.5
2005年	1 249.9	25.0	755.0	26.1	494.9	23.4
2006年	1 539.4	23.2	918.2	21.6	621.2	25.5
2007年	1 766.6	14.8	1 068.5	16.4	698.1	12.4
2008年	1 751.5	－0.9	1 097.5	2.7	653.9	－6.3
2009年	1 488.3	－15.0	932.2	－15.1	556.1	－15.0
2010年	1 890.7	27.0	1 174.3	26.0	716.5	28.8
2011年	2 283.5	20.8	1 387.0	18.1	896.5	25.1

一、霸气隐退：数字见证加工贸易发展历程

（一）加工贸易在深圳市对外贸易中的地位明显弱化

入世10年间，深圳市加工贸易进出口规模实现从500多亿美元至2 000多亿美元的跨越，但其年均增速比全市总体增长水平要低3.5个百分点。2011年，加工贸易在全市进出口总值中所占比重虽仍占据半壁江山，为55.1%，但比2001年降低了19个百分点。其中，出口值占2011年全市外贸出口总值的56.5%，所占比重比2001年下降了26.7个百分点；进口值占2011年全市外贸进口总值的53.2%，所占比重比2001年减少了10个百分点。

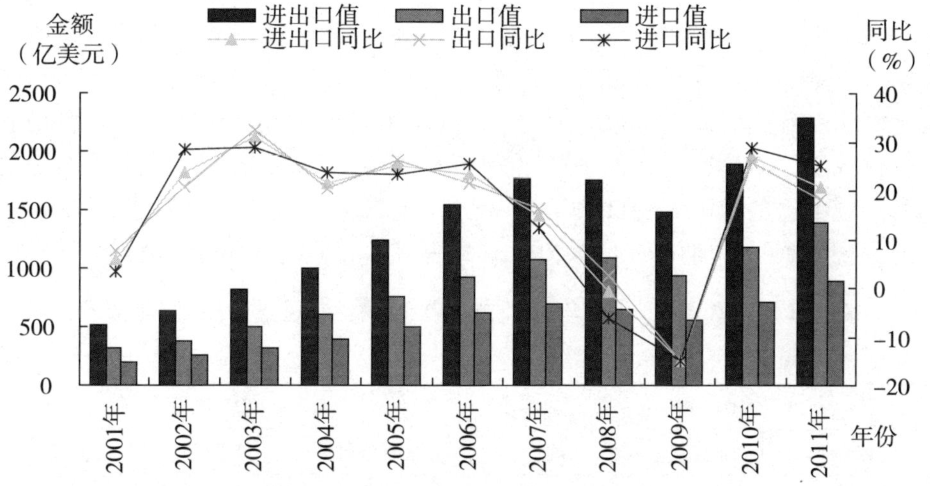

图1.2.1　2001～2011年深圳市加工贸易进出口值及其同比年度走势图

（二）外商投资企业翘楚依然，私营企业异军突起

2011年，深圳市外商投资企业加工贸易进出口1 811亿美元，比2001年增长4.5倍，10年间年均增速为18.5%。在深圳市加工贸易进出口总值中，外商投资企业所占比重由2001年的65%最高上升至2009年的86.2%，此后，比重高位回落至2011年的79.3%，仍傲视其他贸易主体；国有企业在加工贸易领域发展缓慢，2011年进出口141.8亿美元，比2001年下降19.9%，年均降速为2.2%，所占比重由2001年的34.8%下降到2011年的6.2%；私营企业加工贸易进出口从2001年的9 500万美元飙升至2011年的194.7亿美元，10年平均增速高达70.3%，所占比重由2001年的0.2%提高到2011年的8.5%。

（三）对港出口稳居首席，自东盟进口强势崛起，自南非进口大涨两年入前三

中国香港、美国和欧盟一直稳居深圳市加工贸易出口的前3位。香港地区凭借有利的地缘、信息、文化优势，成为深圳日益丰富的加工贸易产品走向国际市场的桥梁，入世后深圳对香港地区加工贸易出口占当年深圳市加工贸易出口值的比重，从2001年的35.1%提高到2011年的60.9%，这也表明香港地区在促进深圳与国际经济融合进一步加深方面发挥了重要作用。

进口方面，除国货复进口外，改革开放以来深圳承接了大量的中国台湾地区和日本的产业转移，大量来自台湾地区、日本的电子元器件和零部件进入深圳。入世后，随着国内市场开放程度提高，加上深圳是海上距离东盟最近的城市之一，且自2005年7月起中国—东盟全面启动降税进程，东盟于2006年超越日本成为深圳市第二大进口来源地，2011年则跃居第一大进口来源地。随着台资“北上”及“西进”，深圳来自台湾地区电子类零部件的直接进口减少，2011年自台湾进口比2010年减少3.6%，退居次席。此外，受金价大幅上涨的影响，2011年自南非进口比2010年飙升3.8倍，达85.7亿美元，跻身2011年的前3位；2011年，自日本和韩国进口分居第4、5位。

表1.2.2　2001~2011年深圳市加工贸易出口主要贸易伙伴情况

单位：亿美元,%

2011年			2001年		
贸易伙伴	出口值	同比	贸易伙伴	出口值	同比
中国香港	844.3	34.2	中国香港	109.4	23.7
美国	202.8	-3.9	美国	81.9	-4.8
东盟	60.2	-1.0	欧盟	43.3	-2.1
日本	55.6	17.0	日本	33.2	13.5
中国台湾	20.3	4.7	东盟	20.4	10.6
欧盟	116.5	-7.7	中国台湾	7.1	-1.5
非洲	4.4	6.1	拉丁美洲	4.5	20.1
南非	2.2	14.8	韩国	2.4	0.6
韩国	10.4	17.8	澳大利亚	2.4	-2.2
拉丁美洲	21.5	7.2	加拿大	2.1	-6.3
澳大利亚	10.3	3.3	巴西	1.2	-10.0

表 1.2.3　2001～2011 年深圳市加工贸易进口主要贸易伙伴情况

单位：亿美元，%

2011 年			2001 年		
贸易伙伴	进口值	同比	贸易伙伴	进口值	同比
东盟	121.5	10.4	中国台湾	41.8	5.6
中国台湾	118.7	-3.6	日本	38.9	-14.6
非洲	86.1	367.1	东盟	29.7	14.6
南非	85.7	377.3	韩国	14.1	-8.5
日本	84.4	7.2	中国香港	13.4	7.8
韩国	64.2	33.3	欧盟	9.8	-3.1
欧盟	21.8	-9.5	美国	7.2	-16.4
美国	14.8	8.5	拉丁美洲	3.0	25.8
拉丁美洲	9.3	12.7	非洲	2.5	2.1
中国香港	4.5	-45.8	南非	2.3	0.4
加拿大	2.4	-8.6	澳大利亚	1.7	17.0

（四）产品结构调整步步高升，进口品种物换星移

入世 10 年，深圳市加工贸易不断适应宏观政策调整的大环境，以高新技术产品为突破点，加速推进产品结构调整，机电产品与高新技术产品的出口比重显著提高，主要传统劳动密集型产品①的出口比重则缓步滑落，产业链逐渐向纵深发展。2011 年，深圳市以加工贸易方式分别出口机电产品、高新技术产品（与机电产品范围有交叉）1 145亿美元、836.1 亿美元，占同期全市加工贸易出口总值中的比重分别为 82.5%、60.3%，较 2001 年分别提高 9.3 个和 25.6 个百分点；以加工贸易方式出口主要传统劳动密集型产品 54.7 亿美元，占 2011 年全市加工贸易出口总值的 3.9%，所占比重较 2001 年减少 13.4 个百分点。

出口商品结构变化向上游传导，推动了加工贸易原材料进口商品结构发生深刻改变。2001 年，深圳市加工贸易进口前三大品种为自动数据处理设备的零件、初级形状的塑料、钢材，分别进口 24.2 亿美元、20.2 亿美元和 8.1

① 主要传统劳动密集型产品包括纺织纱线、织物及制品，服装及衣着附件，家具及其零件，箱包及类似容器，玩具，鞋类，塑料制品。

亿美元，分别占2001年深圳市加工贸易进口值的12.3%、10.3%和4.1%。但是10年后的2011年，加工贸易进口电子产业所需核心零部件的数量显著增长。其中，进口集成电路、液晶显示板和自动数据处理设备及部件分别为210.1亿美元、39.7亿美元和31.1亿美元，分别占2011年深圳市加工贸易进口值的23.4%、4.4%和3.5%，而10年前进口三大主要品种在2011年的进口量所占比重分别回落至2.7%、3.2%和1.3%，表明深圳市加工贸易产业转移明显，也反映了国内电子、钢铁、塑料等相关产业快速发展，对进口的替代能力增强。

二、顺势而为：外接内促不断提升发展水平

（一）茁壮成长，梯度转移

改革开放以来，深圳以其毗邻香港地区的地域优势和良好的投资环境，吸引了大量的外商投资。特别是在20世纪90年代中期至21世纪初的信息技术产业国际梯度转移的过程中，深圳市吸引了大量的高新技术企业在深圳开展加工制造。长城计算机、中兴通讯程控交换机、中集集装箱、比亚迪充电电池、创维电视、康佳电视、艾美特电风扇等，这些几乎家喻户晓的中国“世界名牌”，都是在全球产业转移的大潮中从承接加工贸易起步，在深圳落户扎根，经过几十年的培育、成长、壮大，为深圳这座朝气蓬勃的都市的发展立下了汗马功劳。无论是传统优势产业的发展，还是高新技术产业的崛起，加工贸易都发挥着特有的作用。目前，世界500强企业已有180家落户深圳，杜邦、理光、奥林巴斯等一大批跨国公司相继在深圳建起了研发中心，IBM、三洋、富士康等还在深圳组建了加工贸易子企业群。

（二）产业聚集，引力强劲

经过30多年的发展，深圳加工贸易在通讯设备及终端、半导体照明、平板显示、生物医药和器械、新能源、网络内容、数字装备、计算机及外设，以及传统劳动密集型等部分行业形成了完整的产业配套、产业链和企业群。一些大型外商投资企业、跨国公司最关心不是包括“两减三免”的政策优惠，而是产业群的集聚程度和上下游的配套便利，以富士康为代表的企业在发展加工贸易方面的带动和辐射作用日益增强，为加工贸易的持续发展奠定了坚实的基础。

（三）因势利导，助推转型

为提高深圳企业在国际市场的搏击能力，深圳市政府一直致力于营造良好的经商环境和提供外商市场营销服务。例如，2008年为应对金融危机冲击，

出台了《深圳市促进加工贸易转型升级的若干意见》，从继续优化投资发展环境等7个方面出台了28项措施，力促加工贸易产业转型升级，投入财政资金超过20亿元，鼓励加工贸易企业进行升级改造、提高自主创新能力，推进加工贸易增长方式向自有品牌型发展，向先进技术制造、高附加值制造和绿色制造转变。深圳海关也充分利用自身职能优势，在推动加工贸易产业链的延伸上做足文章，拓展海关特殊监管区域的保税物流功能，鼓励和引导企业入区设立高端产品研发中心和检测维修服务中心，开展仓储、配送、分拨等服务，以此提高产品附加值，促进结构调整和产业升级。在地方政府和海关等各部门帮助下，一大批代工企业完成了华丽转身，向着高科技品牌企业转变。

三、披荆斩棘：转型升级的征途依然漫漫

（一）加工贸易增值率依然不高

加工贸易增值率①是反映进出口贸易价值增值程度的一个重要经济指标，是衡量加工贸易产业链延伸及附加值提高的一项重要指标。从入世10年来深圳市加工贸易增值率的变动情况来看，在进出口规模快速扩张的带动下，虽然总体上呈现提升的趋势，但自2008年金融危机以来又出现下滑，说明加工贸易的抗风险能力依然不强，赢利能力依然薄弱，转型升级的任务依然艰巨。

图1.2.2　2001年以来深圳市加工贸易增值率年度走势图

① 加工贸易增值率＝加工贸易出口额÷加工贸易进口额－1。

（二）整体创新能力仍显不足

尽管深圳有华为、中兴、比亚迪等具有自主创新能力和自主品牌的加工贸易企业，但深圳市加工贸易整体上仍处在产业链的低端环节，主要是为跨国公司开展加工或装配业务，即在国际产业价值链上主要承接最终产品的组装和低端零部件的配套生产，而核心技术、产品设计、品牌控制、软件支持、关键设备和模具、关键零部件配套、销售渠道等高端环节仍然受制于国外。在深圳的工业产值中，70%的产值来自加工装配性质的劳动密集型产品，加工贸易企业的整体研发投入占销售收入的比率不到发达国家的20%。深圳加工贸易企业大多开展OEM（委托加工或原厂设备生产）业务，从事ODM（委托设计生产）的企业不到30%，而从事OBM（自有品牌生产）的就更少，高科技产品和机电产品出口主要来自外商投资加工贸易企业。一方面，外商投资企业严密控制关键技术，核心技术掌控难度大，深圳市企业只参与简单的加工装配环节，对技术进步和产业升级作用影响甚小，再加上产品所需的核心零部件等生产原料和先进装备主要依赖进口，直接造成产品价格居高不下、市场竞争力大打折扣；另一方面，自主研发需要投入大量的资金和时间，且具有相当高的经营风险，在当前市场代工模式占主流和国内知识产权保护力度仍有不足的形势下，国内企业自主创新动力不足，延滞了产业升级步伐。此外，加工贸易“技术溢出”效应还不高，掌握核心技术的产品产值偏低，多数行业的关键技术和关键零部件基本依赖进口，阻碍了这些行业核心竞争力的提高和利润空间的提升。

（三）竞争优势锋芒渐消

深圳早年发展加工贸易的政策、土地和资源等优势已经风光不再，取而代之的是面临多方面的约束阻碍。特别是人力资源成本的提升，使深圳发展加工贸易的竞争力有所下降。在2008年《劳动合同法》实施及改善民生的背景下，深圳市最低工资标准不断上涨，2012年深圳市最低工资涨至1500元，为全国最高。尤其是近年来产业向中西部梯度转移，新生代农民工就业取向明显变化，招工难、“用工荒”正不断困扰企业正常生产经营活动。随着我国人口红利逐渐消失，我国廉价劳动力时代即将结束，低廉劳动力的竞争优势被大大削弱，部分加工贸易产业正向成本优势更加明显的新兴国家或地区转移，在此背景下，深圳加工贸易产业的光环渐失，加工贸易企业将面临更艰难的挑战。

四、遥望愿景：在蜕变中必能展露新的容颜

加工贸易在深圳经济发展中仍发挥着举足轻重的作用。深圳有其不可替

代的区位优势，其毗邻的香港地区有非常发达的金融业、物流业及成熟的市场经济环境，深圳以其自身优越条件，发展加工贸易仍具有很强的优势。虽然在 2006 年加工贸易政策调整和 2008 年全球金融危机的叠加影响下，外部订单显著减少，深圳市加工贸易出现短期“阵痛”，但只有做好产业的转型与升级，淘汰落后生产环节，才能“去芜存菁”，将产业链从低端向上延伸到中、高端，达到“强筋健骨”的目标。可喜的是，“去芜存菁”的步伐正稳步向前，2012 年深圳市将完成3 500多家非法人来料加工企业的不停产转型工作①，预计到 2015 年，深圳加工贸易增值率将提高到 70%，内销额年均增长 8% 以上，届时深圳市加工贸易将更好地扎根国内市场。相信深圳市加工贸易定能呈现出根深蒂固、枝繁叶茂的新面貌，为“深圳质量”的提升注入更加丰富的内涵，为深圳经济的发展发挥应有的作用。

---

① 5 年内有序转移 1 万家企业 引进 200 高端大项目．（2011 - 11 - 25）. http：// www. people. com. cn/h/2011/1125/c25408 - 1484520706. html.

特殊监管区域：昔日标杆　再塑辉煌

特殊监管区域是深圳经济特区里的“特区”。作为特殊的海关监管区域，区内企业在从事进出口及相关的经济贸易活动中，享受国家法律和政策赋予的“境内关外”的特殊优惠政策，加上保税区地理位置优越，深圳特殊监管区域在连接国内国际两个市场方面发挥了重要作用。入世 10 年，是深圳市对外贸易迅猛发展的时期，也是福田保税区、沙头角保税区、盐田保税区、出口加工区和前海湾保税港区等 5 个特殊监管区域外贸进出口实现大发展的重要时期，在进出口总量、年度进出口贸易规模、增长速度等一些重要的衡量外贸发展的指标上，深圳市特殊监管区域都远远超过总体水平，是深圳市外贸发展的“领跑者”。

一、跨越式发展的 10 年

据海关统计，入世第一年深圳市特殊监管区域进出口即突破 100 亿美元关口，从 2001 年的 63.7 亿美元升至 113.5 亿美元；2004 年，出口和进口双双突破 100 亿美元，推动进出口达 258.2 亿美元。此后，每年上一个台阶，2006 年达 412.8 亿美元；虽受 2008 年全球金融危机影响，发展势头一度受到遏制，连续徘徊在 400 亿美元规模，但 2010 年再上台阶，突破 500 亿美元，为 536.7 亿美元；2011 年更是连上两个台阶，达 707 亿美元，比 2001 年增长 10.1 倍，其中出口和进口均突破 300 亿美元，分别为 355.5 亿美元和 351.5 亿美元。

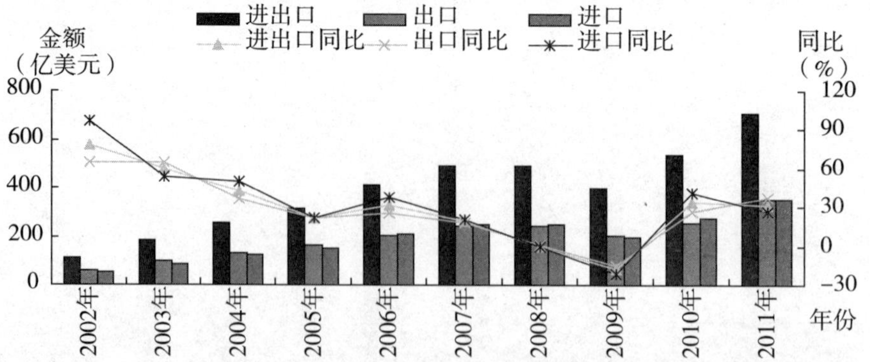

图 1.3.1　2002 ~ 2011 年深圳市特殊监管区域进出口值及其同比年度走势图

二、类型齐全相互补充，实力大增活力十足

（一）保税区在特殊监管区域进出口中一枝独秀

深圳特殊监管区域设立早、数量多，如中国创办最早的保税区——沙头角保税区于1991年5月28日经国务院正式批准设立，以0.27平方公里的面积创造了全国保税区单位进出口值之最。与香港一河之隔的福田保税区于1991年5月28日经国务院批准成立，1993年2月18日，其隔离围网设施通过海关总署验收，面积为1.35平方公里，建有一号专用通道，经落马洲大桥直通香港。入世10年，深圳市保税区外贸累计进出口3 594亿美元，年平均发展速度为25.5%。2011年，深圳市保税区外贸进出口616亿美元，占深圳市特殊监管区域进出口总值的比重虽然有所下降，但仍达87.1%。其中，出口由2001年的36亿美元增长至2011年的286.2亿美元，年均增长23%；进口由2001年的27.7亿美元飙升至2011年的329.8亿美元，年均增长28.1%。

（二）出口加工区外贸发展渐入佳境

出口加工区位于深圳市东北部，围网面积3平方公里，2000年4月经国务院批准成立，是专为制造、加工、装配出口商品而开辟并由海关监管的特殊封闭区域，主要发展出口导向工业。为促进出口加工区的发展，国家采取了进出口免税、入区退税、进料保税、差额征税等一系列优惠政策。自2000年设立后，出口加工区处于初创建设阶段，基本上是以进口为主、以出口为辅，进口值大于出口值。自2002年起，在加入世界贸易组织的推动下，出口加工区步入产出阶段，出口加工区的“出口”效能开始发挥，2002年当年就实现净出口117万美元。入世10年，深圳市出口加工区外贸进出口从2001年的348万美元增长到2011年的39.1亿美元，10年累计进出口163.4亿美元，占深圳市特殊监管区域进出口总值的比重从2001年的0.05%逐渐提升至2011年的5.5%。其中，出口由2001年的9万美元增长至2011年的25.2亿美元，年均增长1.8倍；进口由2001年的339万美元飙升至2011年的13.9亿美元，年均增长82.5%。

（三）盐田保税物流园功能升级一路前行

盐田保税物流园的前身是1996年9月27日经国务院批准成立的盐田港保税区，前期面积0.85平方公里。2004年8月16日，国务院批准盐田港保税区和盐田港实施“区港联动”，盐田港保税物流园区扩大到0.96平方公里，分为南区和北区，于2005年12月30日通过海关总署等国家部委联合验收后，正式封关运作。盐田保税物流园区与世界十大集装箱港之一的盐田港港区浑

然一体，在南片区以一条24小时开通的“绿色通道”与盐田港码头直接相连，主要开展保税仓储、流通性简单加工和增值服务、全球采购和配送、转口贸易、检测维修等业务，在海关、检验检疫、外汇、税收等方面享受保税区的优惠政策，并实行入区退税。盐田保税物流园区功能升级后，外贸进出口从2006年的6.9亿美元增长到2011年的33亿美元，6年间累计进出口112.8亿美元，年平均发展速度为36.8%，占深圳市特殊监管区域进出口总值的比重从2006年的1.7%逐渐提升至2011年的4.7%。其中，出口由2006年的6亿美元增长至2011年的29.4亿美元，年均增长37.3%；进口由2006年的8 719万美元飙升至2011年的3.6亿美元，年均增长33.1%。

（四）前海湾保税港区承载未来，力求后来居上

深圳前海湾保税港区位于深圳港西部港区，2008年10月18日经国务院批准设立，是2005年6月以来国内设立的第9个保税港区。其规划控制面积约3.7平方公里，功能包括国际中转、配送、采购及转口贸易和出口加工等业务。保税港区实行封闭管理，同时享受保税区、出口加工区和保税物流园区三大区域的政策优势，是我国当前政策最优惠、通关最快捷、管理最规范的特殊监管区域，也是国内开放度最高的准自由港。作为深圳外贸发展的新增长点，前海湾保税港区正朝着“建设成为一个覆盖珠三角，辐射大西南，与国际物流网络无缝衔接的保税物流基地，并与港澳优势互补、互利共赢，共同发展为亚太区国际航运中心”的目标迈进。2009年，前海湾保税港区的进出口值即达到1.2亿美元，2010年飙升至17.2亿美元，2011年再增长9.5%达18.9亿美元，建成3年间累计进出口37.3亿美元。2011年，前海湾保税港区的进出口值占深圳市特殊监管区域进出口总值的2.7%。其中，出口由2009年的0.8亿美元增长至2011年的14.8亿美；进口由2009年的3 829万美元飙升至2011年的4.1亿美元。

三、特殊监管区域进出口主要特点

（一）加工贸易龙头地位悄然旁落，现代物流服务业长足发展

长期以来，深圳市特殊监管区域主要以加工贸易为主，龙头带动作用明显，在入世前的2001年，加工贸易进出口值占深圳市特殊监管区域进出口总值的73%；加入世界贸易组织的当年，加工贸易进出口值为70.2亿美元，虽然增长51%，但占当年深圳市特殊监管区域进出口总值的比重回落至61.8%，而同年，以海关特殊监管区域物流货物方式进出口值增长1.7倍，达42.3亿美元，占当年深圳市特殊监管区域进出口总值的比重为37.3%，比

入世前的2001年提升了12.5个百分点。此后，加工贸易和物流货物所占比重此消彼长。2007年，以海关特殊监管区域物流货物方式进出口值为244.4亿美元，以0.5亿美元的优势首次超过加工贸易，成为海关特殊监管区域的主要贸易方式，此后，领军地位一直稳固。2011年，以海关特殊监管区域物流货物方式进出口值为355.8亿美元，占2011年深圳市特殊监管区域进出口总值的50.3%，10年平均增长36.5%。同年，加工贸易的这一比重为47%，为332.3亿美元，10年平均增长21.7%。

（二）香港区位优势明显，贸易往来多点开花

香港地区是集贸易、金融、信息和航运于一体的国际商业中心，凭借地理优势，入世10年间，深圳市与香港地区在“前店后厂”模式的基础上，实现了各自的产业转型升级，随着《内地与香港关于建立更紧密经贸关系的安排》（CEPA）的顺利实施，双边经济融合进一步深入。作为深圳外贸发展的重要窗口，特殊监管区域在承接深港两地产业转移、提供物流分拨业务和促进经济发展方面，一直是主阵地和重要载体。2001年，深圳市特殊监管区域对香港进出口23.6亿美元，占当年深圳市特殊监管区域进出口总值的37%，其中主要为对港出口，达22.6亿美元；到2011年，对港进出口231.9亿美元，这一比重仍维持在32.8%，其中对港出口230.3亿美元，香港地区继续保持深圳市特殊监管区域的第一大贸易伙伴地位。

东盟十国一直保持深圳市特殊监管区域进出口第二大贸易伙伴地位。深圳市特殊监管区域对东盟进出口从2001年的11.3亿美元增长到2011年的86.6亿美元，10年累计进出口570.3亿美元，年平均发展速度为22.6%。其中，出口由2001年的2.8亿美元增长到2011年的34亿美元，年均增长28.5%；进口由2001年的8.5亿美元增长到2011年的52.6亿美元，年均增长20%。对东盟进出口呈现持续逆差状态，表明深圳市与东盟在产业链上基本是处于上下游分工位置。与此同时，随着深圳企业开拓国际市场能力增强，东盟在深圳市特殊监管区域进出口总值的比重从2001年的17.7%逐渐回落至2011年的12.2%。

此外，作为深圳市外贸进出口重要传统贸易伙伴的美国和欧盟，在深圳市特殊监管区域进出口总值的比重分别从2001年的10.1%和8.3%逐渐回落至2011年的4.3%和5.7%；而受近两年金价大幅飙升的影响，以南非为代表的非洲在深圳市特殊监管区域进出口总值的比重从2001年的2%上升至2011年的10%。

表 1.3.1　2011 年与 2001 年深圳市特殊监管区域对主要贸易伙伴进出口情况对照表

单位：亿美元，%

2011 年								2001 年							
贸易伙伴	进出口			出口		进口		贸易伙伴	进出口			出口		进口	
	金额	占比	同比	金额	同比	金额	同比		金额	占比	同比	金额	同比	金额	同比
合计	707.0	100.0	31.7	355.5	37.4	351.5	26.4	合计	63.7	100.0	23.0	36.0	38.6	27.7	7.4
中国香港	231.9	32.8	62.7	230.3	63.0	1.6	26.4	中国香港	23.6	37.0	85.7	22.6	88.2	0.9	41.2
中国	94.9	13.4	-4.5	-	-	94.9	-4.5	东盟	11.3	17.7	30.5	2.8	42.8	8.5	26.9
东盟	86.6	12.2	0.3	34.0	-10.0	52.6	8.3	美国	6.4	10.1	-26.0	5.3	-27.3	1.2	-19.6
非洲	70.4	10.0	474.8	2.6	79.3	67.7	529.0	欧盟	5.3	8.3	-5.7	3.2	11.4	2.1	-23.9
南非	68.3	9.7	516.7	1.1	77.3	67.2	542.4	中国台湾	5.2	8.2	2.4	0.4	67.1	4.9	-0.5
韩国	45.4	6.4	11.5	2.7	12.4	42.7	11.4	日本	3.7	5.9	-15.0	0.6	-14.6	3.2	-15.1
欧盟	40.3	5.7	12.9	28.7	17.7	11.7	2.7	中国	2.9	4.5	59.4	-	-	2.9	59.4
日本	32.7	4.6	21.4	7.6	4.9	25.0	27.5	韩国	2.5	3.9	-5.8	0.2	51.1	2.3	-8.4
中国台湾	30.5	4.3	1.9	1.7	13.8	28.8	1.3	非洲	1.3	2.0	28.6	0.1	91.3	1.2	25.8
美国	30.1	4.3	4.9	24.2	4.1	5.9	8.3	南非	1.2	1.9	27.0	0.0	34.6	1.2	26.8
拉丁美洲	20.4	2.9	13.6	6.0	-1.8	14.4	21.5	拉丁美洲	0.7	1.1	48.4	0.2	-34.1	0.5	293.3
澳大利亚	3.6	0.5	30.4	3.4	22.3	0.3	894.7	加拿大	0.3	0.4	209.2	0.2	217.6	0.0	152.0

（三）外商投资企业继续发挥主导地位，私营企业茁壮成长

2011 年，深圳市特殊监管区域内的外商投资企业进出口值达到 431.3 亿美元，比 2001 年增长 6.1 倍，10 年平均增长 21.7%；占 2011 年深圳市特殊监管区域进出口总值的 60%，仍占主导地位。但近几年来，受区内外商投资企业配套需求带动，国有、集体和私营等类型企业开始入驻特殊监管区域，并呈现快速发展势头，其中私营企业进出口发展尤其突出。2001 年，私营企业进出口 312 万美元，占当年深圳市特殊监管区域进出口总值的比重不足 0.05%；而到 2011 年，私营企业进出口达 177.7 亿美元，占 2011 年深圳市特殊监管区域进出口总值的比重高达 25.1%。10 年间，私营企业累计进出口值 378.8 亿美元。

表 1.3.2　2002～2011 年深圳市特殊监管区域主要企业类型进出口情况表

单位：亿美元，%

年份	国有企业		外商投资企业		私营企业	
	进出口值	同比	进出口值	同比	进出口值	同比
2002 年	8.8	169.4	104.6	73.2	0.1	190.7
2003 年	11.6	32.6	169.2	61.7	0.3	258.4
2004 年	14.3	23.3	238.6	41.0	5.2	1500.1
2005 年	16.1	12.8	288.2	20.8	9.8	88.7
2006 年	18.9	17.1	379.6	31.7	14.3	45.6
2007 年	26.7	41.1	442.4	16.6	21.6	51.4
2008 年	30.4	13.9	435.5	-1.6	23.2	7.4
2009 年	21.3	-29.9	342.1	-21.4	35.6	53.2
2010 年	29.4	37.9	406.2	18.7	91.0	155.5
2011 年	29.6	0.5	431.3	6.2	177.7	95.3

（四）机电产品出口比重下滑，出口多样化特征凸显

机电产品一直是深圳市特殊监管区域出口货物的最主要组成部分，2001 年其出口值为 26.7 亿美元，占当年深圳市特殊监管区域出口总值的 74.2%，2011 年这一比重减少到 68.3%，出口值为 242.8 亿美元，比 2001 年增长 8.1 倍。主要传统劳动密集型产品（服装及附件、纺织纱线及织物、玩具、家具及零件、塑料制品、箱包和鞋类）合计出口值从 2001 年的 2.7 亿美元增长到

2011 年的 24.4 亿美元，比重从 2001 年的 7.6% 减少到的 6.8%。与此同时，珠宝首饰出口从 2001 年的 36 亿美元增长到 2011 年的 355.5 亿美元，文化产品从 2001 年的少量出口飙升到 2011 年的 2 亿美元。

（五）本地电子产业的替代能力增强，进口品种从设备向零部件逐渐过渡

深圳市特殊监管区域在我国加入世界贸易组织之前正处于发展前期，进口主要是以计算机、数据处理设备为代表的电子产品。2001 年，进口第一大品种为计算机，进口值为 2.5 亿美元，占当年深圳市特殊监管区域进口总值的 9.1%；数字式自动数据处理设备进口3 508万美元，占 1.3%。随着入世以来深圳市电子产业的快速发展，国内设备制造能力明显增强，对进口形成有效的替代，进口品种转变为各类电子元器件及零部件。其中，集成电路成为第一大进口品种，2011 年进口值达 114.6 亿美元，所占比重提升到 32.6%；自动数据处理设备的零件、部件进口紧随其后，2011 年这两类产品均进口 26.8 亿美元，均占 7.6%。

四、三大突出优势形成有力支撑

（一）对外开放水平不断提升，利用外资向深度和广度发展，为外贸发展创造了有利条件

我国加入世界贸易组织后，深圳市对外开放水平继续走在全国前列，与国际市场融合进一步加深，利用外资规模和效益不断提升，到 2011 年，排名世界 500 强的企业已有 185 家在深圳落户①；到 2011 年 6 月底，深圳累计批准外商投资项目44 638个，累计合同外资金额 826.76 亿美元，累计实际使用外资 519.96 亿美元②。2011 年前 10 个月合同利用外资 59.5 亿美元，比 2010 年同期增长 28.2%；新签合同项目2 066宗，比 2010 年同期增长 38.8%③。特殊监管区域凭借区位和政策优势，更是吸引众多的外商投资企业入区，如与 IBM 合资的长城国际系统科技（深圳）有限公司、著名跨国公司意法半导体公司与深圳赛格合资的高科技企业——深圳赛意法微电子公司、日立公司独资的日立环球存储科技（深圳）有限公司、全球光通信元器件龙头 JDS Uniphase 投资的捷迪讯科技（深圳）有限公司等。在龙头企业的带动下，上下游企业纷纷入区或在周边地区设厂，深圳市特殊监管区域一度成为深圳市

---

① 世界 500 强企业已有 185 落户深圳．南方都市报，2011－12－14.

② 外商在深直接投资项目逾 4.4 万．深圳商报．2011－09－09.

③ 深圳市科技工贸和信息化委员会网站统计数据。

外贸发展的展示窗口和重要标杆。

（二）功能优势和地理优势凸显，有力地推动进出口阔步向前

由于采取了一系列免税、保税和差额征税等优惠政策，加上集中报关、提前报关、宽松贸易管制等各种通关便利措施，特殊监管区域成为深圳市进出口的重要渠道，特别是允许区内企业从事分拨、仓储、流通性简单加工和增值服务，使跨国公司能够便捷地利用特殊监管区域毗邻香港的地理优势，将香港的服务业和深圳的仓储物流业有机结合起来，高效地实现资源的全球采购和配送。10 年来，深圳市特殊监管区域对香港地区进出口始终保持较高的增速。

（三）区内成本优势明显，有效地提升进出口竞争能力

特殊监管区域借助宽松的环境、政策优势，仓储成本是香港仓储成本的 1/3，人力成本是香港人力成本的 1/6①，区内成本优势明显，聚集了一大批全球 500 强企业。例如，福田保税区内目前有来自世界 30 多个国家和地区的投资者在区内设立的 700 多家企业，入区世界财富 500 强企业有 33 家，区内员工共计 5 万多人②，在单位面积经济效益指标中创造了全国保税区之最，是全国发展成就最突出、最具竞争力的保税区之一。由于存在其他地区无法比拟的优势，深圳的特殊监管区域成为深圳市重点支柱产业之一——物流业快速发展的摇篮，物流业以较高的专业化程度、较低的费用水平保持全国同行业领先地位，这一方面大大缩减了企业进出口的物流营运成本，据统计，2010 年，深圳物流费用占 GDP 的 15.04%，低于全国 2.76 个百分点，以全国平均水平计算，2010 年深圳物流业节约物流成本超过 262 亿元，而深圳特殊监管区域的物流成本更是低于全国③；另一方面使为制造业提供物流分拨业务的专业化服务型公司应运而生，进一步促进了深圳特殊监管区域进出口贸易的发展。例如，2005 年 7 月 15 日，深圳怡亚通供应链股份公司正式入驻深圳福田保税区，并于 2007 年 10 月成为第一家在中国 A 股市场上市的保税物流公司④。

---

① 怡亚通在深圳福田保税区建立全国性配送中心．（2005－12－29）．http：//www.56products.com/.

② 福田保税区：曾经是标杆 如今显落魄．深圳热线，2012－03－02.

③ 深物流业去年节约物流成本超 262 亿元．广州日报，2011－06－24.

④ 怡亚通在深圳福田保税区建立全国性配送中心．（2005－12－29）．http：//www.56products.com/.

五、三大问题制约稳定发展

虽然深圳市特殊监管区域在入世10年间得到长足的发展，但由于相关政策落实不尽如人意，功能单一、定位不清晰等问题，严重影响了特殊监管区域的稳定发展。

（一）特殊监管区域间发展不平衡

在现有的特殊监管区中，各区域存在较大的发展差距，各区域间发展极不平衡。以2011年为例，全市特殊监管区进出口总值为707亿美元，其中发展时间较长的福田沙头角保税区进出口总值616亿美元，合计占当年全市特殊监管区进出口总值的87.1%；而另外3个特殊监管区域进出口总值合计为91亿美元，仅占当年全市特殊监管区进出口总值的12.9%，特别是成立多年的出口加工区所占比重仅为5.5%。

（二）功能单一、定位模糊，免税优势不明显

加入世界贸易组织后，我国工业品的平均关税大幅降低，并取消所有的非关税措施，使特殊监管区域的免征关税效应不断减弱。与此同时，越来越多的跨国公司在中国投资，其产品在研制、生产、销售等环节需要高度的国际化，迫切需要一个具备国际配送、国际采购、国际中转等功能，且货物能自由、高效流通的区域，以减少生产和贸易成本。但是，深圳市特殊监管区域的功能较为单一，政策定位也较模糊，随着外贸经营权的放开和关税的逐步下调，保税区政策优势逐渐弱化。而且国内其他地区特殊监管区域最近几年发展迅速，也使深圳的比较优势进一步弱化。如与福田保税区同时批准成立的上海外高桥保税区，经过多年改革创新，目前已发展成为集国际贸易、先进制造、现代物流及保税商品展示交易等多种经济功能于一体的综合型保税区，“十一五”期间进出口2 849.1亿美元，年均增长15.7%，而同一时期深圳保税区累计进出口2 125.6亿美元，年均增长8.2%，无论整体规模还是增长速度均明显落后于上海外高桥保税区，深圳特殊监管区域的“标杆”效应趋于衰弱。

（三）配套不完善，管理措施不健全

尽管目前各个特殊监管区域的基础设施建设在不断进步，但环境及交通设施建设仍然跟不上经济快速发展的步伐。例如，福田保税区现有道路输运网络的骨干通道容量有限，员工在上下班高峰期的拥堵状况严重，员工配套宿舍资源紧缺，园区整体形象尚有提升空间；又如，出口加工区地处深圳市东北角，与港口、铁路和公路口岸距离均较远，由于配套设施不完善，企业

入驻的积极性不高，成为特殊监管区域向更高层次顺利发展的羁绊。此外，虽然国家和深圳市相继出台了诸多管理办法，但相关的配套法规仍不完备，部分管理规定的理念和职能定位相对滞后。如对边角废料出区的管理规定、“两高一资”产品禁限措施的实行、特殊监管区域税收政策的统一、区内外汇管理政策的优化等，都缺乏合理的规定。管理部门和地方政府对其政策定位问题认识不一致，配套法规迟迟不能完善，也打击了企业入区的积极性。

六、未来深圳市特殊监管区域外贸展望

作为外向型经济程度高的城市，特殊监管区域是深圳经济发展的独特区域——政策特殊、地位特殊、贡献特殊，这就要求对特殊监管区域的功能升级给予特殊的关怀和关注：需要树立全局管理观念，梳理现行政策规定，保证各项政策的衔接性和可操作性；通过扩展并完善特殊监管区域的保税加工、保税物流功能，推进特殊监管区域整合和政策叠加，将特殊监管区域发展成为承接跨国公司转移高科技高附加值加工制造环节、研发中心的重要基地，成为承接国际现代服务业、开展保税物流业务、促进加工贸易转型升级和梯度转移的重要节点。特别是前海湾保税港区，应利用后发优势和政策优势，拓展保税加工、检测维修、展览展示等保税港区新功能，重点发展现代物流和供应链管理服务业，吸引更多的研发中心、售后服务中心、地区总部等类型企业入驻，推进加工制造和现代物流同步协调发展，延长产业增值链，促使产业价值链向高端迈进，实现特殊监管区域的良性发展，成为深圳市经济的新增长点和物流集散枢纽，使特殊监管区域再创辉煌，再度成为深圳市外贸经济发展的“标杆”。

贸易主体篇

外商投资企业：风云变幻　优势依旧

入世10年，我国吸引外商投资迅速增长，实际利用外商直接投资增长额年平均增长率达到9.5%①。深圳自1978年12月第一家来料加工厂成立以来，凭借毗邻港澳的地缘优势，成为内地吸收外商投资最多的地区之一，入世以来吸引外资更是快速增长，2002～2011年累计吸引外商直接投资金额361.5亿美元，其中2011年为45.99亿美元，比2001年增长77.6倍。大量外资的流入不仅有效弥补了深圳经济发展的资金缺口，也促进了产业结构优化和技术升级换代，使得深圳获得了新的发展机遇，迅速成长并逐步形成庞大的制造业群体。10年来，虽然外贸形势风云变幻，但深圳市外商投资企业积极应对，依旧保持优势，对深圳外贸经济的发展作出了巨大的贡献。

一、10年间规模快速扩张，半壁江山地位稳固

入世以来，深圳市每年吸收的外商直接投资保持稳定增长。2011年深圳市吸收实际外商直接投资约46亿美元②，比2001年的25.9亿美元增长了77.6%③，年均增速为5.9%。10年来，外商投资企业在深圳市外贸进出口贸易中的表现极为抢眼，进出口额逐年攀升，在深圳市贸易发展中的地位和作用进一步增强。据海关统计，2011年，深圳市外商投资企业进出口2 346亿美元，比2001年增长5倍，10年间平均增速为19.7%。其中，出口1 384.6亿美元，比2001年增长5.3倍，年均增速为20.2%；进口961.4亿美元，比2001年增长4.7倍，年均增速为19%。

① 利用外资发生结构性变化．（2011－12－05）．http：//stock. sohu. com/20111205/n327876753. shtml.

② 深圳2011年吸收实际外商直接投资45.99亿美元．（2012－02－08）．http：//finance. sina. com. cn/.

③ 数据来自《深圳市2001年国民经济和社会发展统计公报》。

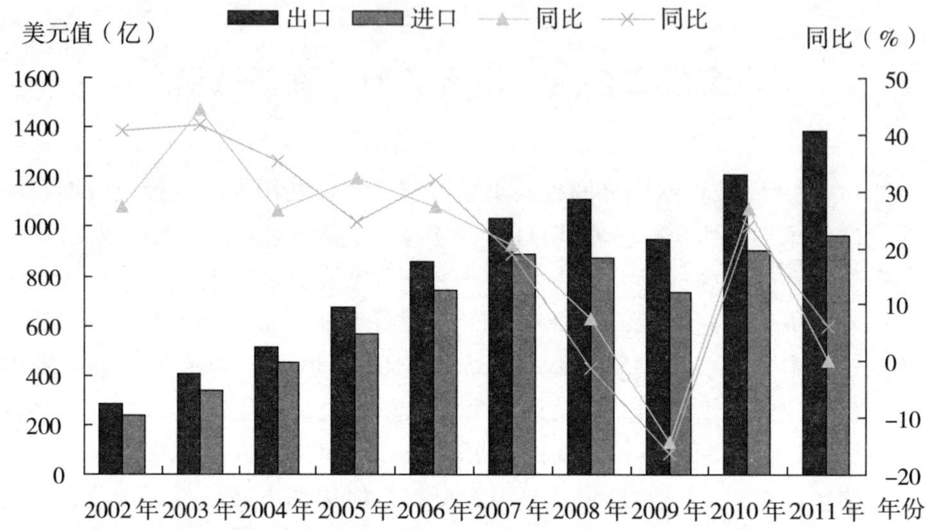

图 2.1.1　入世 10 年深圳市外商投资企业年度进出口值及同比变化情况

（一）进出口额逐年快速递增

入世 10 年来，深圳外商投资企业出口值总体呈逐年扩大的趋势，从 2001 年的 220.2 亿美元飙升至 2011 年的1 385亿美元，年均增速达 20.2%。入世初期，深圳市外商投资企业出口增速显著，2003 年增速高达 44.2%，为入世 10 年间最高增速，此后增速虽有所回落，但仍保持两位数增长。2008 年，受金融危机影响，深圳外商投资企业出口增速放缓；2009 年金融危机影响加深，出口额同比出现负增长；2010 年、2011 年随着外部经济好转，出口值恢复增长势头，且增速均达两位数，其中 2011 年出口增长 14.6%。

同时，深圳市外商投资企业进口值由 2001 年的 168.6 亿美元增至 2011 年的 961.4 亿美元，年均增速达 19%，其中 2003 年增速达 41.6%，为 10 年间最高增速。除受金融危机影响，2008 年、2009 年呈现负增长外，其余年度均为正增长，但自 2007 年起进口增速均低于出口增速，2011 年进口增速为6%，低于同期出口增速 8.6 个百分点。

（二）始终占据半壁江山，先扬后抑趋势有所显现

入世以来，深圳市外商投资企业一直为深圳市外贸进出口的最大主体，但占深圳市外贸进出口比重呈先扬后抑态势：从 2001 年的 56.7% 提升至 2005 年的 67.9%，此后逐年下滑，2011 年回落至 2001 年水平，但仍保持在 5 成以上。10 年来，外商投资企业累计进出口约 1.5 万亿美元，占深圳市外贸进出口值的比重为 63.2%。

(三) 外商独资企业进出口一枝独秀，中外合资与合作企业难以匹敌

入世后，深圳市中外合资、中外合作和外商独资企业进出口发展态势存在较大差异。其中，外商独资企业增幅领先，进出口值连续跨越500亿美元、1000亿美元台阶，2011年达1914亿美元，比2001年增长6.5倍，年均增长率达22.3%，增幅分别高于中外合资企业和中外合作企业9.3个百分点和13个百分点，占外商投资企业进出口总值的比重也由2001年的65.5%上升到81.6%。同时，中外合资企业进出口值在入世初期所占比重逐年上升，2004年达到28.1%的高点，此后基本在16%左右徘徊；而中外合作企业进出口所占比重逐年萎缩，2011年进出口59亿美元，比2001年增长1.4倍，年均增速为9.4%，占外商投资企业进出口总值的比重从2001年的6.2%降至2.5%。

表2.1.1　入世10年深圳市外商投资企业分类型进出口情况

单位：亿美元,%

时间	中外合作企业进出口值	比重	中外合资企业进出口值	比重	外商独资企业进出口值	比重
入世10年合计	432.4	2.9	2 777.7	18.4	11 912	78.8
2011年	59	2.5	373.1	15.9	1 913.9	81.6
2010年	53.5	2.5	353.6	16.7	1 707.5	80.7
2009年	46.9	2.8	280.6	16.7	1 356.9	80.6
2008年	53.1	2.7	336.3	16.9	1 596.9	80.4
2007年	54.1	2.8	305.4	15.9	1 561.6	81.3
2006年	47.7	3.0	259.4	16.2	1 298.6	80.9
2005年	34.9	2.8	270.3	21.8	936.7	75.4
2004年	30.1	3.1	271.1	28.1	664.4	68.8
2003年	27.4	3.7	195.1	26.4	517	69.9
2002年	25.7	5.0	132.7	25.7	358.5	69.3

二、加工贸易主导发展，贸易结构日益优化

(一) 加工贸易始终占优，但比重下滑；一般贸易发展迅速，地位上升

加工贸易主导地位稳固但逐渐下滑。入世后，深圳市外商投资企业加工贸易方式进出口保持稳定增长，其在深圳市外商投资企业整体进出口中所占

比重一直保持在7成以上，但比重有下滑趋势。2011年，深圳市外商投资企业以加工贸易方式进出口1 811亿美元，比2001年增长4.5倍，年均增长18.5%，略低于同期深圳市外商投资企业进出口19.7%的总体增速，占同期全市进出口总值比重从2001年的85%降至77.2%。其中，出口1 147亿美元，比2001年增长4.7倍，年均增长19.1%，占同期出口总值比重由2001年的90.8%降至82.8%；进口664.1亿美元，比2001年增长4.1倍，年均增长17.7%，占同期进口总值比重由2001年的77.4%降至69.1%。

一般贸易年均增速快于总体。2011年，深圳市外商投资企业以一般贸易方式进出口269.2亿美元，比2001年迅猛增长10.2倍，年均增速为27.4%，高出同期深圳市外商投资企业进出口整体增速7.6个百分点，占同期全市进出口总值比重由2001年的6.2%升至11.5%。其中，出口123.6亿美元，比2001年增长11.2倍，年均增速为28.4%，占同期出口总值比重由2001年的4.6%升至8.9%；进口145.6亿美元，比2001年增长9.5倍，年均增速为26.7%，占同期进口总值比重由2001年的8.2%升至15.1%。

外商投资设备和物品进口先扬后抑。入世后的前6年，深圳市外商投资企业投资设备和物品进口规模呈逐年扩大趋势，从2001年的8.5亿美元上升至2007年的20.6亿美元；2008年起逐年萎缩，2011年进口值下降至6.2亿美元。

海关特殊监管区域进出口增势强劲。2011年深圳市外商投资企业以海关特殊监管区域方式进出口255.3亿美元，比2001年增长9.6倍，年均增速达26.7%，比同期深圳市外商投资企业进出口19.7%的总体增速高出7个百分点。

（二）香港地区稳居各贸易伙伴首位，东盟超越日本位列第三

入世10年，深圳前五大贸易伙伴排名位次有所变化。由于港资企业投资深圳地区具有天然优势，香港地区10年来稳坐头把交椅，其余四大贸易伙伴分别为美国、日本、东盟和欧盟。2011年，前五大贸易伙伴进出口值占深圳市外商投资企业进出口总值的67.9%，比2001年的76.4%下降了6.4个百分点。其中，2011年深圳市外商投资企业对香港地区进出口791.3亿美元，比2001年增长7.4倍，年均增速为23.9%，占同期深圳市外商投资企业进出口总值的比重从2001年的23.9%上升至33.7%。美国一直保持第二大贸易伙伴地位，2011年深圳市对美国进出口值为234.1亿美元，年均增速为14.4%，所占比重从2001年的15.7%略为下降至10%。东盟则超过日本，在深圳贸易伙伴中的排名上升到第3位，2011年深圳对东盟进出口218.9亿美元，年均

增速为16.1%，所占比重从2001年的12.7%下降至9.3%。

表2.1.2　入世10年深圳市外商投资企业主要贸易伙伴变化情况表

单位：亿美元,%

贸易伙伴	进出口值		占外商投资企业进出口比重		入世10年平均增速
	2011年	2001年	2011年	2001年	
总计	2346	388.8	–	–	18.3
中国香港	791.3	92.8	33.7	23.9	23.9
美国	234.1	60.9	10.0	15.7	14.4
东盟	218.9	49.3	9.3	12.7	16.1
欧盟	187.6	39.2	8.0	10.1	16.9
日本	160.9	54.7	6.9	14.1	11.4

(三) 机电产品、高新技术产品增势良好，带动贸易结构优化升级

机电产品进出口占近8成。入世10年，深圳市外商投资企业机电产品(与高新技术产品有交叉）进出口值占同期深圳市外商投资企业进出口总值的比重均在7成以上，且呈稳步上升态势。2011年，机电产品出口1 191亿美元，比2001年增长6.1倍，年均增长21.6%，占同期全市外商投资企业出口总值的比重从2001年的76.6%上升到86%；进口807.2亿美元，比2001年增长6倍，年均增长21.6%，占同期全市外商投资企业进口总值的比重从2001年的67.9%上升到2011年的84%。

高新技术产品进出口比重不断攀升。高新技术产品出口快速增长、比重不断扩大是外商投资企业带动深圳产业升级、结构优化的具体体现。2011年，深圳市外商投资企业高新技术产品出口878.8亿美元，比2001年增长8.4倍，年均增长25.1%，占同期深圳市外商投资企业出口总值的比重从2001年的42.4%上升到63.5%，上升了21.1个百分点。但在2007年，深圳市外商投资企业高新技术产品出口快速下降，降幅高达33.1%，2008年虽重拾增势，但增速仅为7.7%，受此影响，2007年、2008年其出口所占比重曾一度回落至30%左右，2009年以后所占比重保持在60%以上。2011年，深圳市外商投资企业进口高新技术产品631.1亿美元，比2001年增长7.4倍，年均增长23.7%，占同期深圳市外商投资企业进口总值的比重由2001年的44.6%上升到65.6%，提高了21个百分点。

传统劳动密集型产品出口增势缓慢。入世10年，深圳市外商投资企业出口服装及衣着附件从2001年的8.3亿美元增长至2011年的22亿美元，年均增长10.3%；出口纺织纱线、织物及制品从2001年的2.2亿美元增长至2011年的4.7亿美元，年均增长7.9%；玩具和鞋类年均增长率分别为10.9%和9.2%，均明显低于同期深圳市外商投资企业出口20.2%的整体增速。

三、外资企业作用凸显，促进深圳市外贸全方面发展

（一）外贸强大引擎：拉动全市进出口快速增长

外商投资企业作为直接连接国外投资商与国内市场的企业主体，自入世以来一直是带动深圳市外贸增长的主要力量，随着深圳市对外开放程度的进一步提升和外资加快对本地经济的投资力度，其在各产业领域尤其是高端技术产品领域建立起了完善的制造业集群，带动相关商品进出口快速增长。同时，由于外商投资企业具备较为成熟的国际销售网络和渠道，其在外贸发展中处于更为有利的地位，为扩大进出口奠定了稳定的基础。入世10年间，外商投资企业在深圳市进出口中始终占据“半壁江山”的主导地位，虽然随着本土力量的崛起，其比重出现先扬后抑的波动走势，但总体来看，其在外贸中的领军地位仍未动摇，对于深圳市经济发展的带动作用得到充分发挥，10年间，深圳市外商投资企业对深圳市外贸进出口值的拉动率达到56.6%，仍然在各企业类型中名列前茅。

（二）高端领域先导：引领本地产业发展与升级

外商投资企业不仅是带动深圳市外贸持续发展的主要力量，在深圳产业结构升级中也发挥了重要的先导与示范作用。其通过在内地投资设厂，促进了部分高端前沿产业在短时间内从无到有、从小到大、由弱变强，大大加快了本土产业发展和产业结构升级的步伐。例如在制造业中，IT、轿车、机械等高端领域作为外商投资的重点产业，一定程度上可以说最初是由外资带头建立的，而得益于外商投资企业在境内推动建立的完善产业链与技术外溢效应，深圳本地产业也获得了迅速发展，本土制造规模与能力不断增长。同时，深圳市一批重点龙头企业借助入世这股东风，在市场竞争中不断创新和发展，大大提升了自身的国际影响力，提高了在对外贸易格局中的地位，逐步获得能与国外厂商相抗衡的实力，而这在一定程度上也得益于外商投资企业率先发展的引领作用。

（三）市场活力来源：促进技术进步与竞争机制优化

入世以来，随着国内市场环境更趋活跃优化，外商投资企业对境内进行投资的技术含量大大提高，在推动深圳产业技术进步方面的作用更为突出，

从直接效应看，外商投资企业投资时从母国或其他先进国家进口先进机器、设备、生产线和技术等，直接提升受惠地区的技术水平层次；从间接效应看，外商投资企业存在广泛的外溢效应，其所使用的先进技术、技能、经验、知识将通过人员流动等方式向内资企业流动，提高深圳市整体技术水平，缩小其与周边先进地区的差距。同时，外商投资企业对深圳市非外资企业形成外来竞争压力，使本地市场竞争更为充分高效，为应对来自国际竞争对手强有力的竞争，深圳许多内资企业不得不加强研发投入，采取加快提高生产效率、改善产品质量、降低产品和服务价格等手段提高自身竞争力。入世之后，外资介入较多的家电、IT、汽车等制造业，都属于竞争比较充分的行业，也是效率提升最快的行业，而本土产业的国际竞争力不断增长，也带动了整体经济运行效率和自主产业发展水平的提升。

四、拉动经济效应减弱，消耗资源问题趋显

（一）“独资化”趋势明显，行业垄断风险加大

随着深圳市经济的发展，越来越多的外商倾向于建立独资企业。2011 年，深圳市有进出口实绩的外商投资企业有6 750家，其中外商独资企业有5 863家，占同期全市外商投资企业总数的 86.9%；外商独资企业合计进出口值为1 914亿美元，占同期全市外商投资企业进出口总值的 81.6%。相对应地，外资企业在外贸活动中的独资化倾向也越来越明显，外商独资企业的进出口增速也明显快于合资与合作企业。从各年外商投资企业 500 强的外贸数据来看，外商独资企业的进出口规模也日益扩大。由于外商独资企业更具封闭性，国内企业很难学到其先进的管理和技术，再加上跨国公司所拥有的强大资本、技术和品牌优势，容易在一些重要领域形成较高集中度的产业，增加外资行业垄断的可能，从而制约了技术外溢和技术示范效应的发挥，影响本地企业技术提升进程。

（二）成本压力渐高，外迁与资金撤离影响后劲

当前深圳正处在城市经济结构转型期，房价居高不下，厂房租金水涨船高，原材料价格不断上涨，工人福利待遇要求不断提高，加之人民币不断升值等，外商投资企业经营成本因此日渐高涨。有数据显示，汇改重启一年的 2011 年，人民币对美元汇率累计升值 5.5%①。此外，2011 年上半年，北京、

① 2 月 10 日人民币汇率中间价报 6.2937 再创历史新高.（2012－02－10）. http：//www.zgjrw.com/.

天津等18个地区相继调整了最低工资标准，月最低工资标准最高的是深圳市的1320元①。由于经营成本提高，外商投资企业不堪压力，外迁现象时有发生，外迁的不仅包括那些低利润低附加值、科技含量低的代工企业和传统劳动密集型企业，也包括一些高新技术企业，如富士康将原设在深圳与烟台的富士康桌上PC生产线迁到武汉。从长远来看，低附加值、高污染的劳动密集型企业搬出深圳虽是未来发展方向，但也使得大量中小型企业生存空间越来越小，更带来了一定程度的产业空心化风险。同时，受国际金融危机、欧债危机影响，部分跨国公司的资金链紧张甚至断裂，对外投资能力减弱，加上美国赤字率、债务率迭创新高，而且失业率居高不下，技术创新的热点尚未形成，企业大规模兼并重组迹象并未出现，导致深圳重要的投资来源地如美、日等国家和地区对外投资能力大幅收缩，使深圳吸收外商直接投资深受影响，外商投资企业出口环境趋于严峻，一些出口型外商投资企业选择撤离，这将可能导致出口下滑、经济增长放慢、技术进步放缓等后果，需给予密切关注。

（三）市场资源有限，与本土企业争夺更趋激烈

随着深圳经济的发展，特区内国企、民营企业等其他企业的成长，内外资企业之间的竞争全方位展开，内外资企业争夺市场、争夺资源的矛盾日趋激烈。一方面，跨国公司凭借强大的技术手段、雄厚的资金实力等，把一些相对弱小的内资企业挤出市场，使这部分企业资金难以获得正常利润率，成为相对过剩资本，导致社会闲置资本的投资渠道逐渐变窄；另一方面，特区内技术先进、管理规范、经济实力较强的企业，也会对外商直接投资构成巨大的竞争压力，随着近年来深圳本土高新技术企业的快速成长，本土企业和外商投资企业争夺有限资源的局面已经形成，深圳亦不时出现因难以满足外商要求而使跨国公司舍深圳转至内地其他城市的情况，如何有效地利用现有资源加强对境外投资的吸引力，保持外商投资企业稳步发展，是深圳市外商投资企业快速发展亟待解决的问题。

五、投资环境促变化，转型升级正逢时

入世10年，深圳外商投资企业经过国际市场风雨的洗礼和磨砺，国际竞争力和抗风险能力日益强大，在全球化经营中凸显出过硬的实力，对全市外贸经济的发展产生了积极而深刻的影响，成为各大企业类型中首屈一指的

① 上半年18省市调整最低工资标准 深圳1320元最高．（2011－07－25）．http：//www.chinanews.com/cj/2011/07－25/3207703.shtml.

“弄潮儿”。但是，随着特区政策优势逐步弱化，长三角、环渤海湾等其他经济产业圈强势崛起，深圳市昔日低廉的土地和人力成本、充裕的资源环境、优惠的政策等优势风光不再，外商投资企业的可持续发展正面临新的挑战，当前，仍需要不断改善本地土地、环境等硬条件，优化投资环境，加快产业结构调整步伐，才能更好地发挥外商投资企业在深圳市经济和外贸发展中的作用。

私营企业：如鱼得水　渐入佳境

2005 年年初国务院正式发布《关于鼓励支持和引导个体私营等非公有制经济发展的若干意见》，为以中小企业为主体的私营企业发展提供了有利的土壤，深圳市也先后出台《深圳市政府关于进一步加快民营经济发展的若干措施》、《深圳经济特区中小企业发展促进条例》等相关政策，为深圳市私营企业营造了“社会上有地位、政治上有荣誉、经济上有实惠”的良好发展氛围，以及各种经济类型一视同仁、公平竞争的市场环境①，使得深圳市私营企业“如鱼得水”，充分利用自身经营灵活、转变迅速的优势，积极参与深圳市外贸发展，并在历练中渐入佳境，经济总量、结构、质量和管理水平不断跨越新台阶，形成了一批机制灵活、技术先进、管理有序、效益良好的民营企业群，日益成为推动深圳市外贸发展的重要力量。

一、雨后春笋，茁壮成长，入世 10 年深圳市私营企业迅速发展

入世以来，深圳市私营企业保持了旺盛的增长势头，进出口规模以几何级数增长。据海关统计，10 年来，深圳市私营企业外贸进出口由 2001 年的 15.5 亿美元飙升至 2011 年的1 057 亿美元，10 年间年均增速高达 52.5%，在各企业类型中名列前茅。其中，出口由 2001 年的 6.9 亿美元飙升至 2011 年的 656.6 亿美元，年均增长 57.7%；进口由 2001 年的 8.6 亿美元飙升至 2011 年的 400.7 亿美元，年均增长 46.8%。即使在 2008 年下半年开始蔓延的全球金融危机笼罩下，深圳市私营企业仍然保持了坚挺的向上势头。2009 年在深圳市进出口总体下降 10.4% 的情况下，深圳市私营企业进出口逆势实现 12.1% 的快速增长，展现了其较强的抵御风险能力。

---

① 中共深圳市委、深圳市人民政府关于加快民营经济发展的意见．（2003－05－16）．http：//www. chinalawedu. com/falvfagui/fg21829/93217. shtml.

表 2.2.1　2002～2011 年深圳市私营企业进出口情况表

单位：亿美元，%

年份	进出口值	出口值	进口值	进出口同比	出口同比	进口同比
2002 年	48.5	22.5	26.0	212.7	226.1	201.9
2003 年	89.1	39.6	49.5	83.8	75.8	90.8
2004 年	123.9	55.7	68.2	39.1	40.9	37.6
2005 年	189.8	110.0	79.8	53.2	97.3	17.1
2006 年	314.4	220.4	94.0	65.6	100.4	17.8
2007 年	445.1	325.8	119.3	41.6	47.8	27.0
2008 年	463.1	324.4	138.7	4.0	-0.4	16.3
2009 年	519.2	337.0	182.2	12.1	3.9	31.3
2010 年	769.0	463.5	305.5	48.1	37.5	67.7
2011 年	1 057.3	656.6	400.7	37.5	41.7	31.2

（一）队伍迅速壮大，展现蓬勃生机

10 年来，深圳市私营企业队伍迅速发展壮大。2001 年，深圳市私营企业仅有 5.49 万家①；而截至 2010 年年底，深圳市民营企业突破 30 万家，占全市企业总数的 85.6%；实现增加值2 510.56亿元，占全市生产总值的 26.4%②。在队伍发展壮大的同时，深圳市私营企业积极参与国际竞争，有进出口实绩的私营企业数量从 2001 年的 934 家激增至 2011 年的 1.9 万家，进出口值在深圳市外贸进出口总值中所占份额由 2001 年的 2.3% 提升至 2011 年的 25.5%。其中，出口所占份额由 2001 年的 1.8% 增加至 2011 年的 26.7%，进口所占比重由 2001 年的 2.8% 增加至 23.8%，呈现出生机蓬勃的景象。

（二）转变步伐加快，实力档次提升

10 年来，私营企业在数量喷发的同时，规模和质量也有了一定的提高。

---

① 一天诞生 200 多家私营企业振奋人心．深圳特区报，2010－01－14.

② 深圳民营企业突破 30 万家 占全市生产总值 26.4%．（2011－06－29）．http：//www.oeeee.com/.

2010年在大型企业（注册资本超千万元）中，私营企业占到1/3，且在名称上含有“科技”、“电子”、“通讯”等字样的私营企业占全市私营企业总数的5成以上①，这些私营企业中甚至出现了在规模、技术、人才都可与世界先进企业比肩的“巨头”，如华为、腾讯、比亚迪等。而深圳私营企业平均每户的注册资本也在逐年增加，雇佣工人则相应减少，这种资本有机构成的提高，也说明深圳私营企业的产业结构正逐渐由劳动密集型向资本密集型和技术密集型转化，自主技术实力得到显著提升。

二、如鱼得水，活力十足，成为深圳市外贸发展一大亮点

（一）一般贸易优势减弱，加工贸易后来居上

10年来，深圳市私营企业一般贸易进出口由2001年的14.5亿美元飙升至2011年的719.9亿美元，10年间平均增长47.7%。其中，一般贸易出口由2001年的6.3亿美元激增至2011年的456.2亿美元，年均增长53.3%；一般贸易进口由2001年的8.2亿美元飙升至2011年的263.7亿美元，年均增长41.5%。10年间，一般贸易进出口所占份额一直保持在6成以上，但所占比重由2001年93.5%的顶峰下滑至2011年的68.1%，份额呈现被加工贸易和海关特殊监管区域方式逐步挤占的趋势。

与此同时，私营企业加工贸易进出口占比由2001年的6.1%逐年上升至2011年的18.4%。2011年以加工贸易方式进出口194.7亿美元，比2001年激增2倍，10年间平均增长70.3%。其中，以加工贸易方式出口144.5亿美元，比2001年激增2.6倍，年均增长74.5%；以加工贸易方式进口50.2亿美元，比2001年激增1.3倍，年均增长62.2%。

此外，随着深圳毗邻香港、港口地理环境优越、物流配送发达优势的发挥，海关特殊监管区域进出口成为新兴的贸易方式。2011年，深圳市私营企业以该方式进出口140.5亿美元，占同期深圳市私营企业进出口总值的13.3%，所占比重比2002年增加13.1个百分点。

---

① 一天诞生200多家私营企业振奋人心．深圳特区报，2010-01-14.

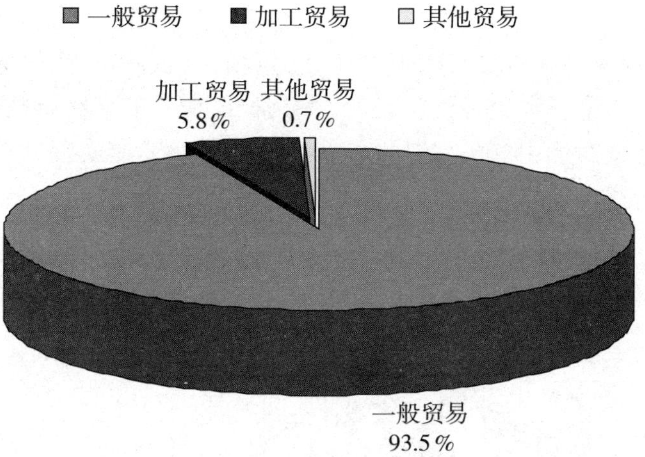

图 2. 2. 1　2001 年深圳市私营企业各贸易方式贸易额比重图

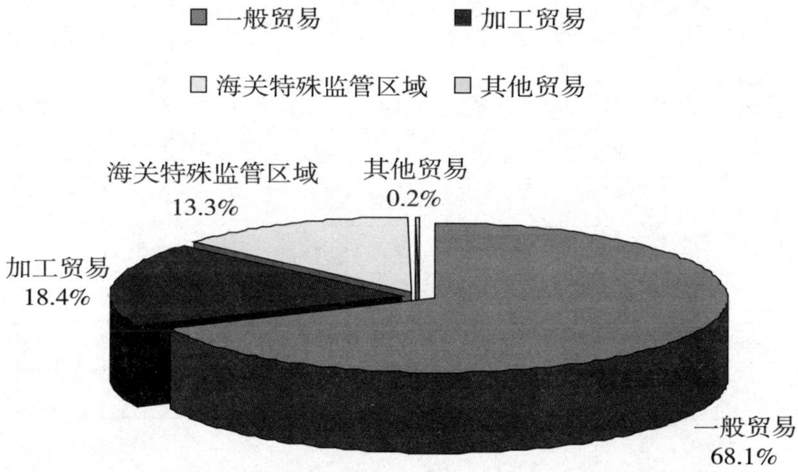

图 2. 2. 2　2011 年深圳市私营企业各贸易方式贸易额比重图

（二）香港抢占主要市场头把交椅，东盟与欧盟稳居前三

随着入世以来深港合作的深入开展，2011 年深圳市私营企业对香港地区进出口 268. 3 亿美元，而 2001 年仅为 2. 1 亿美元，10 年间平均增速高达 62. 1%。其中，对香港地区出口 264. 1 亿美元，年均增长 64. 4%；自香港地区进口 4. 2 亿美元，年均增长 29. 8%。

随着中国—东盟自由贸易区的全面建成，我国与东盟市场的联系进一步加强，深圳市私营企业对东盟贸易进出口也呈现迅猛增长，对东盟进出口从 2001 年的仅 2. 6 亿美元激增至 2011 年的 137. 9 亿美元，年均增速高达

48.5%。其中，2011年对东盟出口71.1亿美元，年均增速达52.6%；自东盟进口66.8亿美元，年均增速达45.2%，为深圳市私营企业第二大贸易伙伴。欧盟保持深圳市第三大贸易伙伴地位，深圳市2011年对欧盟进出口98.8亿美元，年均增速高达45.6%。其中，对欧盟出口73.6亿美元，年均增速高达56%；自欧盟进口25.2亿美元，年均增速33%。

表2.2.2　2001年与2011年深圳市私营企业出口市场变动情况表

单位：亿美元,%

2011年主要出口市场情况				2001年主要出口市场情况			
位次	市场	出口值	占2011年出口值比重	位次	市场	出口值	占2001年出口值比重
1	中国香港	268.3	25.4	1	东盟	2.6	17.0
2	东盟	137.9	13.0	2	美国	2.5	16.2
3	欧盟	98.8	9.3	3	欧盟	2.3	14.9
4	美国	67.1	6.3	4	中国香港	2.1	13.8
5	中国台湾	65.5	6.2	5	日本	1.5	9.7
6	韩国	63.5	6.0	6	中国台湾	1.1	6.9
7	日本	60.8	5.7	7	韩国	0.5	3.2
8	拉丁美洲	44.6	4.2	8	拉丁美洲	0.5	3.1
9	非洲	32.9	3.1	9	非洲	0.4	2.8
10	印度	17.3	1.6	10	澳大利亚	0.2	1.3

（三）机电产品成为出口主打品种，服装出口增速明显

10年来，深圳市私营企业机电产品出口实现阶梯式增长，所占比重不断增加。2011年，出口机电产品315.8亿美元，而2001年仅为2.5亿美元，10年间平均增速达62.2%，占同期私营企业出口总值的比重由2001年的36.3%提升至2011年的48.1%。其中，电话机跃居出口第二大品种，2011年出口值达44.5亿美元。同时，纺织服装、鞋、家具等传统劳动密集型产品出口增长显著，但所占份额有所下降，2011年私营企业合计出口纺织服装、鞋类、家具及其零件、箱包和塑料制品179亿美元，10年间年均增长52.6%，出口额占同期私营企业出口总值的27.3%，比2001年减少9.5个百分点，但其中服装及衣着附件仍然稳居私营企业出口品种第一位，年均增速为53.4%。

表 2.2.3　2001 年和 2011 年深圳市私营企业出口主要商品对比表

单位：亿美元,%

2011 年			2001 年		
商品	出口值	占 2011 年私营企业出口值比重	商品	出口值	占 2001 年私营企业出口值比重
服装及衣着附件	63.8	9.7	服装及衣着附件	0.9	12.8
电话机	44.5	6.8	鞋类	0.8	11.5
家具及其零件	35.3	5.4	旅行用品及箱包	0.2	3.5
贵金属或包贵金属的首饰	24.7	3.8	纺织纱线、织物及制品	0.2	3.4
鞋类	24.5	3.7	家用陶瓷器皿	0.2	3.4
纺织纱线、织物及制品	22.8	3.5	塑料制品	0.2	2.8
自动数据处理设备及其部件	22.6	3.4	玩具	0.2	2.6
集成电路	19.4	3.0	自行车	0.2	2.4
箱包及类似容器	15.5	2.4	电视机（包括整套散件）	0.2	2.4
塑料制品	11.4	1.7	灯具、照明装置及类似品	0.2	2.2

（四）集成电路跃居进口品种首位，原材料与初级产品增势明显

入世以来，深圳市私营企业积极参与国际分工，进口机电产品装配、贴牌加工技术逐渐成熟。2011 年进口机电产品 300.2 亿美元，比 2001 年增长 76.8 倍，10 年间平均增长 50.6%，所占比重由 2001 年的 58.3% 提升至 74.9%，其中集成电路跃居第一大进口品种，所占比重高达 31.7%。同时，由于私营企业市场灵敏度高，对上游原材料的进口意愿较强，对原材料、初级产品有较大规模的进口，其中初级形状的塑料进口由 2001 年的2 183万美元攀升至 2011 年的 7.3 亿美元，铜材进口由 2001 年1 523万美元攀升至 2011 年 4.8 亿美元，原木进口由 2001 年 92 万美元攀升至 2011 年 3.6 亿美元，上述

品种年均增速均达40%以上，原木年均增速更高达81.5%。

表2.2.4　2001年与2011年深圳市私营企业进口主要商品对比表

单位：亿美元，%

2011年			2001年		
商品	进口值	占2011年私营企业进口值比重	商品	进口值	占2001年私营企业进口值比重
集成电路	127.2	31.7	自动数据处理设备及其部件	1.2	14.1
自动数据处理设备及其部件	29.5	7.4	自动数据处理设备的零件	0.5	5.3
农产品	19.9	5.0	汽车和汽车底盘	0.4	4.1
液晶显示板	16.5	4.1	医药品	0.3	3.6
二极管及类似半导体器件	12.2	3.0	鲜、干水果及坚果	0.3	3.2
制造平板显示器用的机器及装置	11.9	3.0	初级形状的塑料	0.2	2.5
自动数据处理设备的零件	10.6	2.6	计量检测分析自控仪器及器具	0.2	2.0
初级形状的塑料	7.3	1.8	未锻造的铜及铜材	0.2	1.8
计量检测分析自控仪器及器具	6.1	1.5	通断保护电路装置及零件	0.1	1.7
变压、整流、电感器及零件	5.6	1.4	锯材	0.1	1.3

三、借助外力，苦练内功，私营企业外贸竞争实力明显提升

（一）扶持政策继续显效，企业宏观经营环境得到优化

入世以来，国家加大了对私营企业的扶持力度，2010年5月国务院出台了被称为“新36条”的《关于鼓励和引导民间投资健康发展的若干意见》，放宽了民间资本的准入领域；同年12月份开始统一内外企业税制，取消了外

资企业享受的超国民待遇，使得国内私营企业的竞争环境更趋公平、合理。广东省也于2010年9月出台了《关于促进民营经济发展上水平的意见》，有力地提升了广东省私营企业整体经营水平。深圳市委、市政府非常重视和支持私营经济的发展，先后出台了10余项相关法规和规定，如开辟民营科技企业园区；给有条件的高科技私营企业提供无息、无偿贷款，设立中小企业信用贷款担保中心等①，为深圳市私营企业成长提供了肥沃的土壤，促使私营企业实力快速崛起，在对外贸易中的比重明显提升。

（二）优势产业竞争力不断增强，应对市场变化更加灵活

在国家及地方系列扶持政策的促进作用下，深圳市私营企业充分发挥经营灵活的优势，主动改变经营策略应对金融危机和外部需求变化，部分优势产品的制造和出口能力得到进一步提升，如珠宝首饰作为深圳市私营企业的传统优势出口产品，目前产业比重已达全国的70%至80%。从20世纪80年代的小作坊到现在的专业运作，从“散兵游勇”到组成“集团军”闯天下，深圳现已发展成为国内最大的珠宝首饰制造和交易中心，其中深圳水贝一带的黄金珠宝加工量成为国内最大的黄金珠宝产业加工制造基地②，而深圳市私营企业是深圳市珠宝加工生产和出口的主力军，出口珠宝首饰由2001年的169万攀升至2011年的82.9亿美元，年均增速高达1.4倍，已占据深圳市珠宝首饰出口的半壁江山。

（三）自由贸易区建设和毗邻香港优势，助推私营企业发展

我国加入世界贸易组织后，国内市场与国际市场加速接轨和融合，特别是区域经济一体化的发展，一系列自由贸易区的建设，为私营企业开拓国际市场创造了更多的机会。随着自由贸易区建设的推进，区域贸易便利措施不断增加，外部市场环境日趋宽松，为深圳市私营企业创造了较好的进出口贸易条件。目前，深圳市私营企业积极利用中国—东盟自由贸易区等平台，并充分借助CEPA优惠措施的东风，依托深港合作优势，大力开拓东盟市场，日益成为辐射带动东盟和内地外贸发展的生力军。据商务部统计，类似华为公司规模的企业通过申请原产地证书，每年在一项产品上就可以省3 600万元，

① 孔爱玲，李立红．关于深圳私营企业加快发展和增强后劲问题的探讨．统计与预测，2003（4）．

② 深圳本土珠宝还需在设计上多下工夫．（2012－03－08）．http：//pub.cet.com.cn/dfpd/bwdqzg/457137.shtml.

还可以通过《亚太贸易协定》等优惠措施①，降低企业外贸成本，增强企业竞争力。入世10年来，深圳市私营企业对香港地区、东盟出口年均增速分别达62.4%、48.8%，高于同期对传统市场美国、日本和欧盟39%、44.8%和45.6%的年均增速。

四、空间狭窄，管理落后，存在问题有待破解

（一）投融资环境趋紧，私营企业生存空间受到挤压

近年来我国虽然加大了对私营企业的融资倾斜，但由于整体投融资体制发展尚不成熟，加之私营企业普遍规模偏小，贷款难度较大，进出口面临的发展空间仍然较为狭窄。近年来，我国多次上调金融机构存贷款利率和存款准备金率，流动性收紧导致中小私营企业的融资门槛进一步抬高，融资难度进一步加大，部分企业被迫通过利率更高的民间借贷渠道进行融资，加重了整体资金链压力。2011年7月深圳市中小企业服务中心及深圳市银监局的调研显示，2011年1~7月深圳中小企业的资金缺口进一步扩大，88%的中小企业反映资金紧张，而且企业资金需求期限也进一步缩短，企业资金开始出现"拆东墙补西墙"苦苦支撑的局面②。深圳市银监局2011年6月发布的首个深圳市中小企业运营暨金融服务指数显示，企业融资需求环比增加10%，企业融资缺口环比增加22%，显示企业资金普遍偏紧，私营企业经营压力加剧③。

（二）投资发展领域相对狭小，无序竞争状态有待改善

私营企业同国有企业相比，资金实力较弱，可承受的投资周期相对较短。对于具有一定发展空间的石油、电力、银行、证券、电信等行业，由于其垄断特征比较明显，实际开放程度不够，准入门槛较高，在相当长时间内，民间资本的实际参与度仍然比较低。据初步统计，目前国内民间资本主要涉及的领域不到国有经济投资领域的一半④，导致大量闲置的民间资本只能集中投入到较小的行业范围内，造成重复建设和资源浪费；面对有限的外部市场和日益萎缩的国外订单，形成扎堆拥入、竞相压价的无序竞争状态。目前，深

---

① 深企可利用自贸区跨区域发展.（2010-06-23）.http：//nd.oeeee.com/.

② 深圳近9成中小企业缺钱 困难堪比08金融危机.（2011-07-21）.http：//finance.sina.com.cn/china/dfjj/20110721/082310184611.shtml.

③ 深圳市政府向人大提交中小企业发展状况专题报告.（2009-07-21）.http：//district.ce.cn/zg/200907/21/t20090721_19591818.shtml.

④ 激活民间投资的难点及重点.（2009-12-13）.http：//news.xinhuanet.com/theory/2010-04/15/c_1234627.htm.

圳市私营企业出口仍然主要集中于服装、家具等传统大宗商品和珠宝首饰等地方优势产品，且企业呈现数量多、规模小的特征，出口高新技术产品的比重虽有所提升，2011 年高新技术产品出口 177.7 亿美元，占同期私营企业出口总值的 27.1%，但比重低于同期全市出口中高新技术产品所占比重 23.7 个百分点。

（三）部分企业经营模式及管理理念落后，制约规模实力壮大

目前大部分私营企业普遍以低成本、低价格为支撑，以薄利多销的劳动密集型生产模式为主，其产权单一、产权不清的家族管理模式，落后的“资本雇佣劳动力”观念及任人唯亲的用人方式，导致企业的自主创新能力不足，制约其长远发展和整体做大做强。此外，相当多的私营企业还存在工资福利待遇低、工作条件差、劳动者权益缺乏保障、发展前景不明朗等种种缺陷，也制约其持续健康发展。同时，随着深圳市人口红利的减退，企业用地成本、融资难度增大，私营企业的利润空间被挤压，加之设计研发人才短缺、科研经费捉襟见肘，抑制了私营企业创新能力的发挥，导致容易出现投资短视、追逐眼前利益的行为，或满足于从事简单的加工贴牌生产，难以实现以自主技术为源头推进的可持续发展，其长期发展空间受到一定限制。

五、渐入佳境，再拓新篇，私营企业外贸未来发展舞台仍然巨大

入世 10 年间深圳市私营企业快速发展，是支撑深圳市出口连年攀高的重要力量，对于解决就业、稳定社会、拉动内需、促进发展也发挥了重大的战略作用。同时，凭借经营灵活、自主性强、成本较低、市场反应敏锐、地方政策倾斜等优势，私营企业在面对外部市场萎缩的危机时抗跌性表现较强，逆势保持较快增长，总体呈现渐入佳境的状态，成为深圳外贸出口的一大亮点，但管理体制落后、经营范围狭窄、产品结构偏低等仍然制约着私营企业前进的步伐。为促进深圳市私营企业下一阶段的快速发展，继续发挥其经营灵活、反应迅速的优势，仍需要为其提供稳定的政策和制度支持，在财税和信贷方面给予一定的政策优惠，同时加强对企业竞争行为的组织和协调，规范市场秩序，鼓励私营企业加快制度改革和结构升级，加强对高新技术产品的研发投入，培育核心竞争力，延续快速高效的增长势头，进入下一个飞跃发展的新境界。

外贸企业：铸新淘旧　百舸争流

在入世10年深圳市外贸发展的历程中，外贸企业作为直接从事进出口活动的微观主体，其起伏变迁也清晰地反映了外贸形势的发展轨迹。由于入世之后从事外经贸活动的市场与政策环境更为宽松，越来越多的企业更主动地开展外贸活动，10年间，深圳市有进出口业务的企业数量呈现几何级的增长，但只有其中的佼佼者才能经受住市场的洗礼，在大浪淘沙的外贸潮流中竞流而上，在节奏不断加快的新旧更替中争得一席之地。经过10年的磨砺，深圳市外贸企业的综合实力得到明显提升，经营方式更趋优化，一批具有强大竞争力的龙头企业涌现，成为带动深圳市外贸增长的“领头羊”，也为深圳市出口取得内地大中城市外贸出口“十九连冠”的佳绩打下了坚实的基础。

一、企业数量与规模双双壮大，激烈竞争促进综合实力提升

随着入世后我国逐渐放开外贸经营权，深圳市积极响应国家政策，“松绑”了原先对外贸企业的种种限制政策，特别是2002年7月开始，深圳市政府取消了《深圳经济特区外贸企业进出口业务管理暂行规定》等5项规定，其中包括根据出口实绩授予进出口经营权的规定，使大量新成长起来的中小企业得以参与到外贸发展的角逐中，外贸企业数量与规模急剧膨胀。2001年，深圳市外贸企业仅有6 342家，但入世后的2002年企业数量即扩大24.1%至7 868家，此后基本保持着逐年递增的态势，尤其是2004年7月1日进出口经营权实行备案登记制后，外贸企业的经营资格彻底放开，当年外贸企业数量猛增至1.3万家，2006年再次突破2万家的门槛达到2.1万家，2008年、2009年虽然受金融危机的冲击而出现小幅减少，但仍然保持在2万家以上。此后随着外贸驶入恢复增长通道，企业数量再次出现扩张，2011年进出口企业数量达到26 215家，比2001年增加了3倍，企业队伍得到明显充实。

在外贸企业数量不断增长的同时，企业的进出口规模也普遍实现了从小到大、由弱至强的发展壮大，深圳市外贸企业的平均进出口规模从2001年的1 082万美元逐渐走高至2011年的1 580万美元，同时，前200强企业的入门门槛也“水涨船高”，从2001年的3 850万美元上升至2011年的2.6亿美元。2001年的外贸“状元”企业深圳市宝安外经发展公司的进出口规模仅为99.8亿美元，而2011年的“冠军”富泰华工业（深圳）有限公司已经达到469.3

亿美元，比前者翻了 2 番以上。无论是从企业数量、进出口平均规模还是龙头企业的综合实力来看，深圳市外贸企业均已经实现了跨越式的发展，入世后环境优化对于外贸企业成长的有力促进作用得到充分体现。

伴随着外贸企业数量和规模双双快速扩张的是企业的急剧更迭。入世在给企业带来宽松有利的经营环境的同时，也带来了更加严峻的内外竞争压力。尤其是在深圳这一改革开放的前沿地，“适者生存”的竞争法则显得更为残酷而现实，在风起云涌的 10 年间，能够始终屹立不倒的企业弥足珍贵，更多的是“大浪淘沙”中“你方唱罢我登场”的快速演变。在 2001 年的6 342家企业中，有4 310家在 10 年后的 2011 年已经难觅踪影，这意味着占 2001 年企业数量 68% 的企业已经停止进出口，而 2011 年的26 215家企业中有 24 183 家与 2001 年相比是“新面孔”，占到当年企业数量的 9 成以上。这一方面固然体现了外贸企业面临的环境复杂，但另一方面也促使企在激烈的竞争中不断改善经营模式，强化自身实力，部分本地企业在快速变迁的市场中经受住了重重考验，将传统的经营优势与先进的管理理念紧密结合，显现出强大的生命力与竞争力，成为深圳市外贸发展引以为傲的“排头兵”，也为其他企业发展提供了有效的范本。

二、企业变迁凸显结构优化，龙头企业引领产业升级

（一）规模以上企业实力稳固，中小企业数量激增

尽管入世 10 年间深圳市外贸企业的名单始终保持着快速的刷新速度，但随着外商投资力度的不断加大和本地企业的逐渐崛起，逐步积累起一批具有龙头实力的大型“旗舰”企业，整体集中度呈现上升趋势：2001 年，深圳市外贸进出口值超千亿的企业仅有 722 家，占当年外贸企业数量的 11.4%，合计进出口值占当年全市进出口总值的 87.9%；2011 年的千亿规模以上的企业已经达到2 859家，占当年外贸企业数量的 10.9%，而合计进出口值达到 3 759.7亿美元，在全市外贸进出口总值中的所占比重进一步提高到了 90.8%。但同时，2011 年进出口值不足 500 万的企业多达 2.1 万家，占当年全市外贸企业总数的 80.9%，但合计进出口值却仅占进出口总值的 5.6%，金额比重与数量比重远远不成比例，显示中小企业经营分散、“多而不强”的局面仍然突出。

（二）外商投资企业击水中流，私营企业竞相涌入，国有企业悄然滑落

在快速刷新更迭的外贸榜单中，外商投资企业始终保持着中流砥柱的地位，其进出口在深圳市进出口总值中一直占据将近 6 成的比重，虽然 2011 年

外商投资企业的数量占外贸企业总数的比重从2011年的69.1%下降到了25.7%，但金额比重却仍然保持在与入世之前持平的56.7%，显示外商投资企业的实力不断增强，外贸集中度明显提升。与此同时，政策受惠更为明显的私营企业如雨后春笋般涌出，从2001年的仅6 342家激增至2011年的26 215家，占当年企业总数的71.8%，金额比重也从2001年的2.3%上升到2011年的25.5%，但企业集中度仍然较低，呈现经营分散、实力不一的特性；而曾经独享荣耀的国有企业却难以跟上飞速变迁的环境，出现了数量和规模的“双萎缩”，在新的外贸企业不断加入的同时，部分老牌国有企业黯然出局，数量从2001年的987家缩减到了2011年的371家，进出口值在全市外贸总值中的比重也相应从2001年的38.7%下降到了2011年的11.4%。

竞相涌入的私营企业中，实力较强者已悄然跻身第一梯队。2001年深圳市进出口前50强企业全部被外商投资企业和国有企业占据，私营企业无一入围，但2011年的进出口50强中私营企业已经占到了10家，外商投资企业的数量相应从36家下降到27家，体现了本土力量在与外商企业竞争中取得的可喜成果；而国有企业虽然稳定在12家，但其中大多为贸易、物流等并不从事自营生产业务的企业，国有企业的实际竞争力依然不容乐观。

（三）领跑阵营趋于专业，大型集团拉动作用居前

入世之前，受到缺乏经营权的限制，众多从事外贸进出口活动的小型企业只能挂靠在大型外贸企业旗下开展业务，导致在全市排名前列者多为综合类的外贸企业，如在入世之前深圳市宝安外经发展有限公司、深圳龙岗区对外经济发展有限公司等贸易公司长期占据进出口前列。此后，随着企业外贸经营权松绑、外贸主体活力增强，专业化的生产类企业逐渐掌控主动权，外贸企业的领军阵营逐渐发生转变，主导权向经营实业的外贸企业转移，其中尤以富士康集团在深圳设立的18家企业作为深圳市外贸发展的领军阵营，2011年合计进出口值达到807.2亿美元，对10年间深圳市进出口增长的拉动率达到22.3%。其中，富士康旗下以消费类电子产品为主的富泰华工业（深圳）有限公司、鸿富锦精密工业（深圳）有限公司外贸进出口增长快速，分列2011年进出口企业前两位。而传统的外贸企业在迅速成长的竞争者面前已风光不再，深圳市宝安外经发展有限公司、深圳龙岗区对外经济发展有限公司2011年分别进出口72.2亿美元和36.3亿美元，比2001年分别下降了27.7%和38.9%。

表2.3.1　2001年与2011年深圳市前50位外贸企业进出口情况表

金额：亿美元

2001			2011年		
企业名称	企业代码	进出口值	企业名称	企业代码	进出口值
深圳市宝安外经发展有限公司	4403910498	99.8	富泰华工业（深圳）有限公司	4403948021	469.3
深圳龙岗区对外经济发展有限公司	4403910188	59.4	鸿富锦精密工业（深圳）有限公司	4403944494	148.3
鸿富锦精密工业（深圳）有限公司	4403944494	32.5	华为技术有限公司	4403950010	117.2
希捷国际科技（深圳）有限公司	4403145394	13.9	深圳嘉泓永业物流有限公司	4403467618	78.4
爱普生技术（深圳）有限公司	4403140428	12.6	深圳市宝安外经发展有限公司	4403910498	72.2
长城国际信息产品（深圳）福保公司	4403437717	10.3	华为终端有限公司	4403930090	65.8
深圳海量存储设备有限公司	4403335224	9.1	群康科技（深圳）有限公司	4403941121	55.7
深圳长城开发科技股份有限公司	4403131743	8.3	富华杰工业（深圳）有限公司	4403948030	53.5
鑫茂科技（深圳）有限公司	4403448034	7.8	深圳综合信兴物流有限公司	4403447904	52.0
深圳市吉亚龙实业发展有限公司	4403150010	7.4	中兴通讯股份有限公司	4403111049	52.0
广东核电合营有限公司	4403130628	6.4	深圳龙岗区对外经济发展有限公司	4403910188	36.3
深圳三洋华强激光电子有限公司	4403132888	5.7	鹏智科技（深圳）有限公司	4403948014	35.7
才众电脑（深圳）有限公司	4403448033	5.6	长城国际系统科技（深圳）有限公司	4403428003	35.4

续表

2001			2011 年		
企业名称	企业代码	进出口值	企业名称	企业代码	进出口值
友利电电子（深圳）有限公司	4403941003	5.5	深圳市中兴康讯电子有限公司	4403111152	34.6
日立环球存储科技（深圳）有限公司	4403447663	5.3	高先电子（深圳）有限公司	4403948252	32.2
综合信兴仓运（深圳）有限公司	4403447574	5.2	恩斯迈电子（深圳）有限公司	4403945502	27.6
三洋电机（蛇口）有限公司	4403140041	4.6	全球物流（深圳）有限公司	4403447923	25.7
唯冠科技（深圳）有限公司	4403448010	4.5	深圳开发微电子有限公司	4403130064	24.9
理光（深圳）工业发展有限公司.	4403140658	4.4	深圳中外运物流有限公司	4403119989	24.8
中海物流（深圳）有限公司	4403447513	4.4	联想信息产品（深圳）有限公司	4403448249	24.6
伟创力实业（深圳）有限公司	4403942605	3.6	深圳光汇石油集团股份有限公司	4403111892	23.6
深圳赛意法微电子有限公司	4403437523	3.2	深圳市朗华供应链服务有限公司	4403065686	23.1
深圳市顺安外资实业发展有限公司	4403110112	3.1	富士施乐高科技（深圳）有限公司	4403144781	23.0
中国三九进出口（集团）有限公司	4403119014	3.1	深圳赛意法微电子有限公司	4403437523	21.1
深圳三星视界有限公司	4403135350	3.1	爱普生技术（深圳）有限公司	4403140428	19.8
深圳市怡亚通供应链股份有限公司	4403111247	3.0	唯佳物流（深圳）有限公司	4403448278	18.5

续表

2001			2011 年		
企业名称	企业代码	进出口值	企业名称	企业代码	进出口值
深圳南方中集集装箱制造有限公司	4403135063	2.9	深圳市九立商贸有限公司	4403111803	18.3
中兴通讯股份有限公司	4403111049	2.8	深圳招商局海运物流有限公司	4403630001	18.2
深圳市盐田港出口货物监管仓有限公司	4403111377	2.8	深圳中电投资股份有限公司	4403119138	18.1
竞争视讯科技（深圳）有限公司	4403144827	2.8	深圳市华星光电技术有限公司	4453961715	17.7
中国外运集团深圳公司	4403118045	2.7	深圳市信利康供应链管理有限公司	4403164920	17.4
南太电子（深圳）有限公司	4403940364	2.7	深圳市深国际华南物流有限公司	4403918021	17.1
深圳亿升液体仓储有限公司	4403130618	2.6	兴英科技（深圳）有限公司	4403949040	16.4
盐田国际集装箱码头有限公司	4403133891	2.5	深圳市天鹰速递有限公司	4403960660	16.2
富士施乐高科技（深圳）有限公司	4403144781	2.5	深圳市富森供应链管理有限公司	4403160542	14.6
佳能精技立志凯高科技（深圳）有限公司	4403141114	2.5	深圳市华富洋供应链有限公司	4403162850	14.5
东芝泰格信息系统（深圳）有限公司	4403941169	2.5	深圳市金宝丰珠宝首饰有限公司	4403467723	14.4
广东粤港供水有限公司	4403121467	2.4	沛顿科技（深圳）有限公司	4403148919	14.1

续表

2001			2011 年		
企业名称	企业代码	进出口值	企业名称	企业代码	进出口值
深圳桑菲消费通信有限公司	4403135500	2.2	日立环球存储产品（深圳）有限公司	4403540027	13.9
捷家宝电器（深圳）有限公司	4403942550	2.2	深圳市怡亚通供应链股份有限公司	4453066866	13.9
深圳赤湾港航股份有限公司	4403133154	2.2	深圳市年富实业发展有限公司	4403161326	12.8
深圳华安液化石油气有限公司	4403134914	2.1	理光（深圳）工业发展有限公司.	4403140658	12.7
深圳市中兴康讯电子有限公司	4403111152	2.1	深圳市金运达国际物流有限公司.	4403111689	12.7
至卓飞高线路板（深圳）有限公司	4403140169	2.1	飞力达物流（深圳）有限公司	4403448314	12.2
深圳市勤辉投资开发有限公司	4403110537	2.1	深圳富泰宏精密工业有限公司	4403948992	12.1
深圳中电投资股份有限公司	4403119138	2.0	深圳嘉里盐田港物流有限公司	4403730001	11.6
雅达电子有限公司	4403940407	2.0	住友电工电子制品（深圳）有限公司	4403943793	11.5
深圳市福田外资实业发展有限公司	4403111317	2.0	深圳市勤辉投资开发有限公司	4403110537	11.4
恩斯迈电子（深圳）有限公司	4403945502	1.9	深圳市盐田港出口货物监管仓有限公司	4403111377	11.3
奥林巴斯（深圳）工业有限公司	4403140396	1.9	深圳盐田港普洛斯物流园有限公司	4403137759	11.2

（四）龙头企业产品结构明显优化，技术进步成效斐然

深圳市龙头外贸企业经营重点产品的悄然变化，也折射出全市外贸整体产业结构的优化升级。入世之前，深圳市外贸前50强企业出口商品主要集中在传统机电品种和大宗商品，高新技术产品的比重仅占43.4%，而主要传统劳动密集型产品合计占到了21.1%的比重。入世之后，逐渐崛起的龙头企业带动手机、打印机等具有地方优势的品种成长，2011年深圳市外贸前50强企业出口品种中，电话机已经跃居第2位，出口214.8亿美元，占同期50强企业出口总值的19.3%；打印机出口46.1亿美元，位列第四。同时，自主技术实力的不断提升使得相关产品增长动力充足，合计出口高新技术产品841亿美元，比重提高到了75.6%；而传统大宗商品的比重下降至4.8%，其中玩具出口下降16.8%，塑料制品、箱包和纺织纱线、织物及制品均仅实现个位数增长。

三、三大掣肘制约发展，潜在风险不容忽视

（一）中小企业比重偏高，外贸格局易受冲击

深圳市与内地城市相比，具备更为公正透明、宽松平等的外贸环境，使其成为一片深受中小企业青睐的“热土”。目前在深圳市的外贸企业队伍中，8成以上仍然为进出口值不足500万的中小型企业，其合计出口值仅有5%左右的比重，呈现经营分散、实力弱小的特性，加之目前中小企业在享受外贸政策扶持和金融服务等方面仍处于弱势，导致深圳市外贸企业格局更易受到外部环境波动的冲击。根据一项对深圳2 000家外贸企业的调查，由于欧债危机导致海外买家付款节点后移，接受调查的深圳中小外贸企业2011年平均每月的资金缺口达42.8万元人民币，全年资金缺口高达450万元，而由于欧债危机持续发酵，资金压力仍将进一步上升①。在2008年、2009年，深圳市外贸企业数量曾经连续两年出现减少，这在中小规模的民营企业中体现明显。外贸企业队伍的快速波动，将可能对深圳市外贸发展的连续性和稳定性形成一定的负面影响，也不利于本土企业的稳健成长和发展壮大。

（二）竞争秩序尚待理顺，经营方式急需优化

受制于本地企业数量多、经营分散的特性，深圳市外贸企业虽然始终保持着激烈竞争的勃勃生机，但也加大了相关部门进行组织管理和政策引导的难度，从全市外贸发展的角度进行统筹的难度较大。部分企业出于追逐自身

① 中小外贸企业资金缺口将达千万．（2012－01－12）．http：//www.sznews.com/.

利益的考虑，缺乏互利共赢的意识，甚至依靠竞相压价等负面手段压制对手，制约了外贸整体效益的提升，出口秩序仍然有待进一步规范，同时，由于缺乏全局性意识和统一规划，在电子、家具等部分热门行业，大量小型企业扎堆涌入，重复竞争现象突出，阻碍了资源在全市范围内的优化配置。此外，由于加工贸易在深圳市扎下的根基较深，代工生产依然是大部分企业采取的主要进出口方式，在外贸前50强的企业中，加工贸易比重仍然占到92.9%以上，远远高于全市加工贸易所占比重37.8个百分点。上述因素均使得深圳市外贸升级转型和结构优化的进程任重而道远。

（三）本地成本日渐高企，企业外迁趋势显现

入世以来，深圳市外贸获得长足发展，2011年连续第19年摘取我国内地大中城市外贸的桂冠，与其他城市相比优势明显。但是近年来随着经济持续发展，资源利用日趋紧张，本地经营成本不断提升，部分外贸企业逐渐将发展较成熟的制造产能向成本较低、发展空间更为广阔的周边或内陆省市迁移，如富士康集团已经将原先设在深圳的部分制造业务向成都、郑州等地转移。根据深圳银监局的一项统计，调研样本中70%以上的民营和中小企业认为深圳市的高房价加大了吸引人才的难度；用地难问题也导致部分企业转向外地，24%的被调查企业已经在外地进行投资，36%的被调查企业有意向投资外地①。虽然部分劳动密集型产业外迁有助于提升深圳本地外贸结构，但仍需把握企业外迁的节奏与步伐，在此过程中如果外迁的企业所形成的业务缺口未能得到及时填补，则在导致本市部分外贸业务增速放缓的同时，还将可能使本地产业发展出现“断层”，影响全市外贸发展后劲。

四、深圳市外贸龙头企业掠影

（一）富士康科技集团：外贸旗舰，风头正劲

富士康科技集团作为台企率先在大陆投资兴办的高新科技企业之一，自1988年在深圳地区建厂以来，集团规模迅速发展壮大，成为全球最大的电子产业专业制造商，已经连续9年雄居大陆出口200强榜首，2011年跃居《财富》全球企业500强第60位。目前，富士康已建立起遍布亚、美、欧三大洲的专业研发网络，以中国为中心，逐步建立起延伸发展至世界各地的国际化版图；在珠三角地区建成了深圳、佛山、中山、东莞等科技园，深圳龙华科

---

① 深圳中小民营企业外迁呈加速态势．（2011－12－05）．http：//www.people.com.cn/h/2011/1205/c25408_2386988059.html.

技园旗下3家企业连年进入深圳市企业营收前10强和纳税前10强，每年为深圳税收贡献超百亿元，也成为深圳市外贸企业中最引人注目的旗舰式企业集团。2001年，富士康集团的外贸业务基本集中于鸿富锦精密工业（深圳）有限公司一家，当年该企业占全集团进出口总值的比重达到92.3%。但随着业务门类的扩展和拓宽，2011年富士康集团旗下已经有18家子公司，合计进出口35.3亿美元，占当年深圳市进出口总值的19.5%，其中深圳富泰华工业（深圳）有限公司、鸿富锦精密工业（深圳）有限公司、群康科技（深圳）有限公司、富华杰工业（深圳）有限公司均跻身2011年深圳外贸前10强之列，富泰华工业（深圳）有限公司更连续两年高居榜首。

（二）华为技术有限公司：行业骄子，成绩傲人

1987年创建于深圳市本地的华为技术有限公司，无疑是深圳市民营企业的个中翘楚。在20多年的时间里，华为发挥本地优势，以开放的姿态积极参与全球化竞争，业务已经遍及全球140多个国家，目前已经成长为全球最大的电信网络解决方案提供商和全球第二大电信基站设备供应商。在2011年11月8日公布的2011年中国民营500强企业榜单中，华为技术有限公司名列第一，同时也成为全球第六大手机厂商。源于华为在海外销售收入的大幅增长及在电信网络、终端和服务产业的均衡、快速发展，2010年华为技术有限公司的销售收入实现1 852亿人民币，同比增长24.2%。同时，随着生产链条延伸和业务拓展，华为终端有限公司、华为技术软件有限公司和深圳市华为安捷信电气有限公司相继设立，成为深圳市本土外贸企业中的一道亮丽风景线，其中华为技术有限公司和华为终端有限公司均跻身2011年深圳市外贸企业前10强，华为终端有限公司当年进出口增速达到30%以上，深圳市华为技术软件有限公司增速更高达51.5%。

（三）中兴通讯股份有限公司：国资健将，技术中坚

中兴通讯股份有限公司是中国高科技领域最早并最为成功实践“走出去”战略的标杆企业，也是中国最大的通信设备上市公司，在2007年曾经跻身美国《商业周刊》“中国十大重要海外上市公司”，成为唯一上榜的中国通信设备企业；2011年中兴通讯股份有限公司继续保持稳健增长态势，前3季度营收同比增长27%，增速位居行业首位。同时，中兴注重自主技术研发和专利培育，2011年中兴通讯PCT国际专利申请量跃居全球企业第一位，国内发明专利授权量与申请量也均列国内企业第一位，为其进出口提供了稳固的技术根基。在深圳市外贸格局逐渐被外商投资企业和民营企业主导、国有企业地位逐渐式微的环境下，中兴通讯股份有限公司却逆势而上，成为国有企业在

深圳市撰写的一个“传奇”，10年间年均增速达到33.9%。2011年，其进出口值达到36.3亿美元，其中仅手机出口就达到14.6亿美元；便携式电脑出口7 234美元，比2010年激增7.6倍。同时，中兴也是2011年深圳市外贸前10强中唯一一家经营实业的国有企业。

五、深圳市外贸企业进出口前景展望

回顾入世以来深圳市外贸企业走过的征战历程，不难看出，在纷繁复杂的环境中，唯有紧跟外部形势和政策导向的变化，顺外贸潮流而动，才能在急剧变化、“百舸争流”的市场中勇立潮头。经历过十年的发展，深圳市已经形成了各级各类专业外贸企业、自营进出口生产企业、商业物资企业和外商投资企业等共同经营，国有与私营、中外合资与外商独资、集体与个体、股份制与股份合作制等多种所有制形式并存竞争的多层次、多渠道的外贸经营体制，但在目前外部市场环境日趋严峻的情况下，继续出台有针对性的外贸企业发展规划仍然显得十分必要；在新的形势面前，需要进一步建立适合深圳本地产业特色的企业梯队，在保持现有龙头企业竞争力的同时，进一步发挥大型企业对周边地区的辐射带动作用，推进深圳市产业优化升级进程，同时继续培育一大批具有本地特色的中小型外贸企业，充分利用外商投资企业对本地产业升级的带动作用，加大对以私营企业为代表的民营企业的政策扶持，鼓励国有企业积极进行转型，形成有序竞争、互利共生的外贸企业群体，促使深圳市外贸企业的“群英会”再谱动人新曲。

贸易商品篇

机械设备及仪器仪表:“机”不可失　时不我待

改革开放以来，深圳加工制造业从无到有快速发展，通过引进国外先进设备有效提升本地技术水平，成为我国乃至全球重要的加工制造业基地。入世10年来，深圳的机械制造工业取得了长足的进步，加之产业转型升级步伐加快，使得对进口机械设备的依赖有所降低，但国内装备制造产业的整体实力和水平与世界先进水平相比仍有不小差距，特别是一些高端装备和精密仪器仪表等核心部件很大程度上仍然依赖进口，制约了本地装备制造业的成长步伐。据海关统计，入世10年来，深圳市机械设备及仪器仪表①进口由2001年的75.4亿美元飙升至2011年的350.7亿美元，年均增长16.6%。其中，机械设备进口由2001年的62.3亿美元飙升至2011年的247.2亿美元，年均增长14.8%；仪器仪表进口由2002年的13亿美元飙升至2011年的103.5亿美元，年均增长23%。

一、危机四伏：进口冲击依然强劲

（一）年度进口规模持续扩张，后期增速明显减缓

入世10年的前半程，深圳市机械设备及仪器仪表进口以每年两位数的增长率接连跨越200亿美元和300亿美元大关，至2007年达到了328.8亿美元。2008年，受到金融危机的冲击，深圳市机械设备及仪器仪表进口回落，当年进口317亿美元，同比下降3.6%。2009年金融危机影响更趋严重，进口额再度下探至261.3亿美元，同比下降17.6%，降幅高于同期深圳市进口整体降幅7.5个百分点。2010年、2011年，随着外部经济形势好转，深圳市机械设备及仪器仪表进口重拾增长势头，但增速仍存在一定反复，2011年进口达350.7亿美元，增速仅4.8%，低于同期全市进口总体增速13.4个百分点。

---

① 本文机械设备及仪器仪表定义为下列HS编码项下商品：84章、90章。

表 3.1.1　2002～2011 年深圳市机械设备及仪器仪表进口情况表

单位：亿美元，%

年份	进口		机械设备		仪器仪表	
	金额	同比	金额	同比	金额	同比
入世 10 年合计	2 457.2	16.6#	1 647.0	14.8#	810.2	23.0#
2002 年	92.3	22.5	76.8	23.1	15.5	19.4
2003 年	125.4	35.9	102.2	33.2	23.2	49.4
2004 年	160.5	27.9	119.4	16.8	41.0	76.9
2005 年	210.4	31.1	140.1	17.3	70.3	71.3
2006 年	276.0	31.2	166.4	18.7	109.6	55.9
2007 年	328.8	19.1	198.3	19.1	130.5	19.1
2008 年	317.0	-3.6	197.9	-0.2	119.1	-8.7
2009 年	261.3	-17.6	174.4	-11.9	87.0	-27.0
2010 年	334.8	28.1	224.1	28.5	110.6	27.2
2011 年	350.7	4.8	247.2	10.3	103.5	-6.5

注：带“#”号数值为“年均增长率”。

（二）加工贸易主导地位弱化，一般贸易地位上升

入世 10 年来，加工贸易方式在深圳市机械设备和仪器仪表进口中处于主导地位，但随着国内机械设备自主生产技术的提高，加工贸易所占比重逐渐下滑。2011 年，深圳市以加工贸易方式进口机械设备和仪器仪表 144.3 亿美元，比 2001 年增长 3.2 倍，10 年间年均增长 15.5%，比重从 2001 年的 45.5% 下降到了 41.2%；而以一般贸易方式进口机械设备及仪器仪表 126.1 亿美元，比 2001 年增长 5.4 倍，所占比重由 2001 年的 26.2% 上升至 36%。此外，2011 年，深圳市以海关特殊监管区域方式进口机械设备及仪器仪表 71.6 亿美元，比 2001 年增长 7.7 倍，年均增速达到 24.1%，所占比重由 2001 年的 10.9% 增至 20.4%。

（三）外商投资企业保持进口龙头地位，私营企业进口快速增长彰显活力

外商投资企业在深圳市机械设备及仪器仪表进口中占有举足轻重的地位，虽然入世期间所占比重略有缩减，但仍以 6 成以上的比重继续主导着深圳市机械设备及仪器仪表进口。2011 年，外商投资企业进口机器设备及仪器仪表 219.2 亿美元，比 2001 年增长 3.4 倍，年均增长 15.9%，在深圳市机械设备及仪器仪表进口总值中的比重从 2001 年的 66.6% 略为下滑至 62.5%；2011

年深圳市国有企业进口机械设备及仪器仪表27.9亿美元，年均仅增2.5%，所占比重从2001年的28.9%下滑至8%，下降了20.9个百分点；而私营企业进口表现尤其活跃，进口值逐年增长，从2001年的2.7亿美元上升到2011年的100.6亿美元，年均增速达43.4%，比同期外商投资企业和国有企业分别高出27.5个和40.9个百分点，所占比重由2001年的3.6%提升至28.7%。

（四）进口来源地稳定于技术发达地区，国货复进口比重明显提升

入世10年，深圳市机械设备及仪器仪表进口市场保持相对稳定，前六大进口来源地主要集中于日本、东盟、中国台湾、欧盟、韩国和美国等，但对上述六大进口来源地的依赖度逐渐降低。2002年，自上述六大来源地进口合计占当年深圳市机械设备及仪器仪表进口总额的71.4%，至2011年，自前六大市场进口合计206.5亿美元，占当年深圳市机械设备及仪器仪表进口总额的58.9%，比重较2001年下降了17.2个百分点。与此同时，国货复进口方式进口快速增长。2011年，国货复进口机械设备及仪器仪表137.6亿美元，比2001年增长9.9倍，年均增速为27%，占同期深圳市机械设备及仪器仪表进口总值的比重从2001年的16.7%上升至39.2%。

表3.1.2　2001～2011年深圳市机械设备及仪器仪表进口主要来源地变化情况表

单位：亿美元，%

主要进口来源地	进口值		所占比重		入世10年平均增速
	2001年	2011年	2001年	2011年	
总计	75.4	350.7	100.0	100	16.6
其中：日本	14.9	55.9	19.8	15.9	14
东盟	15.1	67.7	20.0	19.3	16.3
中国台湾	7.4	32.0	9.8	9.1	15.8
欧盟	8.9	20.1	11.8	5.7	8.5
韩国	2.2	18.6	2.9	5.3	3.3
美国	8.8	12.2	11.6	3.5	23.9
国货复进口	12.6	137.6	16.7	39.2	27

（五）进口品种更趋多样化，关键零部件进口依赖仍然较高

2001年，深圳市机械设备及仪器仪表进口中仅自动数据处理设备的零件一项就占45.8%的比重，自动数据处理设备及其部件进口占14%，计量检测分析自控仪器、金属加工机床也在进口主要品种中位居前列。随着国内机械制造业的发展和大型设备制造能力的增强，机床等大型设备的进口比重有所下降，进口品种更趋多元化，但关键性零部件对进口的依赖程度仍然较高。2011 年，深圳市进口自动数据及其部件 91.4 亿美元，年均增长 24.7%，所占比重从 2001 年的 14% 上升至 26.1%；进口自动数据处理设备的零件 55.7 亿美元，年均增长 5.4%，比重从 2001 年的 45.8% 下降至 29.7%；液晶显示板跃居进口品种第 2 位，进口 60.7 亿美元，占 17.3%；而金属加工机床的比重从 2001 年的 3.4% 下降至 1.6%。

二、有“机”可乘：经济发展与进口增长互相促进

（一）地区经济持续发展，为进口增长奠定基础

入世以来，深圳高新技术产业尤其是电子信息产业迅速崛起，形成了以计算机、通信、微电子为代表的电子信息产业群，并成为驱动经济转型发展的第一引擎，相关产业的发展成为进口机械快速增长的直接动力。2011 年，深圳市经济总量迈上万亿新台阶，同此增长 10%，是 2001 年的 4.6 倍，相关工业制造业也快速发展，2011 年全市规模以上工业总产值达20 062.6亿元，是 2001 年的 6.5 倍；固定资产投资也逐年攀升，2011 年完成全社会固定资产投资2 136.39亿元，首次突破2 000亿元，是 2001 年的 3.2 倍①。地方经济的快速发展，带动机械设备及仪器仪表类产品进口规模不断扩大。

（二）鼓励措施有增无减，刺激进口力度增强

伴随着全球高新技术产业的不断繁荣和市场空间的扩大，国家积极推行“科技兴贸”战略，出台了系列扶持政策。2007 年年底我国首次推出大规模鼓励进口技术及产品目录，增加国内需要的先进技术设备和重要原材料进口；2010 年国家对《重大技术装备进口税收政策暂行规定》再次作出调整，其中包括金属加工机床等部分鼓励进口设备；金融危机爆发后不久，国家相继出台装备制造业和电子信息产业调整振兴规划，并对国内企业生产重大技术装备和产品所需的关键零部件及原材料免征进口关税和进口环节增值税，部分高附加值机电产品退税率达 17%。《海峡两岸经济合作框架协议》（ECFA）于 2011 年 1 月 1 日起实行，对从台湾进口到大陆的 28 种机床工具给予大幅度降税优惠；2011 年 3 月中国机械工业联合会发布《“十二五”机械工业发展总体规划》，提出中国机械工业将主攻高端装备产品、新兴产业装备等 5 个重点领域。深圳市也大力落实相关政策，加大对装备制造业的扶持力度。2010

① 数据来自历年深圳市国民经济和社会发展统计公报。

年，深圳市科工贸信息委发布了《关于加快工业经济发展方式转变的若干意见》，提出今后将重点发展先进装备制造业，为了鼓励先进装备制造业的发展，深圳将推动建立首台（套）装备风险补偿机制，吸引社会资本组建融资机构，鼓励商业银行对装备制造企业开展信贷服务①。此外，入世以来深圳市区域转移和产业转型步伐也在不断加快，致力于发展自主品牌的高新技术产业和民营科技企业，在科技投入、空间土地、资金融资、人才引进等方面均给予优惠，刺激高端设备进口力度加大。国家和地方政府的扶持政策有助于机电类产业稳定运行和结构优化，为相关产品的进口增长奠定了良好基础。

（三）本土产业快速发展，进口增长带动效应凸显

入世以来，我国装备制造业快速发展，整体实力大幅提升，现已跨入世界装备制造业大国行列。2001～2011 年期间，我国机械工业总产值从 1.4 万亿元增长到 16.9 万亿元，年均增速高达 27.9%②；规模以上企业数从 3.4 万家增加到 10.4 万多家。大批机械产品产量跃居世界前列，发电设备占世界总产量 50% 左右，数控机床 2009 年以 153 亿美元产值位居世界首位③。此外，农业机械、摩托车、内燃机、装载机、汽车起重机、轴承等众多产品产量位列世界前茅，自主创新能力大幅提升。深圳市也在装备制造业方面取得了有效突破，根据深圳市规划局研究报告《深圳现代制造业发展及空间布局规划研究》，深圳机床的产业效率要远远高于全国机床行业平均水平，也高于深圳市制造业的平均水平，甚至高于深圳市电子信息产业的平均水平，在高档数控机床特别是数控系统方面的发展存在巨大空间④。2011 年，深圳市装备制造业进出口1 719亿美元，占同期深圳市进出口总值的 45%，其中进口 897.6 亿美元，占同期深圳市进口总值的 61.6%。机械装备类产品进口与装备制造业互相促进，有力提高了本地装备制造业的技术水平和综合实力。

---

① 深圳欲打造世界软件之都.（2010－02－04）. http：//www. southcn. com/.

② 2011 年中国机械工业总产值增长二成五.（2012－02－17）. http：//www. askci. com/news/201202/17/11216_ 13. shtml.

③ 入世十年 中国装备制造大国地位名副其实.（2011－12－16）. http：//www. mepfair. com/NewsContent. html.

④ 装备制造业将成深圳第二大主导产业.（2009－05－05）. http：//www. c－cnc. com/newsfile/2009/5/4/111228. shtml.

三、“机”起直追：产业发展短板要求强化内功

（一）代工模式普遍，外资技术扩散效应和加工贸易产业带动作用有限

虽然近年来深圳机械设备和仪器仪表进出口快速增长，但仍然主要采取“外商投资+加工贸易”的外贸经营模式，多数企业只是从事简单装配加工，关键性部件和核心技术均依赖进口，只能通过贴牌生产或来料加工赚取低廉的加工费，贸易自主性不足。海关数据显示，2011年，外商投资企业占深圳市机械设备及仪器仪表进口总值的62.5%，由于技术、市场大多掌握在外商手中，外商通常以技术入股、对产品收取专利费等就可获得相对丰厚的利润；而国内机电企业则长期面临着自主品牌和销售网络的双重缺失，仅依靠低廉价格去吸引消费者，面对危机的抗跌性较弱。此外，外资企业对国内市场的控制程度不断加深，入世以来深圳市机电产品进出口贸易的外商独资化趋势进一步加深，外商投资企业项下的机械设备及仪器仪表进口贸易中，独资企业所占的比重从2001年的75.5%提高到87.3%，这将给国内机电产业的发展带来更大的竞争力和技术压力。

（二）核心技术缺失，关键部件与高端产品对进口依赖程度过深

目前深圳市重点机电品种自主研发水平仍然不足，核心技术仍然缺失，与美德日等出口强国5%左右的对外技术依存度相比差距仍相当悬殊①。例如，目前我国纺织机械的70%来自进口，高端的机床75%依赖进口，高速胶印机75%依赖进口，集成电路芯片制造装备的85%为进口产品占领，光纤制造装备几乎100%依赖进口②。当前在深圳市进口机械设备的主要品种中，液晶显示板、计量检测分析自控仪器及器件等关键性零部件和高端仪器仍然位居前列，表明核心部件自给能力仍然不足，对进口依赖程度较高，制约了行业整体发展后劲。当前，深圳市虽然迅速成长起一大批高科技企业，但部分企业的生产工艺或技术只是通过购买、代理等方式获得某项专利的一定期限内的使用权，或者引进关键设备、成套设备、生产线，重硬件引进轻消化吸收，结果只是具备了相应的生产能力和固化在设备中的技术，缺乏必要的发展后劲。核心竞争能力不足使得制造业处于国际分工的低端，不仅获益程度

① 后危机时代 转变结构促进机电出口．（2010－09－08）．http：//www. jdol. com. cn/.

② 中国制造业最大隐忧是产业空洞化．（2012－02－03）．http：//www. fzfzjx. com/news/detail/24915. html.

不高，还削弱了本土制造企业增强自主创新能力的主动权，产业发展长期受制于人的风险不容小觑。

（三）综合配套能力欠缺，亟待打造完善产业链与龙头企业

目前，国内装备制造业上游零配件配套能力和下游渠道建设的双重欠缺对行业发展形成了较大制约，一方面，在技术制约下零配件基础配套能力相对薄弱，内地零配件生产企业规模普遍较小，产品档次偏低，关键零部件如发动机、变速器、液压元器件等的核心技术与市场供给主要掌控在欧美日等地区和国家企业手中①；另一方面，下游销售模式主要为代理商和订单直销模式，尚未建立起符合市场多元化需求的商业模式和与国内工业密切相关的制造加工体系，制约了产业整体产业链的发展。同时，装备制造业对企业综合实力要求较高，如美国、德国、日本等世界装备制造业强国都拥有一批综合性跨国装备制造企业集团，如通用电气、西门子等，但国内装备制造业行业集中程度仍然较低，同业竞争形势严峻，兼并重组进程缓慢、经营效益低下制约了企业做大做强。由于国内仍缺乏具备较强实力的大型综合性企业集团，尚不具备与大型跨国公司竞争的能力，行业集中程度较低，围绕大型骨干企业的产业集群尚未形成，制约了整体产业集约化发展的步伐。深圳市受到地域和资源的限制，上述问题更为突出，同时深圳市机械工业的发展时间较短，积累有限，目前亟待进一步建立完善的装备机械工业产业链，打造属于深圳自己的龙头企业和国际品牌。

四、前景展望：以时不我待的紧迫感提升产业发展水平

“十二五”规划中明确提出，将改造提升制造业、加快培育战略新兴产业，作为当前的重要任务，即实现由主要依靠规模增长的传统工业化道路向主要依靠技术进步和可持续发展的新型工业化道路转变。《深圳现代制造业发展及空间布局规划研究》也提出深圳要重点发展电子信息及通讯设备制造等六大产业，到2020年，把深圳建设成为世界重要的以电子信息为主的高新技术产业和先进装备产业研发与制造基地②。但目前，进口仍然呈现快速增长态势，国外机械企业对深圳市场依然看重，产业发展压力重重，要实现深圳市

① 装备制造业：技术为王 内外兼修．（2009－04－09）．http：//finance. sina. com. cn/chanjing/cyxw/20090409/13586083039_ 6. shtml.

② 装备制造业将成深圳第二大主导产业．（2009－05－05）．http：//www. c－cnc. com/newsfile/2009/5/4/111228. shtml.

机械设备制造业的长远健康发展，时不我待，必须加快厉兵秣马的步伐，不断提升自身的竞争力，在引进中吸收，在吸收中消化，发挥国外高新技术机电产品的技术外溢作用，通过掌握核心技术和关键技术，实现产业结构升级，同时加快建设上下游紧密关联的产业链，在提高关键零部件自给能力的同时，加强装备制造业与支柱工业的联系和配合；支持装备制造骨干企业进行联合重组，发展大型企业集团，提升行业集中度和整体竞争力，促进行业集约化、规模化发展，全面提升整体实力，摆脱在国际分工中受制于人的局面，做到不但在低端市场“攻城掠地”，在中高端市场也能与国际同行强势对垒，以期最终实现“师夷长技以制夷”，促进本土机械装备业在国际市场的全面崛起。

高新技术产品：经年累积　美丽蝶变

高新技术具有高经济效益和高增值作用，能够有效促进新兴产业扩张和传统产业技术创新，其产业化所形成的高新技术产业已经成为我国经济体系中最富活力、最具发展前景的新生产业力量。入世以来，深圳市从引进高新技术推动传统产业改造开始，日积月累，高新技术产品进出口成为入世期间深圳外贸的最引人瞩目的亮点，实现了从"深圳制造"到"深圳创造"的渐变，以自主创新为特征的高新技术产业成为城市第一支柱产业，形成了以华为、中兴、腾讯等知名企业为代表的高新技术产业集群，实现了"化蛹成蝶"式的骄人发展。

据海关统计，入世10年，深圳市高新技术产品进出口总值累计达1.2万亿美元，占同期深圳市进出口总值的51.9%。其中，出口6 705亿美元，占同期深圳市出口的48.3%；进口5 718亿美元，占同期深圳市进口的56.8%，进出口均占据近"半壁江山"的突出地位，显示了高新技术产品在深圳市外贸中举足轻重的关键作用。

表3.2.1　2001～2011年深圳市高新技术产品进出口情况表

单位：亿美元,%

年度	出口		进口		出口与进口差额
	金额	比上年增减	金额	比上年增减	
2001年	113.6	35.4	119.8	18.7	-6.2
2002年	156.8	38.0	177.5	48.2	-20.7
2003年	251.5	60.4	264.4	49.0	-12.9
2004年	351.6	39.8	342.3	29.4	9.3
2005年	471.8	34.2	417.8	22.1	54.0
2006年	623.9	32.2	547.5	31.1	76.4
2007年	764.1	22.5	654.5	19.6	109.5
2008年	900.3	17.8	746.6	14.1	153.7
2009年	850.2	-5.6	684.3	-8.3	165.9
2010年	1 087.1	27.9	889.6	30.0	197.6
2011年	1 248.0	14.8	993.6	11.7	254.4

一、回首十年路：风雨兼程，实现跨越式发展

（一）快速增长期（2002～2007年）

该时期，世界经济保持快速增长，入世后深圳市企业活力充分释放，加上深圳市长期以来重视、支持企业自主创新，一些大型骨干企业加大研发投入，产品的竞争力明显增强，高新技术产品的进出口均呈现快速增长的态势，年均增长率分别达到32.7%和37.4%。

（二）滞缓增长期（2008～2009年）

2008年金融危机爆发，世界经济停滞不前，甚至出现负增长，我国经济虽仍保持了平稳快速的增长，但也一度受到较明显影响，深圳市高新技术产品进出口增长相应放缓。这一时期，深圳市高新技术产品的进出口年均增长率分别仅为2.3%和5.5%。

（三）恢复增长期（2010～2011年）

2010年以来，金融危机的影响逐渐减弱，企业的订单有所恢复，扩大再生产的意愿明显增强，深圳市高新技术产品进出口呈现恢复性增长态势。虽然欧债危机接踵而至，但从2010年和2011年的数据来看，深圳市高新技术产品的进出口仍恢复了较快的增长，该时期深圳市高新技术产品的进、出口年均增长率分别为20.5%和21.2%。

二、进出口规模不断扩大，本地企业茁壮成长

（一）进出口规模不断扩张，占深圳市份额逐年增大

近年来，深圳市在自主创新方面的力度为全国瞩目，在转型升级方面的力度不断加大，高新技术产品进出口规模不断扩张，占深圳市进出口的份额呈逐年升高之势，成为深圳市进出口商品的最大类别。2011年，深圳市高新技术产品进出口2 242亿美元，比入世前增长8.6倍，年均增速为25.4%，高于同期深圳市进出口总体增速5.7个百分点，占同期深圳市进出口的比重由2001年的34%上升至54.1%。其中，出口1 248亿美元，比入世前增长10倍，年均增速为27.1%，占同期深圳市出口的比重由2001年的30.3%上升至50.8%；进口993.6亿美元，比入世前增长7.3倍，年均增长23.6%，占同期深圳市出口比重由2001年的38.5%上升至58.9%。

（二）研发能力增强促使一般贸易比重走高，加工贸易主导地位下滑

2011年，深圳市以加工贸易方式出口高新技术产品836.1亿美元，比入世前增长6.7倍，年均增长率为22.7%，但随着本地研发能力的增强和自有

产品规模提升，加工贸易占同期高新技术产品出口比重由2001年的高达95.3%的绝对主导地位下降至67%；而一般贸易出口314.9亿美元，年均增速高达58.4%，所占比重由2001年的2.8%提升至25.2%。同期，以加工贸易方式进口高新技术产品483.3亿美元，比入世前增长5.9倍，年均增长率为21.3%，占同期高新技术产品进口的比重由2001年的58.5%下降至48.6%；而一般贸易进口315.8亿美元，所占比重由2001年的29.5%提升至31.8%。

表3.2.2　2001年与2011年深圳市高新技术产品进出口一般贸易和加工贸易比重变化情况表

单位:%

年份	出口		进口	
	一般贸易所占比重	加工贸易所占比重	一般贸易所占比重	加工贸易所占比重
2011年	25.2	67.0	31.8	48.6
2001年	2.8	95.3	29.5	58.5

（三）外商投资企业继续占据主导地位，私营企业迅猛攀升反超国有企业

外商投资企业是带动深圳市高新技术产品进出口快速增长的最大主体，但其主导地位呈逐渐下滑态势。2011年，深圳市外商投资企业进出口高新技术产品1 510亿美元，比入世前增长8倍，年均增长率为24.5%，占同期深圳市高新技术产品进出口的比重由2001年的72.3%下降至67.4%。私营企业进出口增长迅猛，凭借57.9%的平均增长率，从2001年的4.5亿美元增至2011年的431.3亿美元，所占比重由2001年的1.9%提升至19.2%，超越国有企业居第二位。国有企业成长最慢，2011年仅进出口190.3亿美元，比入世前增长2.5倍，年均增长率为13.5%，所占比重由2001年的23%下降至8.5%。

（四）出口主要面向欧美等发达市场，进口大多源于亚洲周边国家和地区

作为传统市场的美国、欧盟和中国香港是深圳市高新技术产品出口的主要市场，2011年，对欧美市场和香港地区出口合计926.8亿美元，占当年深圳市高新技术产品出口的74.3%。其中，香港地区保持深圳市高新技术产品出口最大市场地位，2011年，深圳市对香港地区出口高新技术产品691.7亿美元，年均增长32.9%，所占比重从2001年的35.5%上升至55.4%。

同时，高新技术进口主要来源于东盟、中国台湾、韩国和日本等亚洲周边市场，2011 年，自上述四大市场进口 561.5 亿美元，占当年深圳市高新技术产品进口的 56.5%。此外，由于入世以来部分电子产品零部件和成品进口汇率存在倒挂现象，企业采取国货复进口方式进口高新技术产品的动力不断增强。2011 年，深圳市以国货复进口方式进口高新技术产品 339.6 亿美元，年均增长 37.5%，占同期深圳市高新技术产品出口的比重由 2001 年的 11.7% 提升至 34.2%。

（五）计算机与通信技术产品本地制造能力增强，电子技术领域快速成长

计算机与通信领域是深圳市具备较强优势的重点领域，出口保持快速增长。2011 年，深圳市出口计算机及通信技术产品1 073.5亿美元，比入世前增长 10.8 倍，年均增长 28%，占同期全市高新技术产品出口的比重由 2001 年的 90.1% 略为降至 86%，但仍保持在 8 成以上；而随着本地生产替代能力的增强，该类产品进口增速相对较缓，年均增长 9.8%，2011 年为 317.3 亿美元，占同期高新技术产品出口的比重由 2001 年的 89.8% 下降至 31.9%。电子技术领域出口呈现快速成长趋势，2011 年出口电子技术产品 116.8 亿美元，比入世前增长 23.1 倍，年均增长 37.4%，所占比重由 2001 年的 4.8% 提高至 9.4%；而由于电子零部件进口的快速增长，电子技术产品进口年均增速高达 51.6%，2011 年为 539.7 亿美元，所占比重由 2001 年的 6.1% 大步提升至 54.3%。此外，光电技术等新技术产品进出口发展速度有所加快，但总体比重仍然偏低，2011 年进出口光电技术产品 102.4 亿美元，年均增长 28.4%，所占比重由 2001 年的 3.5% 上升至 4.6%；而生命科学技术、材料技术等前沿领域产品的进出口值均不到 1%。

三、环境优化和自主创新，促进行业快速发展

（一）经济腾飞带动发展，环境优化增强动力

加入世界贸易组织后，我国经济发展取得了长足的进步，深圳也同样取得了跨越式的发展，深圳市国内生产总值由入世前的1 954.2亿元增长至 2011 年 1.2 万亿元，首次跨入万亿俱乐部城市；进出口总值由入世前的 686 亿美元增至 2011 年的4 141亿美元。在国内经济持续增长的带动下，深圳市经济呈现快速增长的态势，作为深圳市支柱产业之一的高新技术产业发展也取得了骄人的发展成绩。同期，世界经济保持较快的发展，为高新技术产业的进出口提供了广阔的平台，带动了深圳市高新技术产品进出口的快速增长。入世第一年，深圳市就发布了《〈关于进一步扶持高新技术产业发展的若干规定〉

的实施办法》，制定了21条扶持高新技术产业发展的强力措施。2005年到2009年，短短4年时间，深圳就出台了50多个鼓励创新的政策、法规①。2006年4月，深圳市18个部门整体推出20项配套政策，为自主创新型企业和科研机构建立了“绿色通道”。近年来，深圳市政府更是确立了实施自主创新战略，力争用15~20年的时间，把深圳建成创新体系完善、创新人才荟萃、创新企业众多、创业投资活跃、综合环境优良、高新技术产业发达的自主创新型城市。宏观经济与政策环境的不断优化为深圳市高新技术产品的快速成长创造了良好机遇。

（二）自主创新化蛹成蝶，加工贸易华丽转身

深圳的自主创新过程从传统产业起步，过渡到高新技术产业唱主角。深圳自主创新创造了著名的“四个90%”概念，即90%以上研发人员集中在企业、90%以上研发资金来源于企业、90%以上研发机构设立在企业、90%以上职务发明专利产生于企业②，形成了深圳自主创新的鲜明标志。2011年，深圳全社会研发投入占GDP的比重为3.66%，是全国平均水平的2倍③。2010年，深圳国内专利申请量为4.9万件，同比增长16.9%，其中发明专利申请量几乎占一半；国内专利授权量达3.5万件，同比增长35%；PCT国际专利申请5 584件，同比增长47%，连续7年居全国第一，约占全国申请总量的45.3%。截至2010年年底，深圳累计申请专利26.2万件，累计专利授权13.9万件，累计有效专利10.2万件④。2010年，全国“最具创新力公司30强”公布，深圳企业华为、腾讯、中兴、比亚迪包揽前4强⑤。深圳自主创新实力的“内功”增长，成为深圳高新技术产业蜕变的核心引擎。

随着“深圳制造”逐渐向“深圳创造”转变，深圳市以加工贸易起家的高新技术产业也积极进行转型升级，由以往的简单加工贴牌向创造自主品牌方向发展，以往以OEM（委托生产或原厂设备生产）生产为主体的电子信息产品制造业正在朝向ODM（委托设计生产）、OBM（自有品牌生产）转型升

---

① 自主创新：深圳三次华丽转身．（2010-09-06）．http：//www.hinews.cn/news/system/2010/09/06/011070295.shtml.

② 创造“深圳质量”．经济日报，2011-05-07.

③ 2011年深圳经济总量迈上万亿新台阶．（2012-02-04）．http：//www.s1979.com/shenzhen/201202/0425286604.shtml.

④ 深圳打造知识产权和标准化强市．南方日报，2011-04-05.

⑤ 自主创新：深圳三次华丽转身．（2010-09-06）．http：//www.hinews.cn/news/system/2010/09/06/011070295.shtml.

级。2011 年深圳市以加工贸易方式进出口高新技术产品所占比重从 2001 年的 76.4% 下降至 58.9%，而一般贸易所占比重则从 16.5% 上升至 28.1%，贸易结构的悄然变迁也成为自主实力和制造能力增强的一个有力佐证。

（三）产业聚集组团发力，展会助推如虎添翼

目前，深圳已经成为我国乃至世界重要的高新技术产业的重要聚集地，信息技术产业、生物制药及软件等产业已形成完整的产业链和细致的产业分工，在新一代移动通信、超材料、基因测序和基因组分析等技术上取得国际领先地位。以仅有 11.5 平方公里的深圳市高新园区为例，其内生培育和孵化出一大批具有核心技术和创新商业模式的自主创新型行业龙头企业，如华为、中兴通讯、腾讯、迅雷、迈瑞、海普瑞等；累计培育境内外上市企业达 70 家，产值过亿元企业 230 家①。深圳高新技术产业作为深圳市龙头支柱产业，其支撑能力明显增强，战略性新兴产业亦呈快速发展态势。此外，高新技术产业交易会也成为深圳市的一张城市“名片”，1999 年深圳召开了第一次高新技术产业交易会，确立了深圳在全国高新技术产业方面的“领头羊”地位。经过 13 年的发展，高新技术产业交易会不仅成为“国内工业第一展”，助推深圳高新技术企业走向全国乃至世界，为企业的发展注入了活力、开拓了空间，更成为名副其实的“中国科技第一展”，为深圳市高新技术产业从实验室走向市场、促进产业的出口搭建了广阔的平台，为企业的发展插上了腾飞的翅膀。通过高新技术产业交易会，腾讯、比亚迪、大族激光和同洲电子等企业从深圳本土走向了国际舞台，成为深圳市高新技术产业的杰出代表，引领着国内技术进步的前沿浪潮。

四、需多方突破，力促深圳市高新技术产业再上新台阶

（一）大力提升研发创新水平，拓展自主核心技术“短板”

经过多年的发展，深圳虽已形成具有特色的自主创新的体系，但高新技术产业的核心技术如集成电路技术、平板制造的核心技术仍掌握在国外投资企业手中，成为企业长远发展和做大做强的瓶颈。根据相关调研，深圳的高新技术产业领域虽然拥有自主知识产权的高新技术产品产值比重达 55%，但掌握核心技术的产品产值比重不足 10%。同时，深圳高新技术企业中绝大多

① 深圳高新区成技术密集专利地 申请量全国居首．深圳特区报，2011－04－05.

数是中小企业，其中中小型科技企业占全市高新技术企业的95%①，其受到资金、研发能力、信息、人才的种种局限，参与研发和技术创新仍然“心有余而力不足”。在金融危机最为严重的2008年和2009年，与华为和中兴等具有自主创新能力的大型企业相比，中小企业应对风险能力明显偏弱，企业出现大幅洗牌式变动，经营步履维艰。核心技术的缺失导致大部分产业利润仍然被国外投资者所获取，入世以来外商投资企业虽然在深圳市高新技术产品进出口中的比重逐渐减弱，但2011年仍然占到将近7成的比重，其中以加工贸易方式进出口占外商投资企业高新技术产品进出口总值的80.3%，显示当前高新技术产品进出口规模的快速扩张仍很大程度上建立在代工生产链的基础上，本土研发设计能力仍有待进一步提升。

（二）继续改善本地创业投资与资源环境，营造人才“高地”

高新技术产业作为前沿产业，对于投资环境和资金规模的要求较高，由于深圳发展高新技术产业具有较强的先发优势，企业的市场化程度在国内处于领先水平，但发展高新技术在一定程度上存在资本流动性高、波动明显的特征，对于长期投资存在一定的不确定性，因此，国内外环境的变动对风险投资的信心指数有较大影响。对此，当前仍需要进一步提高投资环境的稳定性和政策的延续性，增强投资者积极性。此外，经过多年发展，深圳经济发展与资源环境之间的矛盾日益突出，土地、资源环境和劳动力成本不断提升，也增加了高新技术产业的运行压力。特别是近年来在深圳市房价高企、生活成本提升，以及中西部高速发展对人才的吸引力增强等多方面因素的影响下，深圳市高端技术人才资源流失现象日益凸显，技术人才资源的需求缺口成为产业长远发展亟待解决的问题，以往吸引人才“孔雀东南飞”的环境需要重新营造。

（三）合理控制加工环节向外转移步调，避免产能“断层”

目前深圳市已经成为全国高新技术产品发展的核心基地，但随着近年来深圳市人力成本和环境成本的提高，部分高新技术企业逐步对加工组装环节实施梯度转移，将零部件生产、物流、营销甚至部分研发活动等通过项目外包和业务离岸化等方式向外转移，可能转移至内地其他城市，也有可能转移到印度、越南等亚洲周边发展中国家。从目前来看，低端产业向外转移有助于提高本地产业技术含量，进一步打造“深圳质量”，以此来提升发展的动力

---

① 广东省人民政府参事室经济组．深圳高新技术产业发展状况及发展思路的调研报告，2011－12－09.

和后劲，但当前高新技术产品的制造业在深圳的经济中仍具有相当的比重，对深圳的经济发展仍有举足轻重的地位，应积极引导企业进行转型升级的方式与节奏，避免简单地挤压企业空间造成本地产能出现“断层”，以防范高新技术企业的发展产生波动对全市外贸运行造成负面影响。

五、放眼展未来：后有追兵，不进则退

当前，高新技术产业位居深圳四大支柱产业之首，仍然是经济快速成长的主力军。2011 年深圳出台《深圳市科学技术发展“十二五”规划》，提出“十二五”期间，深圳科技创新生态体系显著完善，科技创新质量大幅提升，自主创新能力居全国前列，打造华南地区重大科技基础设施高地和东南亚地区科技创新中心，成为国际知名的区域科技创新中心的总体目标。但是，深圳市高新技术产业要实现高效快速发展，仍然面临着自身发展阶段的制约和来自国内其他地区的激烈竞争。随着国家加大对中西部、东部等地区的扶持力度，深圳的特区功能日益淡化，目前除了面临北京、上海等城市的竞争外，还面临迅猛发展起来的苏州、杭州、大连，以及成都、西安等中西部一些城市的高新技术产业构成的威胁。在这样的背景下，要促进深圳市高新技术产业进出口，需要进一步加强自主创新，针对深圳教育资源相对缺乏、公共研发实力不足的实际，加快公共研发、技术平台建设；要进一步挖掘发展潜力，采取有力措施解决深圳在人才、土地和环境等方面的制约因素，打造真正的“人才高地”，使深圳成为全国甚至全球的创新型人才集聚地；大力支持企业的转型升级，对对深圳长远发展有制约因素的企业有序地予以转移，挖掘发展潜力，增强发展后劲，使深圳市高新技术产品这只“蝴蝶”在破茧蜕变之后展翅高飞，绽放出更为夺目的色彩。

劳动密集型产品：优势传承　任重道远

劳动密集型产业在我国城市工业化发展进程中充当着承上启下的重要角色。早在20世纪80年代，劳动力密集型产品就取代基础资源性初级产品，成为深圳市的出口主力军。随着20世纪90年代以来机电产品、高新技术产品逐渐成为深圳对外贸易新的增长点，传统劳动密集型产品地位略有弱化，但入世以来凭借着国内相关产业配套齐全、市场开放程度高和国际市场需求旺盛等诸多优势，并使其得到有效传承与继续发扬，传统劳动密集型产业仍然是支撑深圳出口连年攀高的重点行业。尽管如此，随着国际市场的快速发展和深圳市外贸结构的持续升级，传统劳动密集型产品出口面临的各方面压力日益加大，相关产业和产品出口要在新的环境下保持传统优势，必须勇于进行产业模式的转型升级，促进产品结构继续优化改善，以实现长期可持续发展。

一、入世10年间出口规模不断扩大，支撑作用依然明显

自我国加入世界贸易组织后，伴随着发达地区市场配额限制等非关税壁垒的逐渐减少，深圳传统劳动密集型产品①的竞争优势愈发突显，出口规模不断扩大。据海关统计，入世10年来，深圳市主要传统劳动密集型产品出口总值达2 141亿美元，占同期深圳市出口总值的15.4%，对深圳市出口的贡献率达到11.4%。2001年深圳市传统劳动密集型商品出口仅78.7亿美元，经过10年发展，2011年的出口规模已扩大至316.7亿美元，10年平均增速为15.3%，占深圳市出口总值的比重从2001年的21%下降至12.9%。虽然10年间劳动密集型商品在深圳市总体出口中的比重有所下降，但七大类传统商品中有五大类商品年均增速仍然保持在10%以上，对推动深圳市总体外贸发展仍然发挥着重要的作用。

---

① 为了方便叙述，文中除有专门注明外，均指纺织纱线、服装、鞋类、家具、箱包、塑料制品、玩具7类产品，简称主要传统劳动密集型产品。

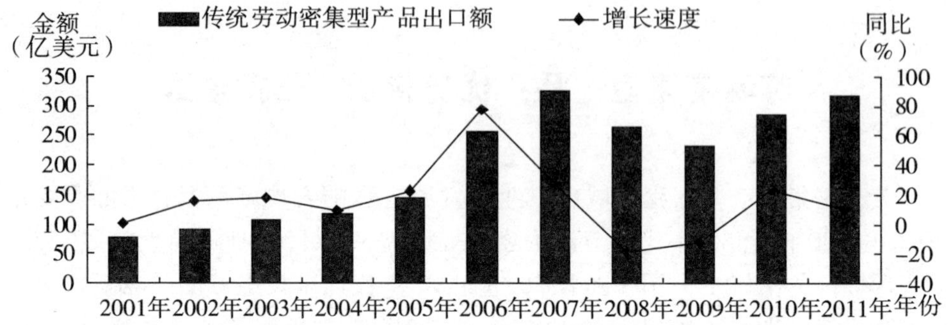

图 3.3.1　2001～2011 年深圳市传统劳动密集型商品出口发展趋势图

入世以来的 10 年，深圳市劳动密集型产品的进出口发展主要经历 3 个阶段：

（一）承载机遇，全速发展（2002～2007 年）

在此期间，我国加入世界贸易组织的积极效应逐步显现，凭借着在国际市场上较强的比较优势，深圳市主要传统劳动密集型产品出口全面提速，年均出口增速高达 26.7%。至 2007 年，主要传统劳动密集型产品出口迎来高峰，出口总额突破 300 亿美元大关达 326 亿美元，占当年深圳市出口总额的 19.3%。

（二）遭遇危机，深陷低潮（2008～2009 年）

2008 年，金融危机爆发，随着危机的进一步蔓延，深圳市主要传统劳动密集型产品出口无可避免地陷入发展的低潮期，两年间，出口量快速下滑，从 2007 年出口增长高峰期的 326.1 亿美元快速下滑至 2009 年的 232.1 亿美元，年均降幅达 15.6%。

（三）阴霾渐退，活力再现（2010～2011 年）

2010 年，金融危机影响逐渐消退，世界经济在经历风暴的洗礼后逐步复苏，出口市场消费需求回升，企业订单有所恢复，深圳市主要传统劳动密集型产品出口出现恢复性增长。虽然其后相继爆发欧债危机和美国国家信用危机，但仍无法阻挡主要传统劳动密集型产品出口增长势头，2010 年主要传统劳动密集型产品恢复 23.2% 的快速增长；2011 年出口重新站上 300 亿美元高点，达 316.7 亿美元，比上年增长 10.7%，占当年全市出口总值的 12.9%。

二、入世 10 年深圳市主要传统劳动密集型产品出口主要特点

（一）贸易格局显著优化，一般贸易占据主导地位

深圳在传统轻纺工业起步进军国际市场的初期，由于相关经验的不足和

营销渠道的匮乏，主要依靠加工贸易方式开拓国际市场，但随着产业的日益成熟，以收取加工费为主的加工贸易开始逐步向贸易效益更高的一般贸易转移。2001 年，深圳市主要传统劳动密集型产品以一般贸易方式出口 10.6 亿美元，仅占当年深圳市主要传统劳动密集型产品出口总额（下同）的 13.5%；而以加工贸易方式出口 56.4 亿美元，占总额的 71.7%。经过入世 10 年的发展，一般贸易在主要传统劳动密集型产品出口额中的比重明显提升。2011 年以一般贸易方式出口 185.9 亿美元，比 2001 年增长了 16.5 倍，10 年间年均增长 33.2%，占同期全市主要传统劳动密集型产品出口总值比重升至 58.7%，比 2001 年上升了 45.2 个百分点；以加工贸易方式出口 54.7 亿美元，比重降至 17.3%，与 2001 年相比大幅下降 54.4 个百分点。

具体而言，入世之后一般贸易在绝大多数传统产品中的主导地位日益凸显，除玩具和塑料制品以外，其他主要传统劳动密集型产品出口中一般贸易均逐步反超加工贸易，跃居为第一大贸易方式。

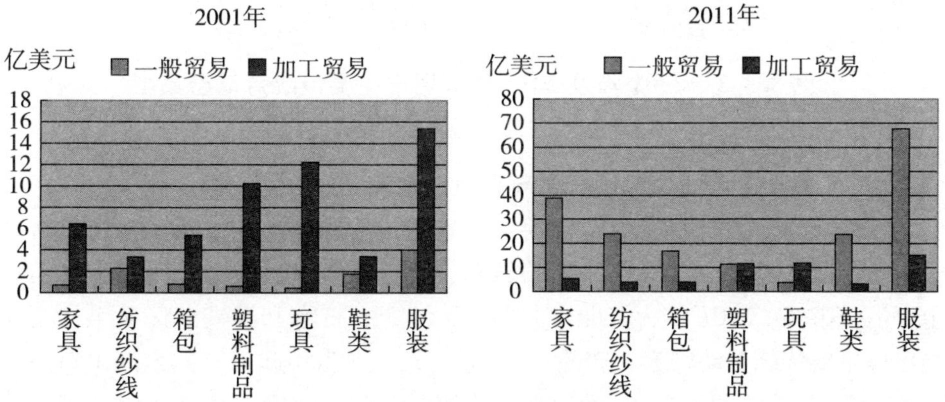

图 3.3.2　2001 年及 2011 年深圳市主要传统劳动密集型产品出口贸易方式结构对比

（二）私营企业活力释放，外资与国有企业地位弱化

入世后，随着外贸经营权逐步放开，私营企业凭借经营灵活、自主性强、开拓国际市场动力大的特点，在对外贸易领域的活力得以迅速释放，在扩大出口规模方面充当了重要角色。2001 年，深圳市私营企业出口主要传统劳动密集型产品仅 2.7 亿美元，仅占总额的 3.4%；入世 10 年，私营企业出口主要传统劳动密集型产品以年均 52.1% 的速度高速发展，至 2011 年出口已达 179 亿美元，在深圳市主要传统劳动密集型产品出口总额中的比重也升至 56.5%。

入世10年间，深圳市国有企业出口增长相对缓慢，2011年出口56.2亿美元，年均增幅仅1.6%。增长乏力导致其在主要传统劳动密集型产品出口中的优势领跑地位悄然旁落，出口比重由2001年的61%大幅下降至2011年的17.7%。同期，外商投资企业主要传统劳动密集型产品出口规模由2001年的27.9亿美元增至73.9亿美元，年均增长10.2%，在深圳市主要传统劳动密集型产品出口总额中所占的比重由2001年的35.5%下降至23.3%。

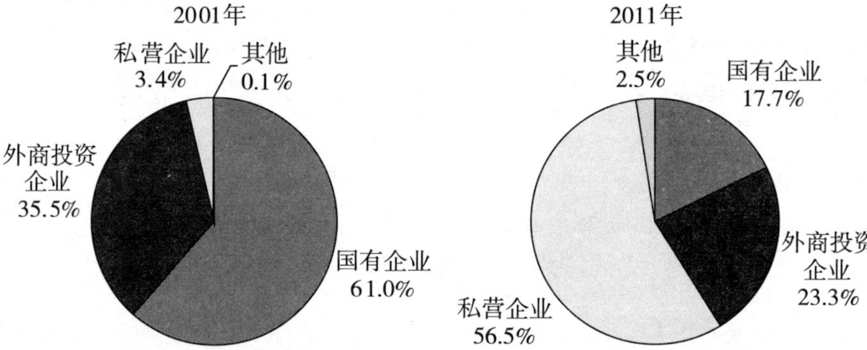

图3.3.3　2001年及2011年深圳市主要传统劳动密集型产品出口企业性质结构对比

（三）美欧市场的主导地位被新兴市场削弱

在国际分工和产业梯度转移的大背景下，虽然发达地区逐步将传统劳动密集型行业作为“夕阳产业”向外转移，但仍然是世界上劳动密集型产品的主要消费市场。2001年，深圳市向美国、欧盟、日本和香港地区4个主要市场出口主要传统劳动密集型产品69.1亿美元，占当年此类产品全部出口总额的87.8%。入世之后，一方面，随着传统产业产能不断扩大和国际营销经验不断丰富，深圳市企业拓展非洲、拉美等新兴市场的步伐加快；另一方面，印度、越南等发展中地区在纺织品、鞋类等相关产品方面的国际竞争力明显提高，抢占发达地区市场份额的能力更为强大，也使深圳市主要传统劳动密集型产品对发达地区出口比重有所下降，但由于以深圳为主的珠三角地区传统行业产业链完整、配套齐全等独特优势在短期内难以为其他发展中地区所取代，加之发达地区市场需求巨大，10年间深圳市主要传统劳动密集型产品向美国、欧盟、日本和中国香港4个主要市场的出口规模仍以年均10.2%的增速逐年扩大，2011年攀升至183亿美元，占当年主要传统劳动密集型产品出口总额的57.8%，比重比2001年下降30个百分点。

表 3.3.1 2001 与 2011 年主要传统劳动密集型产品出口市场情况对比

单位：亿美元,%

市场类别	2001 年		2011 年		2011 年比 2001 年	
	出口额	占比	出口额	占比	年均增幅	比重增减
主要市场	69.1	87.8	183	57.8	10.2	-30.0
其中：美国	28.7	36.5	68.1	21.5	9	-15.0
欧盟	7.7	9.8	58.2	18.4	22.4	8.6
中国香港	27.1	34.4	47	14.8	5.7	-19.6
日本	5.6	7.1	9.9	3.1	5.9	-4.0
其他市场	9.6	12.2	133.7	42.2	30.1	30.0

（四）深圳市劳动密集型重点产品解析

入世之后，深圳市面临的外部贸易环境更加复杂多变，主要传统劳动密集型产品出口在坎坷中负重前行，就出口规模最大的服装、出口发展最快的家具及增长缓慢的玩具而言，其表现不尽相同。

1. 纺织服装①：规模占优，稳步增长

经过多年的发展，深圳市纺织服装业不断发展壮大，现已形成配套门类齐全、规模庞大和国际竞争力较强的产业体系。2001 年纺织服装占深圳市主要传统劳动密集型产品出口总额的 32.6%；2005 年全球纺织品配额制度取消后，纺织行业产能得到释放，纺织服装出口一度大幅增长，2007 年深圳市迎来纺织服装出口高峰 206.2 亿美元。虽然此后受 2008 年金融危机及贸易壁垒等不利因素影响，出口一度下降至 101.8 亿美元，但随着欧美经济的逐渐复苏，同时在国家“扩内需、保增长、调结构、重民生”一系列经济政策的推动及行业加快结构调整、转变增长方式的内生驱动力作用下，深圳市纺织服装出口在 2010 年出现了企稳回升、发展逐渐向好的良好局面。至 2011 年，深圳市纺织服装出口 139.3 亿美元，年均增速达 18.4%，占主要传统劳动密集型产品出口的比重由 2001 年的 32.7% 上升至 44%。

① 纺织纱线、服装及衣着附件两类商品上下游联系紧密，故此处将两者归为一大类产品，简称“纺织服装”。

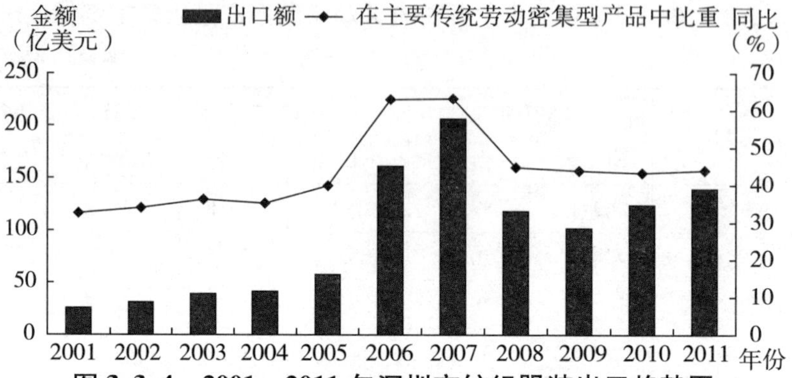

图 3.3.4　2001～2011 年深圳市纺织服装出口趋势图

2. 家具：活力绽放，迅速崛起

改革开放以来，深圳市家具产业迅速崛起，成为传统轻纺工业乃至全部工业类别中最具活力和竞争力的产业之一。入世以后，深圳市家具出口增幅在主要传统劳动密集型商品中始终处于领先位置，家具出口的年均增长幅度高达 20.6%，比传统大宗产品年均增幅高出 5.7 个百分点。10 年来，家具及其零件凭借强劲的增长势头，成为深圳市出口领域的一支生力军，在主要劳动密集型产品中的比重日益提升，特别是 2008 年家具的出口退税率从 11% 提高到 13%①，对其出口的推动作用明显，此后两年深圳市家具出口值依次超过玩具和塑料制品，跃升至仅次于纺织品和鞋类的第 3 位，在主要劳动密集型产品出口额中的比重从 2001 年的 9.2% 上升至 2011 年的 14.9%。

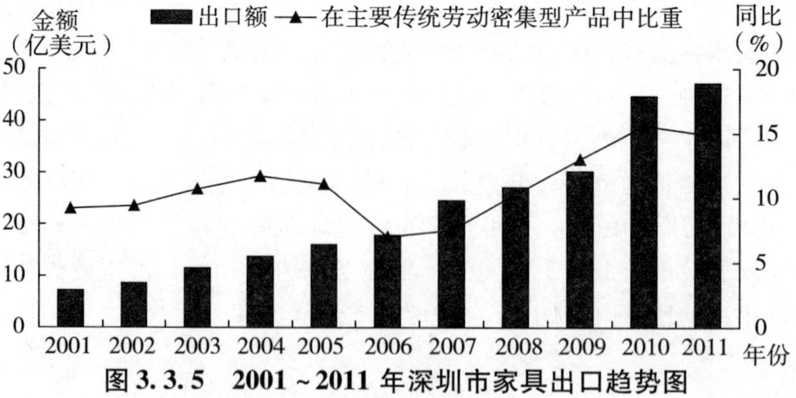

图 3.3.5　2001～2011 年深圳市家具出口趋势图

① 《关于提高劳动密集型产品等商品增值税出口退税率的通知》（财税【2008】144 号）。

3. 玩具：动力偏弱，比重下滑

入世10年，在其他主要传统劳动密集型产品出口整体提速的良好形势下，深圳市玩具出口的年平均增速仅为6.7%，低于同期主要传统劳动密集型产品增速8.2个百分点。2011年深圳市玩具出口29.2亿美元，虽然较2001年大幅增长了91.8%，但在主要传统劳动密集型产品出口规模排名中由2001年的第3位退居至第5位，在主要传统劳动密集型产品出口总额中所占的比重也由2001年的19.3%逐年连续回落至2011年的9.2%。

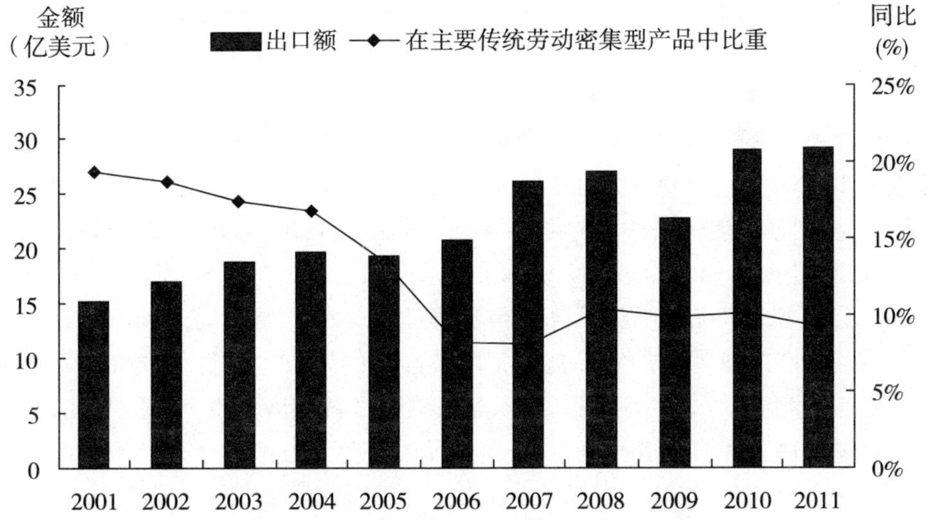

图3.3.6　2001～2011年深圳市玩具出口趋势图

改革开放初期，深圳市玩具业依靠加工贸易方式起步，并迅速占据了可观的国际市场份额。与一般贸易在其他传统大宗产品出口中占据主导地位的特点不同，加工贸易在玩具出口中一直占据较大比重。2001年，加工贸易占据深圳市玩具出口总值的比重为80.4%，10年后的2011年，这一比重虽有所下降，但仍高达40.4%，比一般贸易高出27.7个百分点，是主要传统劳动密集型产品中加工贸易比重显著超过一般贸易的唯一类别。随着国际市场格局和国内产销环境的变化，深圳市玩具未能跟上形势和环境的变化，核心竞争力的缺失束缚了其出口潜力的进一步发挥。

三、三方压力，制约劳动密集型行业持续发展

入世以来，深圳市主要传统劳动密集型产品出口总体增势良好，但不容忽视的是，在外部环境日趋复杂下的主要传统劳动密集型产业在发展过程中

仍面临诸多不利于行业发展的因素。

（一）成本高压，生产企业负重前行

劳动密集型产品是我国具备传统优势的重点品种，但其增值率较低，利润空间狭窄，对成本变动较为敏感，而近年来原材料成本、劳动力成本不断抬升，以及人民币升值等制约因素都使企业承受重压。深圳自 1992 年建立最低工资制度以来，最低工资标准一直位居全国前列。2011 年 4 月，深圳市将最低工资标准由原来的 1100 元/月提升至 1320 元/月，为建立最低工资制度以来绝对数额提高幅度最大的一次①；时隔不足一年，2012 年 2 月深圳市再次将最低工资标准上调至 1500 元/月②，调整后的深圳市最低工资标准位居国内最高水平。劳动力成本不断上升在加重企业经营负担的同时也大大削弱了传统产业所固有的成本优势，特别是近年来越南和印度等周边国家的成本优势进一步体现，2010 年，孟加拉国劳动力成本是 0. 22 美元/小时，柬埔寨是 0. 33 美元/小时，越南是 0. 38 美元/小时，印度是 0. 51 美元/小时，我国则是 1. 08 美元/小时，而作为最低工资标准位居全国首位的深圳市用工成本无疑会更高。劳动力成本优势明显下降使得部分欧美订单开始向周边国家转移，令重负下的生产企业雪上加霜。此外，随着经济的发展，原材料的价格不断上涨，棉花、海绵、木板、油漆、原木等上游原材料价格全线上涨。与此同时，人民币进入快速升值通道，至 2011 年人民币对美元汇率累计升值幅度已达到 4. 5%，企业利润空间被不断挤占，劳动密集型产品的利润空间被全线压缩，生存环境日趋严峻。

（二）创新缺失，产品核心竞争力偏弱

目前，深圳市主要劳动密集型产品出口优势仍主要体现在由低劳动力成本带来的低价优势及粗放型增长所带来的规模优势，缺乏自主的质量标准体系、原创性的产品设计和有竞争力的品牌，导致深圳市主要传统劳动密集型产品在国际市场仍处于低价低端地位，出口量虽大但利润微薄。此外，产品同质化严重、出口恶性竞争等现象均是劳动密集型产业的通病。以发展最快的家具行业为例，深圳市家具出口产品多数仍以 OEM 方式为主，本土设计师紧缺。据统计，目前全国拥有的设计师不到 3 000 人③，因此深圳本土拥有的

---

① 最低工资标准 深圳最高．法制晚报，2011 - 10 - 04.

② 深圳 2012 年最低工资标准 1500 元/月．广州日报，2011 - 12 - 31.

③ 中国家具设计弊病：模仿克隆和缺乏创意．（2011 - 04 - 22）．http：//news. pchouse. com. cn/dongtai/1104/81638. html.

设计师就更少。家具产业的快速发展与设计师紧缺的矛盾必然导致产品的款式设计跟风现象严重，家具企业通过品牌高端化和款式创新参与市场竞争的很少，难以在高档的国际家具市场中争得一席之地，制约了行业层次提升，同时也影响着出口的发展后劲。其他劳动密集型产品也面临着类似问题，普遍需要加快实现转型升级，增强产业核心优势。

（三）摩擦不减，出口道路困难重重

传统劳动密集型产品一直是我国贸易顺差的重要来源，但随着近两年来对外贸易不平衡现象加剧，加之劳动密集型产品低价竞销的局面没有明显改观，我国传统劳动密集型产品始终是贸易摩擦的“众矢之的”，在如此大环境之下，深圳市的传统产业商品出口自然亦无法避免卷入贸易争端。一方面，技术性贸易壁垒层出不穷，已成为阻碍传统大宗产品出口的首要障碍：纺织服装方面，欧盟 EuP 指令、REACH 法规、“用能产品生态设计框架指令”，以及美国 CPISA 等指令相继实施并不断修订与更新；家具生产方面，《欧盟木材及木制品规例》、欧盟《新环保设计指令议案》、美国《雷斯法案》修正案及美国《复合木制品甲醛标准法案》等一系列严控措施先后推出；玩具出口方面则遭遇欧盟史上最严厉的玩具标准《欧盟新玩具安全指令》及美国更为严格的儿童玩具铅含量标准。层出不穷的技术性贸易壁垒对出口产品提出更高要求，也抬高了出口产品的生产与检测成本。另一方面，“两反一保”（反倾销、反补贴、特别保障措施）产生的连锁反应正在蔓延。入世 10 年，我国多种传统劳动密集型产品遭遇到欧美主要出口市场的多次反倾销调查，且多数被裁定倾销而征收高额反倾销税，同时，特别保障措施被频频滥用，尤其是 2005 年，美国宣布对来自中国的四类纺织品设限，就在同一天欧盟也迫不及待地宣布对中国两类纺织品实行“紧急特保”；2009 年全球对中国的纺织品服装发起反倾销案件达 45 起，大幅增加 32.35%，涉及 11 个国家和组织①。而“两反一保”的贸易保护措施正逐渐被新兴市场国家所借鉴，2010 年秘鲁宣布对中国鞋类反倾销措施复审结案，决定维持 2000 年对中国鞋类采取的反倾销措施，继续对其征收反倾销税；2011 年巴西外贸委员会对自中国进口的鞋类产品每双征收 13.85 美元的反倾销税，有效期长达 5 年。多层次、多类型的贸易保护措施，使得我国劳动密集型产品出口面临层层阻碍，发展难度进一步加大。

---

① 纺织服装业的最坏时刻已过去．赢周刊，2010－04－22.

四、任重道远，劳动密集型产品前景展望

当前深圳市经济仍处于转型升级的关键阶段，劳动密集型产业一端可以吸纳社会剩余劳动力，创造大量的就业机会，另一端又承接资本和技术密集型产业，为其发展提供充足的资本和技术积累，在产业格局中仍然占据着举足轻重的地位，同时，其作为重要的出口产业，凭着历史积淀下来的传统优势，在支持深圳市出口长足发展方面仍肩负着重要责任。然而随着技术的进步、市场管理水平的提高、市场规模的扩大，单纯的劳动生产率和自然资源已不能成为构成比较优势的主要因素。展望未来，承载着传统优势的深圳市劳动密集型产业依然任重而道远，只有实现传统劳动密集型产品企业从比较优势向竞争优势的转变，实现劳动密集型产品从“数量型”向“质量型”转换，实现国内产品生产标准与国际标准的顺利接轨，才能在开放性的市场中稳步前行，开拓一片更为广阔的天地。

珠宝首饰：镂金铺翠　熠熠生辉

珠宝首饰①行业是蓬勃发展的朝阳行业。在经济持续快速发展和人均收入水平不断提高的背景下，我国珠宝首饰产业快速发展，我国已成为全球最大的珠宝消费市场，也是重要的珠宝首饰制造基地。目前，国内珠宝首饰制造中心集中于广东和浙江，而广东地区又集中于深圳和广州番禺。深圳毗邻香港地区，身属特区，作为南方门户城市，在地理位置上有着天然的优势，多年来的飞速发展也积累了丰厚的资源。目前深圳市珠宝产业已经形成完善的集群规模，制造能力突出，著名品牌众多，产品质量优异，服务体系完善，以罗湖水贝为中心，形成了设计、生产、加工、展示、检测、批发销售“一条龙”的产业链条。深圳作为我国珠宝出口的龙头城市，行业发展风生水起，相关产品出口规模迅速扩张，在深圳市出口产品中“镂金铺翠，熠熠生辉”。

一、入世10年，深圳市珠宝首饰出口“镂金铺翠”

入世前，我国对成品珠宝的进口关税高达50%，在黄金饰品与宝石产品上高昂的进口关税及消费税，制约了珠宝首饰的销售。入世后，随着国内市场的开放和活跃，珠宝首饰行业蓬勃发展，其中深圳市珠宝首饰加工及出口业散发的光芒最为耀眼，2003～2008年期间，深圳市珠宝首饰出口保持2位数快速增长；2009年，受国际金融危机影响，深圳市珠宝首饰行业出口额出现入世后的首次回落，下降9%，但2010以来出口值再次呈现井喷式增长，连续2年保持2.5倍以上增速。2011年，深圳市珠宝首饰出口由2001年的3.5亿美元增加到2011年的149.5亿美元，年均增速达45.7%，高于同期全市总体出口平均增速25.1个百分点，占同期全市出口总值比重由2001年的0.9%升至6.1%。

① 指珠宝玉石和贵金属的原料、半成品，以及用珠宝玉石和贵金属的原料、半成品制成的佩戴饰品、工艺装饰品和艺术收藏品。

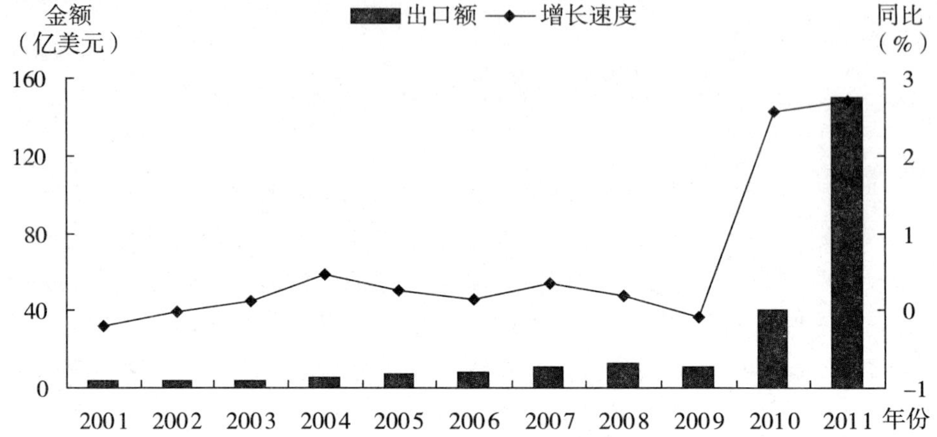

图 3.4.1　2001～2011 年深圳市珠宝首饰出口变化趋势图

二、入世 10 年深圳市珠宝首饰出口特点一览

（一）依托代工，加工贸易方式出口独占鳌头

依托于为知名品牌代工的生产模式，加工贸易方式占据深圳市珠宝首饰出口的绝大部分。2011 年深圳市珠宝首饰出口 149.5 亿美元，其中加工贸易出口由 2001 年的 3.2 亿美元上升至 147.3 亿美元，年均增长 46.7%，占同期深圳市珠宝首饰出口的 98.5%，较 2001 年所占比重上升 6.5 个百分点，10 年间所占比重均保持在 90% 以上；2011 年深圳市珠宝首饰一般贸易出口则由 2001 年的2 617万美元上升至 2 亿美元，年均增长 22.5%，明显低于加工贸易方式出口增速，仅占同期深圳市珠宝首饰出口的 1.3%，所占比重较 2001 年下降 6.2 个百分点。

（二）近水楼台，香港地区成主要出口方向

受地理位置影响，深圳市珠宝首饰出口多以周边地区为主，特别是毗邻深圳的香港地区，占同期深圳市珠宝首饰出口总值比重从 2001 年 65.2% 飚升至 2011 年的 98%，呈连年增长态势，是深圳市珠宝首饰出口的最主要地区。欧美等传统市场则呈现先升后降趋势，2001 年深圳对欧盟、美国出口珠宝首饰合计占同期深圳市珠宝首饰出口的 19.3%；自入世至 2009 年期间，欧美市场出口保持缓慢增长，2009 年对欧美市场出口占同期珠宝首饰出口总值的 21.4%；2010 年至 2011 年期间，对欧美市场出口占比迅速回落，2011 年仅占同期深圳市珠宝首饰出口的 1.4%，低于 2001 年 17.9 个百分点。

表 3.4.1　入世以来深圳市珠宝首饰出口市场情况表

单位：亿美元，%

	2001 年		2002 年		2009 年		2010 年		2011 年	
出口市场	出口值	比重	出口值	比重	出口值	比重	出口值	比重	出口值	比重
中国香港	2.2	65.2	2.1	63.2	7.6	66.5	36.4	90	146.5	98
美国	0.2	5.7	0.3	8.0	1.3	11.1	1.8	4.4	1.2	0.8
欧盟	0.5	13.6	0.6	16.8	1.2	10.3	1.1	2.8	0.8	0.6
合计	2.9	84.5	3	88	10.1	87.9	39.3	97.2	148.5	99.4

（三）实力显现，私营企业取代国有企业成为出口主力军

入世之前，珠宝首饰经营权主要集中于部分老牌国营厂商。2001 年国有企业占深圳市珠宝首饰出口总值的 7 成以上，且入世初期至 2007 年，深圳市珠宝首饰出口均以国有企业为最大出口主体，但随着私营企业、外商投资企业迅猛增长，国有企业占深圳珠宝首饰出口总值的比重逐渐回落。2008 年，私营企业出口额首次超过国有企业成为出口主力，出口 5.1 亿美元，占同期深圳市珠宝首饰出口值的 40.8%，而同期国有企业出口占比回落至 31.4%。2010 年，外商投资企业超过国有企业成为出口第二大主体，出口占比达 38.7%。2011 年，私营企业出口 82.9 亿美元，入世 10 年间年均增速高达 1.4 倍，在深圳市珠宝首饰出口中占比已超过半壁江山，达 55.5%；外商投资企业出口 57.3 亿美元，年均增长 51%，占深圳市珠宝首饰出口总值的 38.3%；国有企业出口 9.2 亿美元，年均增速仅为 13.9%，远低于同期全市珠宝首饰出口年均增速，比重回落至仅有 6.2%。

表 3.4.2　入世以来深圳市珠宝首饰出口企业性质情况表

单位：亿美元，%

企业性质	2001 年		2002 年		2009 年		2010 年		2011 年	
	出口值	比重	出口值	比重	出口值	比重	出口值	比重	出口值	比重
国有企业	2.5	72.7	2.2	67.2	3.9	31.4	4.6	11.3	9.2	6.2
外商投资企业	0.9	26.9	1	31.1	3.3	26.1	15. 7	38.7	57.3	38.3
私营企业	0.02	0.5	0.1	1.7	5.1	40.8	20.2	49.9	82.9	55.5

（四）星移斗转，出口主要产品结构优化明显

入世之前，受制于当时较低的技术水平，深圳市珠宝首饰出口品种主要为贱金属制仿首饰、半制成的黄金、简单镶嵌的珍珠与宝石制品等，而随着入世以来珠宝首饰行业迈入快速发展的轨道，深圳市珠宝制造水平不断提升，加工工艺日趋精湛，同时一大批龙头企业发展壮大和实力增强，带动了黄金等精细加工首饰出口比重的提升。2011 年，黄金制首饰及其零件出口 55 亿美元，跃居深圳市最大的出口珠宝首饰品种，占同期全市珠宝首饰出口总值的 36.8%。

三、天时地利，深圳市珠宝首饰出口“熠熠生辉”

（一）政策有力扶持，提供良好环境与融资支持

2006 年，中国（深圳）国际文化产业博览交易会设立水贝珠宝分会场，珠宝产业被正式列入文化产业；2007 年 2 月，在深圳市“全市贸易工作会议”上，正式提出了以“深圳珠宝”区域品牌为试点，开展深圳市区域品牌的研究、规划、培育和保护工作；2008 年，深圳市出台《珠宝产业区域品牌 2008 年至 2012 年发展总体规划》，提出要在未来 20 到 30 年，将深圳打造成世界顶级的珠宝产业中心，深圳珠宝业由此开创了向品牌和高端化领域发展的进程①。此外，广东省 2011 年出台《广东省黄金及其他贵金属珠宝产业发展“十二五”规划》，提出“十二五”期间将投入最少 105.99 亿元人民币，以支持 19 个相关产业重点项目的发展②。优惠政策密集出台为深圳市珠宝首饰行业发展提供了良好的政策支持。同时，在产业发展政策导向下，创新、宽松的银行信贷为珠宝首饰企业提供稳定的资金保障。2006 年年初深圳建设银行首创“联贷联保”模式，为 6 家行业龙头企业提供了 1.2 亿贷款，开深圳银行界对行业大规模贷款之先河。目前，深圳市多家银行已在水贝、田贝等产业集聚地段派驻了 10 多家“珠宝特色支行”，全力为产业链上的各类企业提供贴身个性化服务。据不完全统计，深圳银行业对珠宝行业的融资余额已接近 200 亿元③，大量资金源源注入，推动入世以来深圳黄金珠宝产业乘势

① 坚定不移走建设深圳珠宝区域品牌之路.（2009－02－25）.http：//www.0755zb.com/Texts/2009/2/25/152317.html.

② 广东省出台《黄金及其他贵金属珠宝产业发展“十二五”规划》.（2011－07－28）.http：//gb.cri.cn/.

③ “珠宝之都”背后的金融推手.深圳特区报，2012－03－18.

而起。

（二）企业快速成长，百花齐放引领产业发展潮流

入世以来，随着进出口政策的放宽、行业门槛的降低，加上利好政策陆续出台，越来越多的珠宝企业如雨后春笋般破土而出，为深圳市珠宝行业带来了新的生机。目前，珠宝行业已成为深圳六大产业之一，水贝珠宝产业园更成为中国珠宝的重要产业基地。位于罗湖水贝的深圳黄金珠宝产业基地拥有3 000家黄金珠宝企业、20 万从业人员和 800 亿元的年产值，占全国 7 成的产量，拥有逾半数的全国知名品牌。据统计，6 成以上的深圳珠宝企业在技术先进性与专利方面达到国内领先，3 成以上企业拥有独立研发机构，2 成企业生产技术、工艺已达国际先进水平①。目前深圳拥有的黄金珠宝品牌包括 26 个“中国品牌”、13 个“中国驰名商标”、14 个“广东省著名品牌”，全行业自有品牌率达 100%，为深圳赢得了“黄金珠宝首饰之都”的美誉②。2010 年中国黄金消费 500 多吨，而深圳知名珠宝企业百泰首饰的黄金年生产加工能力达 100 多吨，占国内总量的 1/4 强，成为名副其实的“中国黄金制造第一家”③。不断成长的珠宝首饰企业和产业园区形成了独具深圳特色的产业集群，推进深圳市珠宝首饰行业快速发展。

（三）地理优势明显，兼容并蓄推进自主创新发展

过去，毗邻香港的地理优势使得深圳珠宝产业获得了快速发展的“地利”，能够快速学习到国际流行的设计风格、新的工艺和技术，第一时间了解国际上珠宝首饰发展的新潮流，同时也可以吸取香港等地的先进国际信息资讯。入世以来，大多数深圳珠宝企业在不断学习借鉴的基础上进行自主创新，把国际潮流的设计风格与优秀的中国传统文化相结合，在珠宝文化创意方面不断取得突破，从而使深圳珠宝的文化内涵和品牌影响力日益突出。深圳珠宝企业创造了多个业界“第一”：首次改良了车花夹具，为黄金产品特别是六角佛珠优化升级，成功研发第一款电铸手环；发明第一款可灵活换面的手镯；自主研发了滚砂机，推出“健康首饰”新概念；率先提出“文化黄金”和“时尚黄金”的新概念。如百泰珠宝现申请国家发明专利 8 项，已获得实用新型专利 4 项、外观专利 53 项、著作权 12 项，被评为“深圳市自主创新行业

---

① 深圳珠宝业铸文化强品牌．深圳特区报，2011－07－09.

② 深圳珠宝行业乱象丛生．（2011－03－31）．http：//www. cqn. com. cn/news/zgzlb/diliu/393558. html.

③ 深圳百泰荣膺“黄金制造第一家”．深圳商报，2011－09－17.

龙头企业”；2011年荣膺“中国驰名商标”的深圳市星光达珠宝[①]也立足于自主开发创新，先后有20多项自主知识产权的高品质产品具有发明专利和外观使用专利[②]。深圳市珠宝企业从借鉴到创新的华丽转身，显示了入世以来国内珠宝行业取得的可喜突破。

四、白璧微瑕，深圳市珠宝首饰出口面临的问题

（一）质量控制水平有待提高，诚信问题影响长远发展

由于近年来我国珠宝行业扩张迅速，同业竞争加剧，为抢占市场并获得较高利润，部分珠宝商通过将一些工序外包等方式加快新产品上市和降低成本，外包工序过程中容易出现质量控制不到位的情况，从而产生行业诚信问题。根据2011年6月广东省工商局公布的全省流通领域黄金、铂金饰品质量监测情况通报，一些已有一定影响力的深圳珠宝品牌在抽检中也发现了不合格产品[③]。据广州市工商局2011年第三季度贵金属商品，玉石商品质量监测报告显示，抽样调查的贵金属商品合格率仅为72.1%；玉石商品合格率仅为57.4%[④]，不合格项目主要包括珠宝中金属含量不足、有害元素超标、标签及其他标志物标注不规范等。珠宝质量问题影响了消费者对珠宝产品的消费信心，也严重影响深圳市珠宝产品的国际声誉，不利于行业的长远发展。

（二）产权意识薄弱，企业自主设计缺乏有效保护伞

珠宝首饰雷同一直是珠宝行业存在的普遍现象，非但不利于珠宝行业的良性竞争，也不利于加强对专利设计产品的保护，仿制款式因为减少了设计成本，往往在价格上比原创款式更具有市场竞争力，这对于那些潜心原创设计的企业来说将形成不公平竞争。同时，目前国内较为繁琐的专利申请手续也给珠宝首饰设计造成一定困扰，由于珠宝首饰设计的潮流变化快，一款珠宝首饰设计作品刚面世几年甚至几个月便被列入淘汰款式之中，复杂而又耗时的专利申请过程与之形成特定矛盾，从而加大了利用专利权法对珠宝首饰设计作品进行保护的困难，不利于鼓励本土珠宝品牌进行自主设计与创新，也

---

① “星光达”荣膺中国驰名商标．（2011－06－08）．http：//www.0755zb.com/Texts/2011/6/8/142833.html.

② 星光达珠宝被授予“深圳市高技能人才培训基地”．（2010－01－08）．http：//www.zb31.com/.

③ 深圳珠宝“质量门”后续报道．珠宝之家，2011－06－29.

④ 广州市工商局2011年第三季度流通领域贵金属商品、玉石商品质量监测情况．（2011－11－22）．http：//www.gzaic.gov.cn/.

制约了珠宝首饰出口竞争力的提升。

（三）为人作嫁，深圳珠宝产业仍难以摆脱代工定位

深圳黄金珠宝企业市场定位偏低，多数集中于国际价值链的中低端，仍以 OEM 贴牌生产为主，产品自主创新能力较差，同质化现象较为严重；竞争手段单一，价格竞争充斥深圳珠宝市场，缺乏核心竞争力和差异化的竞争方式；企业规模偏小，多数民营企业为家族式管理，缺少现代企业经营理念；从业人员素质不高，尤其缺少产品设计研发和企业管理人才，这些使得深圳珠宝产业整体水平仍然处于较低的地位，与国际知名的意大利、法国、美国的珠宝产业相比，深圳还需要全面地提档升级。虽然毗邻香港地区的特性为深圳珠宝产业带来了地域优势，但是香港珠宝的品牌优势也给深圳带来了巨大的挤压和挑战，消费者对香港珠宝的认知度要远高于深圳，而香港珠宝却大部分是在深圳加工，这使得深圳珠宝处于“为他人作嫁”，难以超越香港珠宝首饰知名度的弱势地位。

（四）此消彼长，人力资源和币值劣势进一步削弱本土代工企业出口产品的竞争力

近年来，以东盟、印度、卡塔尔为代表的新兴市场也大力发展珠宝加工产业，当地低廉的劳动力及原材料成本使其产业极具竞争力，使深圳珠宝产业面临更大的挑战。2011 年 10 月 11 日印度央行宣布，将给予劳动密集型和中小型的出口企业 2% 的信贷贴息支持，主要包括手工艺品、纺织品和珠宝制品等出口厂商；泰国也在不断开拓海外市场，通过豁免珠宝原料进口关税刺激进口规模扩大，提高技工水平。与此同时，欧债危机导致全球金融市场波动，美元呈现走强趋势，风险资产包括新兴市场货币遭遇大幅贬值，韩元兑美元贬值幅度超过 10%，巴西雷亚尔累计贬值幅度也超过 8%①，人民币相对升值加快进一步削弱深圳珠宝产品的出口竞争力。尽管我国目前成为世界主要的珠宝消费和生产加工基地，但具有国际竞争力和影响力的自主品牌较少，主要还是以低廉加工装配接单赚取代工费，尤其是深圳珠宝产业承接港资企业的作业模式居多，在珠宝产品的工艺及新品研发方面难以领先，新兴市场的产业发展和人力、币值优势，继续挤压本土企业的利润空间。

五、识时通变，深圳珠宝首饰出口前景展望

经过十年的快速发展，深圳从小作坊到专业运作，从贴牌加工到自创品

---

① 新兴市场货币大幅贬值引发通胀忧虑．证券时报，2011－09－29.

牌，从“散兵游勇”到组成“集团军”共闯天下，已经成为国内最大的珠宝首饰制造和交易中心，以及全国珠宝行业国际信息中心和采购中心，珠宝首饰生产加工的规模、技术、工艺、产品质量均领先国内同行，已稳居国内珠宝行业龙头地位，在国际上也具备了一定的影响力和竞争力，正进一步向国际化时尚产业迈进。面临快速扩容的外部市场和行业存在的客观问题，深圳市珠宝首饰企业要能够“识时通变”，尤其是要积极改变以 OEM 为主的生产模式，加快转型升级步伐，积极培育自有品牌，以完善知识产权保护机制为保障，全面提升产品质量水平，以“内涵在深圳、外延在世界”的胸怀，塑造区域品牌的高端形象，谋求高效快速的发展，将深圳市珠宝行业这块“美玉”打造得更为熠熠生辉。

文化产品：雏鹰展翅　志在高远

文化产品具有消耗少、污染低、附加值高的特点，也是近年来各国加快培育和鼓励发展的前沿产品。2002年我国正式加入世界贸易组织后，不断推进我国传统文化与世界先进文明的交流与融合，使得国内文化产业获得长足发展，并支持相关产品打开国门、走向世界，在国际市场上刮起了一阵“中国旋风”。10年来，深圳市文化产业也走过了从小到大、从弱到强的繁荣过程，尤其是2003年确立“文化立市”战略以来，文化产业承载着政策的春风，呈现出一片欣欣向荣的景象，文化产品贸易规模稳步扩大，逐渐成为对外贸易格局中的“新贵”；文化产业正如一只朝气蓬勃的雏鹰，在国际市场这片天地展翅翱翔，在拉动全市经济增长、促进国际文化交流方面发挥着日益重要的作用。

一、入世10年深圳市文化产品出口在波澜起伏中稳步发展

入世以来，深圳市文化产品出口得到长足发展。2002年，深圳市文化产品出口突飞猛进，从2001年的10.9亿美元飙升至22亿美元，迅猛增长1倍；2003年，深圳市确立“文化立市”战略，受政策提振作用，当年文化产品出口28.2亿美元，达到入世以来第一个小高峰，此后有所波动，但总体仍保持扩张态势。2008年我国成功举办奥运会、平稳应对金融危机等重要事件，把中国推到了世界舞台的聚光灯下，也有力地推动了我国文化产品进一步走向世界，当年深圳市文化出口在金融危机导致全市外贸增速快速放缓的背景下显得十分抢眼，出口达41亿美元，快速增长28.2%，创下入世10年来峰值。2009年随着金融危机影响的扩散，文化产品出口势头急转直下，当年出口规模大幅回落至23.9亿美元，下降幅度达41.6%，为入世10年以来深圳市文化产品出口年度最大降幅，几乎回到入世之初水平，但此后随着金融危机影响的逐步消退，出口下降势头得到一定遏制，2011年出口值保持在23.6亿美元水平，年均增速为8%。

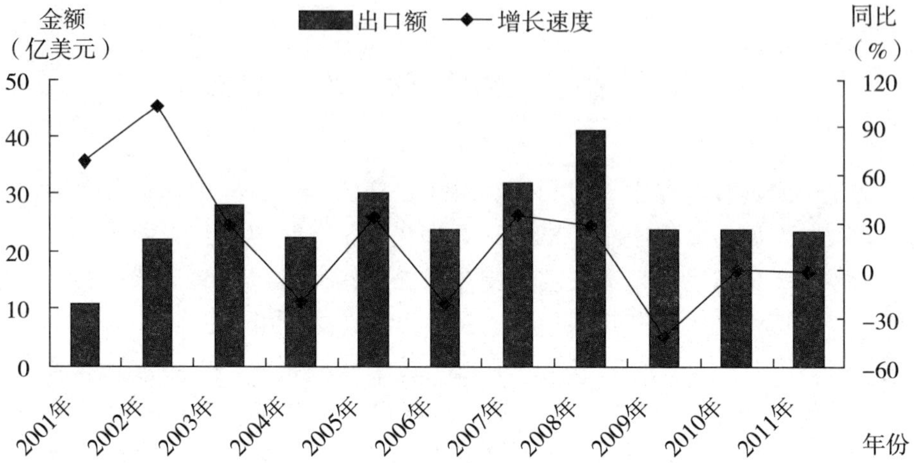

图 3.5.1　2001～2011 年深圳市文化产品出口发展趋势图

二、入世 10 年深圳市文化产品出口的主要特点

（一）加工贸易一马当先，一般贸易奋起直追

入世 10 年，加工贸易方式在深圳市文化产品出口中一直保持主导优势，但所占比重逐年减少，由 2001 年的 89.9% 下降至 2011 年的 51%，2011 年出口 12 亿美元，入世以来年均增速仅为 2.1%；而一般贸易方式在文化产品出口规模中虽然仍未及加工贸易，但所占比重则持续上升，自 2003 年起增速连续 7 年快于文化产品出口总体增速。虽然 2008 年年底爆发的全球金融危机对深圳市文化产品整体出口造成较沉重打击，但一般贸易出口受到的影响相对较小，2008 年出口显示出入世 10 年以来最强态势，为 10 亿美元，大幅增长 73.5%，快于同期加工贸易出口增速 61.4 个百分点。至 2011 年，一般贸易出口文化产品 8 亿美元，年均增长 25.1%，快于同期全市文化产品出口总体增速 17 个百分点，所占比重从 2001 年的 7.9% 上升至 34%。

（二）出口高度集中于欧美与香港地区，出口市场多元化不断推进

香港地区、美国和欧盟一直为深圳市文化产品出口三大主要市场，入世 10 年间，深圳市几乎每年都有 80% 以上的文化产品向上述三大市场输出，出口值呈现出此消彼长的态势。2001 年，深圳市文化产品 5 成以上集中于香港地区。入世后，美国、欧盟两大出口市场快速发展，2002 年深圳市分别向美国和欧盟出口文化产品 8.4 亿美元和 7.6 亿美元，迅猛激增 2.6 倍和 5.3 倍，位居当年深圳市文化产品出口市场前两位。随着深港一体化进程的不断加快，

香港地区作为深圳市文化产品出口中转地的重要地位继续显现，文化产品出口渠道逐渐向香港地区转移，2004 年香港地区超越欧美重新成为当年第一大出口市场，并在此后 6 年蝉联最大出口市场。金融危机以来，深圳市对港文化产品出口冲高回落，欧美市场份额则再次扩大，2010 年起美国再次夺得第一大出口市场地位，2011 年深圳市对美国、欧盟分别出口文化产品 7.2 亿美元、4.7 亿美元，10 年间年均增速分别为 11.7%、14.4%。

与此同时，对东盟、拉丁美洲等新兴市场出口比重也不断上升，越来越多的富有中国特色的文化产品在深入发展欧美等传统市场的同时，也逐步开拓东盟、拉美等新兴市场。经过 10 年的发展，深圳市对东盟、拉丁美洲合计出口文化产品比重从 2001 年的 1.3% 上升至 2011 年的 7.6%，显示出出口市场日趋多元化。

表 3.5.1　2011 年与 2001 年深圳市文化产品对前五大市场出口情况统计表

单位：亿美元，%

主要市场	2011 年	占同期文化产品出口值比重	2001 年	占同期文化产品出口值比重
美国	7.2	30.5	2.4	22.0
中国香港	6.0	25.4	6.1	56.0
欧盟	4.7	19.9	1.2	11.0
东盟	1.0	4.2	0.1	0.7
拉丁美洲	0.8	3.4	0.1	0.6

（三）外商投资企业出口比重逐年下滑，私营企业渐露锋芒

入世以来，外商投资企业为深圳市文化产品对外贸易发展的领头羊。2002 年，外商投资企业出口的迅猛增势拉动深圳市文化产品出口整体跃升，当年外商投资企业出口 18 亿美元，激增 1.4 倍，占深圳市文化产品出口值的 82%，带动文化产品出口整体猛增 1 倍。2003 年后外商投资企业出口比重开始出现回落，连续 5 年在 70% 的水平徘徊。2008 年，虽然外商投资企业文化产品出口值创下入世十年来的最高值，为 26.6 亿美元，但出口比重进一步下降至 65%。至 2011 年，外商投资企业出口文化产品 12.7 亿美元，年均增长 5.6%，比重已由 2001 年的 67.9% 下降至 53.8%。

与此同时，私营企业出口规模逐年扩大。随着 2004 年我国全面放开进出口经营权，越来越多的私营企业获得了进出口经营权，同时受到 2005 年国务

院公布允许非公有资本进入文化产业政策的影响，私营企业出口行为愈发活跃，2011年出口文化产品8.1亿美元，年均增速达37.8%，占同期深圳市文化产品出口值的比重由2001年的2.8%上升至34.3%，成为拉动文化产品出口增长的主动力量。此外，国有企业文化产品出口规模缓慢萎缩，至2011年仅出口2.5亿美元，占同期深圳市文化产品出口值的比重从2001年的29.4%下降至10.6%。

表3.5.2　2011年与2001年深圳市各企业类型出口文化产品分布统计表

单位：亿美元，%

企业类型	2011年	占同期文化产品出口值比重	2001年	占同期文化产品出口值比重
外商投资企业	12.7	53.8	7.4	67.9
私营企业	8.1	34.3	0.3	2.8
国有企业	2.5	10.6	3.2	29.4

（四）电子游戏机稳居首位，政策与机遇促使文化产品出口百花齐放

入世10年间，电子游戏机长期保持最大出口文化产品品种地位，2001年占全市文化产品出口值的48.8%；2002年出口猛增至15.6亿美元，增幅接近2倍，占当年文化产品出口值的70.9%。此后其出口值震荡上升，2008年冲破20亿大关，达20.3亿美元，后受金融危机影响出现回落，2011年为7.4亿美元，约占文化产品出口值的31.3%。

为帮扶企业积极抵御金融危机带来的冲击，支持文化产业进一步发展，2009年财政部专门下发《关于支持文化企业若干税收政策问题的通知》，规定出口图书、报纸、期刊、音像制品、电子出版物、电影和电视完成片都可享受增值税出口退税政策。受优惠政策扶持，在2009年文化产品出口大幅下降的情况下，图书产品出口下降幅度控制在个位数，并且在此后两年出口逆势增长，至2011年出口已达5.9亿美元，年均增速达13.2%，在深圳市文化产品出口中所占比重从2001年的15.8%上升至25.1%。

世界贸易组织大门的敞开、各种文化产业园的建立及“文博会”成功落户深圳，为更多种类的文化产品创造了走向世界的机会。以绘画产品为例，借助大芬油画村这个综合性、跨地区、跨行业合作的大型油画交易中心，以及“文博会”所提供的宽广交易平台，绘画产品出口呈现跳跃式的发展。2011年，深圳市绘画产品出口已由2001年的207.6万美元增至2 697万美元，年均增长率高达29.2%，显示出富有深圳特色的文化产品仍然具有较强的发展潜力。

三、十年耕耘，文化产业生机盎然

（一）“文化立市”战略确立，发展环境持续优化

2003年，深圳被中央确立为全国文化体制改革试点城市，深圳市委不失时机地提出“文化立市”战略，提出要将文化产业培育成第四大支柱产业，从此确立了文化在深圳城市建设和发展中的重要地位和支撑作用。2005年深圳市委、市政府出台了《深圳市文化发展规划纲要（2005年~2010年）》，就未来5年深圳文化发展给予了具体定位。此后，《中共深圳市委、深圳市人民政府关于大力发展文化产业的决定》、《关于加快文化产业发展若干经济政策》、《关于建设文化产业基地的实施意见》、《关于扶持动漫游戏产业发展的若干意见》、《深圳市文化产业发展专项资金管理暂行办法》、《文化产业发展规划纲要》、《深圳市文化产业促进条例》等一系列政策陆续颁布①，从宏观环境、产业扶持、资金管理、项目推动等方面形成了深圳市文化产业发展强有力的政策后盾。在2009年文化产业出口大幅下降的局面下，2010年政府适时调整产业发展规划，出台《关于支持深圳文化产权交易所发展的若干意见》，提出2010年至2014年这5年由财政支助2 500万元，在政府的大力推动下，深圳文化产权交易所与国内外金融投资机构、国际买家、文化组织、文化企业等110多家机构建立起了稳定的战略合作伙伴关系。不断优化的政策软环境为促进深圳文化产业的发展起到了“四两拨千斤”的杠杆作用。

（二）文化企业百花齐放，产业快速发展后劲强

10年来，深圳从一个缺乏深厚文化积淀、缺少知名文化人才和文化机构的“文化沙漠”发展成为产业园区遍布、设计人才云集、文化产业繁荣发展的“设计之都”，大芬油画村、田面“设计之都”创意产业园、华侨城LOFT创业产业园、南海意库、F518时尚创意园、国家动漫产业基地等40多个具有一定规模和影响力的文化产业园区和基地一一落户深圳。同时，深圳市文化产业在创意设计、动漫游戏、数字音乐、互联网信息服务、高端印刷等领域涌现了一批高速增长的骨干企业，腾讯、迅雷、A8音乐、华视传媒、环球数码、亚太传媒等均呈现强劲攀升态势，成为引领深圳市文化产业发展的中坚

① 深圳“给力”创意文化 迈向全民创意时代.（2010－12－06）.http：//www.cnci.gov.cn/.

力量，本土文化产品出口的国际竞争力日益提高。

（三）产业发展模式创新意，“文博会”搭建展示平台

入世10年间，深圳市通过依托深圳本土发达的高科技产业、重新配置已有的文化资源，以及通过建立深圳文化产权交易所、建设文化投融资平台，实现文化与科技、资本、资源无缝对接，文化发展不再仅仅是通过引进境外演出团体来深展演的简单模式，而是集“文化+科技”、“文化+金融”、“文化+旅游”为一体的具有深圳特色的文化发展模式。如果说创新的文化发展模式促进了文化产品国际竞争力的不断提升，那么“文博会”则推动了文化产品进一步走向世界。2004年，第一届“文博会”在深圳举行，作为我国唯一国家级、国际化、综合性的文化产业盛会，“文博会”落户深圳无疑为深圳的文化产业发展提供了一个向世界展示的平台。从2004年至2011年，“文博会”总成交额从356.9亿元到1 245亿元，成为我国文化产业领域规模最大、最具影响力的展会，不仅为企业提供了一个资源整合、文化展示和交流合作的平台，也吸引了世界各地的目光向深圳地区聚焦，促进文化产品快速繁荣。

四、深圳市文化产品出口软肋评点

（一）产业发展缺乏联动效应，产业链条有待延伸

尽管入世以来深圳市文化产品出口总体呈现上升趋势，但文化产业对经济发展的贡献仍不明显，2011年文化产品对外贸出口的贡献度不到1%，相比其他出口重点商品仍然较为落后。作为产业经济中的一个重要领域，在文化产业中，一项文化产品的成功开发往往能够形成一条完整的产业链条，带动相关产业的联动发展。发达国家在开发文化产品的同时，会精心编制产业链条，最大限度地开发下游产品，将产业联动效应最大化，形成出版业、音像业、玩具业、服装业、旅游业、餐饮业等一系列产业链条①。反观我国现状，文化产业链较短，大多数文化产品出口企业在开发文化产品时，尚不具备足够的能力根据开发的文化产品特质延伸产业链条，从而制约了文化产品对上下游产品带动作用的充分发挥，难以充分发掘国内深厚文化积淀向实际经济效益转变的发展潜力。

（二）出口文化产品缺乏原创元素，产品出口渠道相对狭窄

文化产品由于受众的欣赏习惯和艺术品位存在很大差别，出口面对的情况较为复杂。我国传统文化具有5 000多年历史的深厚底蕴，但短短10年间深

① 李清亮．我国文化产品出口现状分析及政策研究．改革观察，2009（8）．

圳市的文化积淀仍有不足，目前文化产品出口仍是以以本地区优势电子产业为载体的电子游戏机为主，而此类产品多为代工产品，“中国制造”的外壳下却不具备“中国心”。目前，深圳市出口文化产品缺乏拥有自主品牌且能体现中国文化元素的原创产品，传播文化产品的方式仍停留在传统的技术层面上，文化产品缺乏在国际市场上的吸引力和竞争力。同时，由于我国文化产业出口贸易正处于起步发展阶段，缺乏足够的海外市场运作的经验，文化产品销售力量相对薄弱，把握国际市场信息的能力不强，大多数企业尚不具备足够的实力针对世界各地的不同特征来制定相应的营销模式，一定程度上也制约了深圳市文化产品的出口。

（三）知识产权纠纷高发，运营机制仍存在短板

文化产品的快速发展很大程度上有赖于良好的知识产权保护环境与机制，而当前我国的文化立法仍相对薄弱，文化产业发展缺乏强有力的法制保障，尤其是在知识产权保护方面问题频发，制约着具有自主产权的文化产品的发展。近年来，文化领域成为知识产权纠纷的高发地。有数据显示，在广东省法院审结的各类知识产权民事案件中，70%涉及文化领域，涵盖了出版发行、影视制作等传统文化领域和网络传播、动漫游戏等新兴文化领域的著作权纠纷，其中涉及互联网、动漫产业及娱乐产业等领域的纠纷更是占到文化领域纠纷总数的90%以上①。广东高院2009年度知识产权审判十大典型案例中，涉及深圳企业的就有3个②。当前文化产品输出缺乏知识产权等法律制度的有效规范和保护，成为深圳市文化产业建设过程中的一大障碍。

五、稳扎稳打，深圳市文化产品出口有望再写新篇

经历了10年的积淀发展，深圳市文化产业获得了长足的进步，面临更为有利的发展机遇。2011年，《深圳文化创意产业振兴发展规划（2011～2015年）》正式出台，将进一步优化文化产业发展环境。但是，深圳文化产品要进一步立足于世界文化市场，仍然需要突破本地文化产业存在的制约因素，进一步发挥政府的导向作用，重点培育具备中国文化内涵和深圳地方特色的品种，鼓励企业加强研发和原始创新，生产文化内涵丰富、科技含量高、信息含量大、原创性强的文化产品，满足消费者多样化需求。同时，在现有的已

① 文化产业纠纷多发凸显知识产权保护“短板”．（2012－02－08）．http：//www. legaldaily. com. cn/index/content/2012－02/08/content_ 3340267. htm？ node＝20908.

② 涉及深圳企业三官司入选．深圳商报，2010－04－25.

形成一定规模的产业基地或文化园区的基础上，继续整合优化资源，集聚产业要素，促进文化产业前期创意、中期制作及后期市场推广的紧密结合，逐步形成完善的产业链，全面提高文化产品出口经济效益；稳扎稳打，建立良好的文化口碑，进而在世界文化市场中占据一片天地。相信随着文化产业发展规划的深入实施和本土文化产业的持续升级，深圳市文化产品这只“雏鹰”的翅膀将磨练得更为硬朗，继续在对外贸易的天空上展翅翱翔，开创一片更为广阔的天地。

医疗领域：厚积薄发　阔步前行

随着世界各国经济实力的发展及人民生活水平的持续提高，全球医疗领域支出不断增加，有力地促进了医疗产业的发展。新的医疗技术、医疗器械、医药产品层出不穷，医疗行业市场规模日益扩大。深圳市作为我国改革开放的最前沿和医疗产业的重要基地，在入世后医疗产业整体水平不断提高的深厚积累下，紧紧把握全球市场开放的机遇，大力开拓国际市场，医疗领域出口贸易得到快速增长，出口规模与产品结构均得到快速提升，成为深圳市兼具本地特色与技术含量的亮点领域。

一、入世10年深圳市医疗领域出口规模快速增长

入世10年间，深圳市医疗领域（包括医药品、医疗仪器及器械，下同）出口飞速发展，由2001年的1.4亿美元上升至2011年的17.5亿美元，年均增速高达28.4%，快于同期深圳市总体出口增速7.7个百分点。

入世以来，深圳市医疗领域出口在国际市场的份额逐步扩大，出口规模迅速扩张。2001年，深圳市医疗领域出口仅1.4亿美元，入世后出口呈阶梯式增长，出口增速均保持在2位数，其中在2005年出口增速更达到54.5%，2008年突破10亿美元关口。2009年以来出口增速呈波动走低态势，虽然在2011年出口17.5亿美元，创下入世10年来高峰，但出口增速回落至2.5%，10年来增速首次回落至个位数。

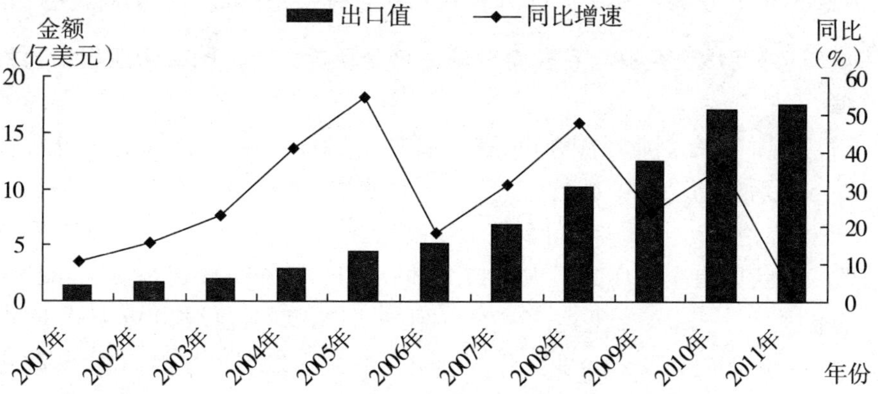

图3.6.1　2001～2011年深圳市医疗领域出口走势图

二、入世 10 年深圳市医疗领域出口主要特点

（一）一般贸易方式迅速占领出口主导地位，加工贸易出口比重大幅下降

入世前，深圳市医疗领域出口以加工贸易方式为主导，2001 年深圳市医疗领域出口中逾 6 成是以加工贸易方式出口，一般贸易方式只占据 3 成左右份额，但入世之后这种贸易格局被迅速扭转，2003 年以一般贸易方式出口 1 亿美元，占出口总值的 49.9%，首次超越加工贸易成为第一大出口贸易方式，此后一般贸易方式出口迅速扩张，至 2011 年出口 13.2 亿美元，与 2001 年相比增长了 25.5 倍，年均增速高达 38.8%，所占比重从 34.6% 上升至 75%；而加工贸易方式出口规模则日渐式微，2011 年出口 3.4 亿美元，虽然与 2001 年相比也增长了 2.7 倍，但年均增速仅有 14.1%，低于同期一般贸易增速 24.7 个百分点，所占比重已从 2001 年的 64.2% 萎缩至 19.6%。

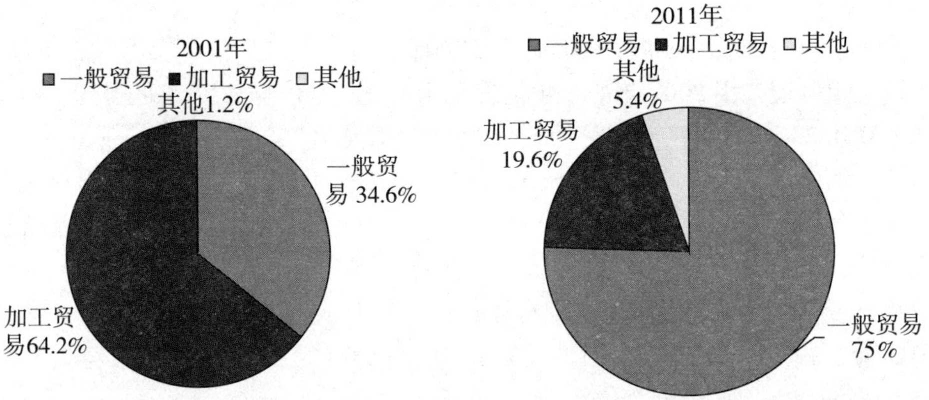

图 3.6.2　2001 年和 2011 年深圳市医疗领域出口贸易结构对比图

（二）外商投资企业与私营企业渐成平分秋色之势，国有企业出口份额迅速萎缩

2001 年，国有企业在深圳市医疗领域出口中占据主导地位，但这种主导格局在入世后的第二年即被打破。2003 年深圳市外商投资企业医疗领域出口 9 380万美元，占当年深圳市医疗领域出口比重由 2001 年的 25.1% 上升至 46.1%，取代国有企业成为最大出口主体；2011 年外商投资企业医疗领域出口 8.5 亿美元，年均增速达 37.3%，在深圳市医疗领域出口所占比重达 48.6%。与此同时，私营企业医疗领域出口亦快速发展，虽然 2001 年仅占全市医疗领域出口值的 7.8%，但 10 年间以年均 52.3% 的增幅高速发展，至 2011 年出口值达到 7.5 亿美元，所占比重达到 42.9%，几乎与外商投资企业

平起平坐；而国有企业医疗领域出口规模明显萎缩，2001 年国有企业在医疗领域出口中占 69.7% 的比重，但十年间年均增速仅 4.3%，至 2011 年出口 1.5 亿美元，比重大幅下降至 8.6%。

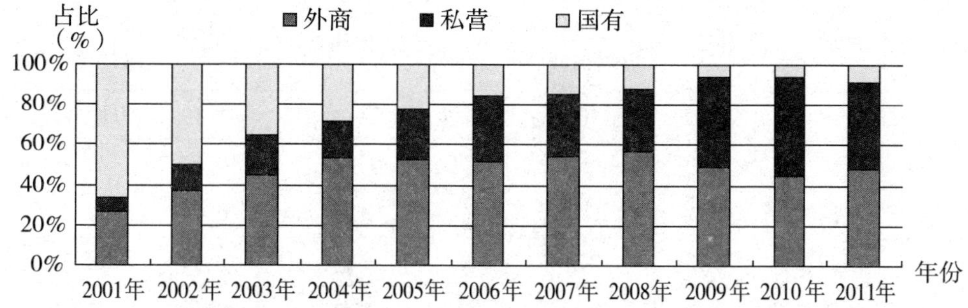

图 3.6.3　2001～2011 年深圳市医疗领域主要企业类型出口比重变动走势图

注：上图仅为国有企业、私营企业、外商投资企业 3 种企业性质的出口相互比重。因深圳市还有少数集体企业和个体工商户出口，上图所示比重与上述 3 种企业性质占深圳市医疗领域总体出口的比重有轻微误差。

（三）欧美与香港地区稳居出口市场前 3 位，新兴市场出口奋起直追

欧美市场和香港地区为深圳市医疗领域主要出口市场，其中对欧盟出口增长较为明显。2001 年，深圳市在医疗领域对欧盟出口3 416万美元，占同年深圳市在医疗领域出口值的比重为 18.8%，为深圳市第三大医疗领域出口市场，其出口值紧随美国和香港地区之后。2005 年，深圳市在医疗领域对欧盟出口 1.2 亿美元，欧盟超越美国成为第一大出口市场；至 2011 年，深圳市在医疗领域对欧盟出口值达 5.7 亿美元，年均增速 38.7%，出口比重上升至 32.6%。同时，深圳市在医疗领域对美国和香港地区出口也保持较快增长，2011 年，对美国出口 3.9 亿美元，年均增速为 20.3%，比重从 2001 年的 42.7% 下降至 22.3%；对香港地区出口 1.7 亿美元，年均增速为 22.1%，比重从 2001 年的 15.6% 下降至 9.7%。

随着与拉美国家双边贸易关系的进一步发展，深圳市医疗产品对新兴市场出口快速增长。2001 年深圳市医疗领域对拉丁美洲出口仅 251 万美元，占当年深圳市医疗领域出口值的 1.7%，至 2011 年出口已突破 1 亿美元达 1.2 亿美元，占当年深圳市医疗领域出口值的 6.9%，年均增速高达 46.8%，高出整体增速 18.4 个百分点，成为继欧美、香港地区之后的第四大出口市场。此外，入世 10 年来，对东盟出口从 2001 年的 695 万美元迅猛增长至 2011 年的 7 649万美元，年均增速 27.1%，跃居目前深圳市医疗领域出口的第五大市场。

表 3.6.1 2011 年与 2001 年深圳市医疗领域出口前 10 位市场情况表

单位：亿美元，%

2011 年			2001 年		
出口市场	出口值	占 2011 年出口值比重	出口市场	出口值	占 2001 年出口值比重
全市合计	17.5	100	全市合计	1.4	100
其中：欧盟	5.7	32.8	其中：美国	0.6	42.9
美国	3.9	22.1	中国香港	0.2	14.3
中国香港	1.7	9.4	欧盟	0.2	14.3
拉丁美洲	1.2	6.6	日本	0.1	7.1
东盟	0.8	4.4	东盟	0.07	5.0
俄罗斯	0.7	4.0	印度	0.06	4.3
印度	0.6	3.4	中国台湾	0.03	2.1
日本	0.5	2.9	拉丁美洲	0.03	2.1
非洲	0.5	2.9	俄罗斯	0.01	0.7
澳大利亚	0.4	2.3	韩国	0.01	0.7

（四）医疗仪器及器械产品出口逐步走向高端化，肝素药物成为出口新贵

医疗仪器及器械是深圳市医疗领域出口的主打产品，10 年间出口规模快速扩张。2001 年，深圳市医疗仪器及器械出口仅9 245万美元，占当年医疗领域出口总值的 66%；出口品种主要以按摩器具、血压测量仪器及器具、病员监护仪等中低端产品为主，仅按摩器具一项就占当年深圳市医疗领域出口的 52%。经过 10 年的发展，2011 年医疗器械出口规模扩大至 10.9 亿美元，占医疗领域出口总值的 62.3%，年均增速 28%；出口产品格局也逐步从中低端向高端化发展，彩色超声波诊断仪、核磁共振成像设置等仪器成为出口主打产品。在医药品方面，2001 年深圳市出口医药品4 603万美元，到 2011 年该出口值飙升至 6.6 亿美元，比 2001 年迅猛增长 13.4 倍，年均增速为 30.6%。其中，2001 年医药品出口中医用敷料出口2 140万元，占医疗领域出口总值的 14.3%。近年来，出口医药新贵“肝素及其盐”类药物逐渐取代医用敷料的出口主导地位，2011 年此类药物出口 3.5 亿美元，占出口总值的 20%，为深圳市医药品出口第一大品种；而医用敷料类药物出口 1.8 亿美元，所占比重下降至 10.3%。

表 3.6.2　2011 年与 2001 年深圳市医疗领域主要品种出口情况表

单位：亿美元,%

2011 年			2001 年		
出口商品	出口值	占比	出口商品	出口值	占比
合计	17.5	100	合计	1.4	100
医药品	6.6	37.7	医药品	0.5	35.7
其中:	-	-	其中:	-	-
肝素及其盐	3.5	20.0	医用敷料	0.2	14.3
医用敷料	1.8	10.3	抗菌素（制剂除外）	0.1	7.1
抗菌素（制剂除外）	0.7	4.0	中式成药	0.03	2.1
中式成药	0.1	0.6	肝素及其盐	0.008	0.6
医疗仪器及器械	10.9	62.3	医疗仪器及器械	0.9	64.3
其中:	-	-	其中:	-	-
病员监护仪	1.7	9.7	按摩器具	0.7	50.0
彩色超声波诊断仪	1.5	8.6	血压测量仪器及器具	0.1	7.1
核磁共振成像装置	1.2	6.9	病员监护仪	0.02	1.4

三、入世以来深圳市医疗领域出口阔步前行的有利因素

（一）全球老龄化问题加剧，刚性需求助推出口快速增长

随着全球经济发展带动人们对健康重视程度的提高、生物医药技术加速发展提供了有力技术保障，近年来全球医药市场保持快速增长，特别是在金融危机之后，各国纷纷加大医疗方面的基础建设投入，为医疗产业发展赢得空间。据预测，2009～2014 年全球药品市场的年均复合增长率将达到 5%～8%①；预计到 2014 年全球医药市场将达到 1 万亿美元，2015 年将达到 1.1 万亿美元②。全球医药市场的快速发展拉动医药用品需求持续扩大，为出口增长提供了有力保障。与此同时，全球老龄化进程也在不断加快。目前欧盟 27 国

① 中国医疗扬帆起航 莎普爱思把握时代机遇．（2012－02－13）．http：//www.ylqxjyw.com/news/201202/13/87.html.

② 中国医药市场发展具有持久性优势．医药经济报，2011－11－28.

5 亿人口的平均年龄已经达到 40.6 岁①，65 岁以上人口将由 2010 年的8 700 万增长到2030 年的 1.24 亿，增长幅度高达 42%②。美国从 20 世纪 40 年代就开始进入人口老龄化社会，现 65 岁以上老龄人口占总人口的 17.4%，据预测，到 2030 年美国 65 岁以上人口将占到总人口的 30%③。在亚洲，日本 65 岁以上人口已占该国人口总数的 23%④；新加坡 2010 年 65 岁以上人口已占总人口的 8.8%，人口老龄化问题严重程度位居亚洲第二⑤。老龄化速度加快，使得与老年疾病有关的药品和医疗器械的需求迅速增长。

（二）新兴市场快速成长，为出口提供广阔天地

由于亚洲地区人口众多，加之印尼、越南、菲律宾等国尚未建立起完善的医疗器械工业体系，大多只能生产医用敷料等初级产品，为我国中低端医疗器械产品进入东盟市场提供了广阔空间。2010 年，随着中国—东盟自由贸易区零关税效应的持续释放，印尼、泰国、马来西亚和菲律宾等国家对我国 99% 的医疗器械产品实施零税率政策，为深圳市出口企业扩大对其出口创造了更为良好的贸易环境和发展机遇。2011 年深圳市医疗领域对东盟出口 5.7 亿美元，同比增长 34.7%，高于同期全市医疗领域出口总体增速 32.2 个百分点。

（三）政府重视政策支持，为本土企业发展保驾护航

近年来，国家对医疗领域在产业规划、税率方面均出台了一系列政策，支持产业出口发展，使得深圳医疗产业规模在全国一直处于领先位置。10 年间，为进一步支持本土医疗领域产业的发展，深圳市政府不仅在开发经费和企业服务方面给予大力支持，而且制定和实施了系列优惠政策：为进一步促进深圳生物医药产业的发展，编制了《深圳国家生物医药产业基地总体发展规划》，对深圳医药产业基地的空间布局和定位进行了全面规划，以最大限度地发挥产业的集聚效应；2009 年深圳颁布《深圳市生物产业振兴发展规划》和《深圳市生物产业振兴发展政策》，计划每年出资 5 亿元资金扶持生物产

---

① 驻法国使馆经商处．欧盟人口老龄化趋势明显加速．2011－04－05．

② 欧洲人认为“老年”从 64 岁开始．（2012－01－25）．http：//www.zaobao.com/．

③ 美国应对人口老龄化的措施与面临挑战．中国信息报，2011－11－28．

④ 人口增长考验全球可持续发展．人民日报，2011－10－28．

⑤ 新加坡乐龄联会首席执行官潘国治：让老年人健康幸福．（2010－12－01）．http：//news.xinhuanet.com/world/2010－12/01/c_ 12836048.htm．

业，将医疗器械产业列为最重要的“核心扶持对象”①。政策层面的支持有力推动了深圳医疗产业发展，成为本土医疗领域产品走向世界的坚强后盾。

（四）产业聚集效应和技术水平不断提升，推动产业飞跃发展

我国加入世界贸易组织后，国内医药企业抓住机遇，不断提高生产技术水平和产品质量，在国际市场份额逐年扩张。深圳市医疗行业作为新兴行业，10 年间产业优势不断积聚，成为国内医疗领域产业发展的新高地。医药行业方面，三九、健康元、海王、一致等一大批扎根于深圳成长起来的民族生物医药企业，已迅速成长为深圳乃至国内生物医药产业的龙头企业；在医疗器械方面，深圳企业的发展速度和规模也在全国处于领先地位，企业自主知识产权、产品技术含量、技术附加值等指标远远高于全国的平均水平。入世 10 年来，年均 30% 以上的增长率已使得深圳医疗器械产业初具规模。2010 年深圳医疗器械生产企业 400 多家，经营企业1 000多家，年产值过亿元的生产企业 20 余家，产业集中度高，龙头企业积极发挥带动作用，产业聚集效应明显；产业年总产值 150 亿元人民币，出口额占总产值的比率超过 60%，外向型经济特征显著，已成为我国医疗器械产业三大聚集区之一——珠江三角洲区域的核心。此外，目前深圳市拥有大批出口规模位居全国前列的医疗器械企业，整体研发投入和销售额比一直保持在 7% 至 8%，许多企业超过 10%②，其中迈瑞、金科威、爱安德、伟创力、业聚、益心达等企业研发人员占专业技术人员约 4 成比率。这些企业产品的科技含量高，在推动深圳市医疗领域出口产品结构的改善方面发挥了不可忽视的作用。

四、当前深圳市医疗领域出口面临的不利因素

（一）各种技术性壁垒和贸易摩擦成为出口的“拦路虎”

我国加入世界贸易组织以来，医疗领域外贸整体环境明显改善，但随着国外市场关税壁垒的降低或取消，技术性壁垒和贸易摩擦较 2001 年有所抬头。特别是近年来，全球经济复苏放缓，贸易保护主义持续蔓延，为本土医疗领域出口设置了一道道障碍，医疗领域面临的贸易摩擦不断增加。纵观近年来国际贸易市场上医疗领域的贸易保护，主要有以下几个特点：一是部分涉案产品出口金额高企，如印度对我国青霉素工业盐及 6 - APA 发起的反倾销

---

① 深圳医疗器械走向全球市场．（2010 - 04 - 06）．http：//www. cfi. net. cn/p20100406001110. html.

② 医疗器械产业创新能力增强．深圳商报，2010 - 07 - 13.

调查涉案金额超过2亿美元，是迄今为止我国医药行业遭遇反倾销涉案金额最高的案件；二是发起调查的地区呈多样性发展，传统市场欧盟等作为对华贸易救济案件主要发起地的局面未发生变化，而巴西、俄罗斯、阿根廷等新兴市场国家又陆续对我医药产品发起反倾销或保障措施调查，贸易摩擦涉案地区整体呈现多样化趋势；三是涉案产品从原料药向医疗器械领域延伸，包括病员监护仪在内的高新技术医药产品成为调查案件的新目标；四是各类技术性壁垒增多，且有变本加厉之势，如韩国提高中药进口检测标准，欧盟启用针对草本药品生产环节规范，台湾对大陆输台中药材要求提供根据台方检测方法进行检测的官方证明文件。此外，美国药品监管部门FDA针对肝素产品的第三次修订标准预计于2013年第二季度颁布执行，新标准对杂质含量、肝素原料来源限制等方面的要求更加严格，虽然目前中国持有本土肝素原料药生产批文的企业有24家，但取得美国FDA认证的深圳本土企业仅有1家①，产品质量标准的提升使企业的生产压力不断增大。

（二）行业产品仍呈低端化特点，整体竞争力亟待提高

入世以来深圳市医疗产业抓住机遇，整体发展势头良好，但纵观目前医疗产业整体发展，"低端化"仍然为产业发展挥之不去的关键词：一方面，医药领域产品以仿制药和低端产品为主，国内制药企业在全球分工中仍停留在低端环节，利用资源和成本优势生产出口原料药和部分低端仿制药，出口产品附加值低，仿制药、棉织品和无纺布类低档产品仍占多数，而创新药及国际市场热销的液体绷带、银离子抗菌敷料等高端产品我国还未具备生产能力；另一方面，医疗器械领域高端产品发展滞后，本土医疗器械企业在医疗器械市场上所占份额低的局面尚未改善，本土医疗器械多集中于常规性消耗品种的低端市场，以美国GE公司、西门子公司、飞利浦公司等为代表的跨国公司基本控制着CT、核磁共振、PET等医疗器械高端产品市场，尽管近年来本土企业深圳迈瑞等公司在病人监护仪、生化分析检测仪等产品方面成功打入国际市场并占有一定份额，但与跨国公司相比仍然差距甚远，本土技术实力的欠缺依然是制约医疗领域实力全面突破的软肋。

（三）行业运行机制滞后，成为发展瓶颈

从当前医疗领域的发展环境来看，国内医疗行业运行机制仍然存在有待改善的环节，如新药审批制度存在审批时间较长、审批指南不清晰等弊端，

---

① 美国将出炉肝素产品新标准 中国药企遭成本压力．（2011－11－16）．http：//www.chemdrug.com/.

新药向国家药监局申请进入临床试验规定的审批时间是60天到90天，相比美国等发达国家明显周期较长①。此外，新药研发周期长、环节多，投入风险巨大，一个创新药品种需要大约10年的时间才能研发成功，其资金成本至少是2亿~5亿元人民币，其中60%~80%费用可能难以得到回报②。目前国内融资结构较为单一，医药行业技术研发、成果转化及产业化主要依靠企业自有资金和政府拨款扶持，资金量有限，银行信贷资金难以进入该阶段，难以满足产业快速发展需要。

五、深圳市医疗领域出口前景展望

入世10年可谓深圳市医疗领域出口高速发展的黄金10年，10年间，本土医疗行业异军突起，一批行业的“佼佼者”在这片沃土上迅速成长，并走出国门在国际市场这片更广阔的天地中大展拳脚。虽然在未来的发展征途中，医疗行业仍面临着贸易壁垒不断升级、融资结构亟待完善、自身创新能力不足等重重困难，来自国际医疗领域巨头的挑战更是加大了出口阻力，但医疗领域行业作为深圳的新兴产业，在10年的历炼中已逐渐具备在世界市场上有更大作为的雄心与底气。当前，对外要继续加强国际对话和协作，积极运用世界贸易组织框架下的贸易壁垒通报机制妥善解决贸易纠纷；对内要优化医疗领域融资结构，建立长效的投融资机制，提高自主创新和研发设计能力，推动医疗领域产业升级，加大对支持本土企业的支持力度，不断提升产品国际竞争力，使本土医疗领域行业在国际市场上具备更强的话语权，发挥出更强的竞争力，在民族医疗产业发展壮大的道路上继续阔步前行。

---

① 十二五医药转型重研发 新药研发严峻．（2011－08－30）．http：//news. pharmnet. com. cn/news/2011/08/30/341241. html.

② 医药行业：仿制—仿创—创新 距离有多远．（2010－11－19）．http：//stock. hexun. com/2011－11－19/125707788. html.

食品：供求生变　“顺”“逆”易位

食品是人类赖以生存和发展的基本物质，是人类生活中最基本的必需品。随着经济的迅速发展和人民生活水平的不断提高，深圳市居民对食品的需求不断提升，而国内产品不能满足本地市场的多样化需求，供求形势发生变化，使得入世以来深圳市食品进出口由顺差转为逆差，来自国外的洋食品大举进口，在满足人民消费需求的同时，也给国内相关产业发展构成沉重压力，食品行业需及时适应形势变化，奋发图强，加速产业市场化、国际化的进程，迎接新的挑战。

一、入世10年间深圳市食品进出口由顺差转逆差

入世10年，食品行业①进出口保持较快增长。据海关统计，食品行业进出口贸易额由2001年的12.9亿美元增长至2011年的41.8亿美元，年均增长12.5%。其中，出口从2001年的7.4亿美元起步，至2007年跨越10亿美元大关，达10.5亿美元。尽管2009年受金融危机影响，深圳市食品出口增速有所放缓，为7.7%，但仍好于当年全国食品出口整体同比下降1.6%的水平②。随着外部需求的回暖，从2010年开始，深圳市食品出口恢复快速增长态势；2011年出口达到17.2亿美元，比2010年增长26.9%，10年平均增长8.8%。

进口方面，在居民消费水平不断提升及近年来国内频发食品安全事件的催化下，深圳市食品进口从2002年的7.1亿美元起步，2007年进入高速发展期，上述两年同比增速分别高达57.3%和40.9%。2011年进口再度加快，同比增速26.3%，进口额达24.6亿美元，10年来平均增长率达到16.1%。由于进口增速较快，深圳市食品进口和出口强弱地位发生变化：2006年之前，出口一路领先进口，但自2007年起随着自东盟和美国进口食品增长，出口表现明显弱于进口，出现1.1亿美元的逆差，此后逆差规模逐步扩大，2011年达7.4亿美元。

---

① 文中所指食品的HS编码为：01~05，07~09，11，13，15~22，24。

② 食品进出口：危机重重．中国海关，2010（3）．

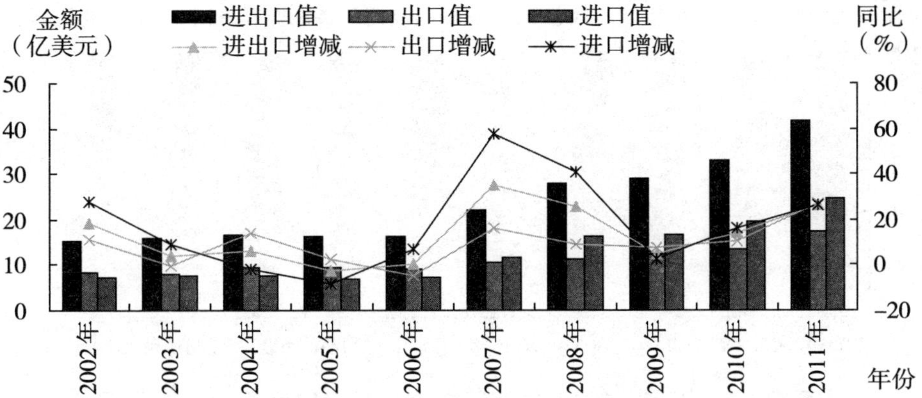

图 3.7.1 2002～2011 年深圳市食品进出口值及其同比年度走势图

二、入世 10 年间深圳市食品进出口的主要特点

（一）一般贸易主导进出口，加工贸易比重走低

2011 年，深圳市以一般贸易方式进出口食品 32.9 亿美元，占当年食品进出口总值的 78.9%，尽管比重较入世初期 2002 年的 81% 略有下降，但也表明一般贸易依然是主要进出口贸易方式。其中，2011 年出口 12.2 亿美元，年均增长 11.6%；进口 20.7 亿美元，年均增长 15.6%，高于出口 4 个百分点。而入世 10 年间，加工贸易进出口食品在同年食品进出口总值中所占比重呈现明显的走低之势。2001 年，加工贸易进出口食品所占比重为 21.2%，至 2011 年该比重减少到 7.9%，进出口值为 3.3 亿美元，10 年平均增速仅为 1.9%。

此外，海关特殊监管区域①进出口也是深圳市食品进出口贸易方式中不可小视的一股力量。入世以来，其在深圳市食品进出口总值中所占比重逐年攀升，从入世第一年的仅占 0.4%，至 2010 年跃升至 13.6%，为入世 10 年间最高值；2011 年，以海关特殊监管区域方式进出口食品 5.6 亿美元，年均增长率 54.6%。

① 包括保税监管场所进出境货物及海关特殊监管区域物流货物。

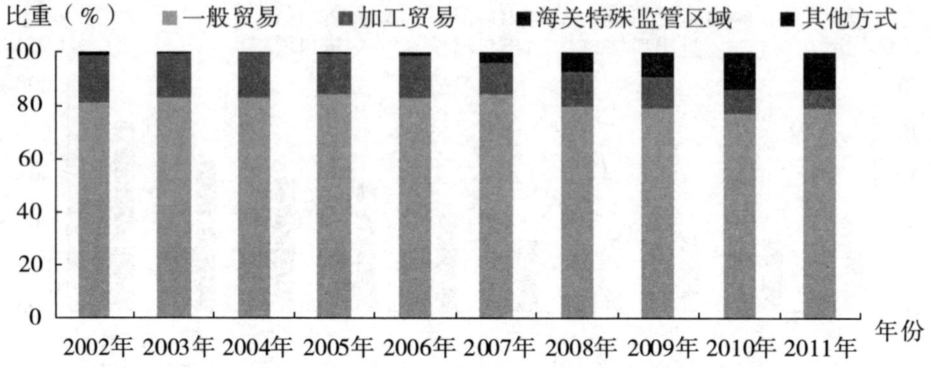

图 3.7.2　2002～2011 年深圳市食品进出口贸易结构变化图

（二）私营企业迅速崛起，外商投资企业和国有企业作用下降

入世 10 年，深圳市食品进出口主体结构发生巨大变化，由 2001 年国有企业与外商投资企业并驾齐驱的格局变为入世初期以外商投资企业为主导，再演变为如今以私营企业为主的格局。2008 年，私营企业进出口首次占据深圳市食品进出口的头把交椅；2011 年，私营企业进出口 22.3 亿美元，同比增长 21%，占当年深圳市食品进出口总额的 53.4%，较 2001 年提高 41.1 个百分点，10 年间平均增长 30.2%。2011 年，深圳市外商投资企业进出口食品由 2001 年的 5.2 亿美元扩大至 12.9 亿美元，10 年平均增长 9.5%；所占比重由 2001 年的 40.5% 回落至 30.9%。此外，入世后国有企业进出口值逐年下降，2011 年，国有企业进出口食品 6.6 亿美元，10 年平均增速仅为 1.7%，大大低于总体年均增速。

（三）香港地区独步出口市场，东盟后来居上取代美国成为最大进口来源地

香港地区、东盟和美国持续位居深圳市食品出口市场的前 3 位。2011 年，对上述三大市场出口合计 14.8 亿美元，占当年深圳市食品出口总值的 85.8%。其中，香港地区始终是深圳市食品出口的最大市场，2011 年，深圳市对香港地区出口食品 11.9 亿美元，比 2001 增长 1.1 倍，年均增长 7.8%，占当年深圳市食品出口的 69.2%。

深圳市食品进口主要来源于东盟、欧盟和美国。2011 年，自这三大来源地进口合计占当年深圳市食品进口总值的 73.2%，较 2001 年下降了 3 个百分点。特别是随着中国—东盟自由贸易区进程的推进并最终全面建成，借着关税减免和贸易便利的东风，自东盟进口的食品贸易迅速发展，自 2003 年起东盟一举超越美国，成为深圳食品最大进口来源地。2011 年，自东盟进口食品

12.5 亿美元，较 2010 年增长 28.1%，10 年平均增长 24.9%；占 2011 年食品进口总值的 50.8%，比重较 2001 年大幅提高了 26.2 个百分点。

表 3.7.1　2011 年和 2001 年深圳市食品出口前 4 位市场对比表

单位：亿美元，%

2011 年				2001 年		
出口市场	出口值	占 2011 年出口值比重	10 年平均增速	出口市场	出口值	占 2001 年出口值比重
总计	17.2	100.0	12.0	总计	7.4	100.0
其中：中国香港	11.9	69.2	7.8	其中：中国香港	5.6	75.7
东盟	1.9	11.0	14.4	东盟	0.5	6.8
美国	1.0	5.8	16.3	欧盟	0.3	4.1
欧盟	0.4	2.3	5.4	美国	0.2	2.7

表 3.7.2　2011 年和 2001 年深圳市食品进口前三大来源地对比表

单位：亿美元，%

2011 年				2001 年		
进口来源地	进口值	占 2011 年进口值比重	10 年平均增速	进口来源地	进口值	占 2001 年出口值比重
总计	24.6	100.0	22.6	总计	5.5	100.0
其中：东盟	12.5	50.8	24.9	其中：美国	2.1	38.2
欧盟	4.1	16.7	18.4	东盟	1.4	25.5
美国	1.4	5.7	-4.0	欧盟	0.8	14.5

三、入世 10 年洋食品大举进口“兵临城下”，本地产业出口步履艰难

（一）食品进口来势凶猛，国内行业疲于应付

一是进口食品对国内市场形成强力攻占之势。随着深圳市民的生活水平和收入的提高，注重生活品质、对国际品牌忠诚度高的高端消费者越来越多，国内自有品牌的消费品已远不能满足人民群众日益增长的物质需要；加之消

费者对国内食品的信心缺失，造成购买力向进口食品转移，进一步拉动了对国外食品的快速进口，使进口食品对国内市场形成了强力攻占之势。深圳毗邻香港地区，香港自由港及区域性交通枢纽优势明显，多项通关便利措施也极大地优化了营商环境，降低了成本，深圳企业开展食品进口的热情高涨，使进口提速。例如，入世 10 年间，深圳市葡萄酒进口规模由 2002 年的 81.8 万升扩大至 2011 年的2 704万升，年均增长速度高达 41%。再如 2008 年“三鹿毒奶粉事件”重创国产奶业后，进口奶粉品牌在我国婴幼儿奶粉市场销售总额的比重提升至 60% ~65%，目前所占份额甚至接近 90%，国产奶业已连续 10 年保持了 20% 以上高速发展的纪录也戛然而止①。

二是部分品种进口依存度较高对本土产业的冲击明显。入世以来，部分关系国计民生的食品，已然形成较高的进口依存度，对国家经济安全构成较大威胁。以大豆和食用植物油为例，国内食用植物油需求虽然不断增长，但油料作物种植面积却在锐减，导致食用植物油及大豆需要依赖进口。2010 年我国植物油市场整体对外依存度为 66%，相较 2001 年的 33%，10 年之内翻了一番②，自给率已大大低于 50% 的国家战略安全警戒线；2010 年我国大豆对外依存度高达 77.8%，再创历史新高③。深圳市农业自给率低，对进口产品的依赖程度更高。2011 年深圳市进口食用植物油 11.7 万吨，10 年间平均增长 6.1%；进口大豆 3.4 万吨，虽比 2010 年减少 3.2%，但进口价格达每吨 572.1 美元，比 2001 年上涨 1.8 倍，年均上涨 10.7%。过高的对外依存度，容易引发市场价格波动，产生外资控制市场的风险，增加了政府宏观调控的难度。

三是进口食品价格上涨加大国内通胀压力。随着价格传导的敏锐度提升，持续高企的国际市场价格对国内渗透力或将增强，加大国内通货膨胀压力。目前我国食品类商品对居民消费价格指数影响最大，约占据 1/3 的比重，更占据了中低收入群体消费支出的一半。尽管目前基础食品的进口规模远远不及国内产量，但从长远看，随着我国参与国际分工程度日益加深及食品进口规模的不断扩张，食品进口价格对下游加工食品价格及国内市场物价水平的影响时差明显缩短，对国内价格上下波动的示范效应也在大幅提升，成为影响我国国内食品价格的重要因素之一。进口食品价格的不断上涨，无疑加剧

---

① 乳制品进口风头正劲. 中国对外贸易，2011 (12).

② 鱼龙混杂 调和油很强很混乱. 中国食品报 · 冷冻产业周刊，2011 -05 -05.

③ 中国大豆进口依存度逼近 80% 国产大豆劣势明显. (2011 -04 -11). http: //money.163.com/11/0411/19/71CROUC800252603.html.

了我国面临的输入型通货膨胀压力。

（二）基础薄弱、安全事件频发等问题导致出口步履维艰，行业急需“重装待战”

一是食品行业基础薄弱难以产生规模效益。改革开放以来，虽然深圳市食品工业化程度不断提升，但由于历史和地域原因，深圳市食品主要从国内其他地区调入，本地食品工业基础薄弱，因此，食品也以供应深圳本地及国内市场为主。例如，深圳市农产品股份有限公司是国内农产品流通行业首家上市公司，年交易量超过2 300万吨，但主要是供应国内城市居民，而对主要出口市场香港地区的出口，受供港食品严格的检验检疫措施的限制，许多企业无法通过这一门槛而被挡在市场之外①。又如1995年建成投产的蛇口南顺面粉厂，作为全中国最大规模的外资面粉厂，其生产的产品也主要是供应内地市场②。据统计，作为食品工业重要来源的农业总产值，2011年在深圳市三大产业结构中的比重仅为0.46%，增加值为5.07亿元，是全国唯一农林渔业在经济总量中比重为零的城市③。而衡量一国食品工业整体发展水平的重要指标是食品工业总产值与农业总产值之比，农业总体趋于衰弱，势必导致深圳食品出口根基更为薄弱，成为无源之水、无本之木。

二是国内食品质量事件频发对食品出口负面影响深远。近年来，随着国内经济的迅速发展和工业化进程的快速推进，生态环境因遭受化学物质、重金属等有害物质污染而持续恶化，直接或间接地影响着农牧渔产品的卫生安全，使食品品质下降，加上食品加工制造过程中化学物质的非法使用和添加、食品流通环节中经营秩序不规范导致的不安全因素等，导致国内食品质量安全隐患重重，食品安全事件时有发生④，国外消费者对国产食品的信心一再受挫，也加大了深圳食品出口难度。例如，2008年9月份发生的“三鹿毒奶粉”事件导致多个国家或地区禁止中国乳制品的进口，数据显示，2007年深圳市乳制品出口量为6 985吨，随后出口逐步萎缩，至2011年仅出口4 104吨，其中对香港地区出口也由2007年的6 500吨减少至2011年的3 635吨。此外，在食品安全事件影响下，国外食品采购商对我国食品质量标准提升，行业不

---

① 《深圳市农产品股份有限公司概况》。

② 蛇口南顺面粉厂．百度百科．

③ GDP突破1.1万亿 深圳进入无农业时代．（2012－02－03）．http：//www.s1979.com/shenzhen/201202/0325212203.shtml.

④ 消费者食品安全信心报告：仅三成受访者感到满意．（2011－01－04）．http：//news.sina.com.cn/c/sd/2011－01－04/104321755527.shtml.

得已采用更为高价的国外原料，造成出口成本进一步上升，加上部分市场针对我国出口食品强化检测，也增加了企业的成本，降低了商品的价格竞争力。如美国 FDA 对中国食品的监测要远远严格于对别的国家的食品，而且这些检测费用都必须由当地的进口企业支付①，这势必进一步冲击食品出口。

三是技术性贸易壁垒高筑，逐渐将我国出口食品拒之门外。在食品安全备受关注的今天，欧盟、日本和美国等发达国家和地区以食品安全和环境保护等名义不断增加和更新法规、技术标准，而且呈现规格更高、标准更严、范围更广的发展趋势，势必对包括深圳市在内的我国的食品出口形成长期障碍。2006 年 1 月 1 日起，欧盟开始实施新的《欧盟食品及饲料安全管理法规》；同年 5 月，日本正式实施《食品中残留农业化学品肯定列表制度》。受此影响，2006 年深圳市食品对欧盟出口增速放缓，同比增速比上年显著下降 25.4 个百分点；同年，深圳市食品对日本出口由上年的同比增长 1.1 倍骤然逆转为同比下降 17.8%。

四是出口市场过于集中，一花独放凸显行业出口困难。“单则易折，众则难摧。”深圳市食品出口主要集中于香港地区，2001 年对香港地区出口占当年深圳市食品出口总值的 76.1%，2011 年这一比重有所回落，但仍达 69.2%，其他市场出口合计仅占 3 成左右，出口明显依赖香港市场，开拓亚洲周边地区和欧美等发达地区显得力不从心，特别是对东盟市场进口远大于出口。中国—东盟自由贸易区建成后的 2010 年和 2011 年，深圳市对东盟出口食品也仅维持在 1 亿美元以上水平，分别为 1.4 亿美元和 1.9 亿美元，与自由贸易区建成前的 2008 年的 1.3 亿美元和 2009 年的 1.1 亿美元相比，扩张规模并不明显。此外，对香港地区出口商品主要集中于水、蔬菜、面粉等初级产品，表明深圳市食品行业仍处于产业链的低端领域，出口效益低下，行业仍面临诸多困难。

四、深圳食品对外贸易发展的远景展望

随着农业产业化进程的提高及国内外市场一体化程度的加深，日趋复杂的贸易环境及外资的大量涌入，洋食品大举进军内地市场将使本地食品企业面临的竞争更加激烈，因此，必须加强因势利导，加快行业的整合步伐，引导行业重新整合食品工业的资源，加快食品企业先进加工设备的应用，推广使用先进的生物技术、包装技术等，通过生产技术改良创新提高食品质量安

---

① 国内食品安全问题频发 洋机构抢滩食品检测市场．（2011－09－28）．http：//news. xinhuanet. com/food/2011－09/28/C_ 122099790. htm.

全，提高食品的加工附加值和产品档次，创建自主产品名牌，提高深圳市食品企业的核心竞争力，改变出口市场过于集中的现状，从而推动深圳食品工业及时应对供求形势变化，促进食品行业对外贸易平衡与持续发展。

贸易伙伴篇

欧盟贸易：共克时艰　开拓未来

入世10年来，中欧经历了从建立全面伙伴关系到走向成熟的伙伴关系，再到全面战略伙伴关系的转变。随着双边关系逐渐升温，双方经贸关系也快速发展，彼此依赖程度不断加深并共同受益，尤其是在金融危机对世界经济造成普遍打击的情况下，中欧双方携手共进，共同抵御危机带来的冲击，中国广阔的国内市场更为欧盟经济提供了稳定支撑，帮扶其平稳渡过危机。乘着中欧经贸关系快速发展的东风，深圳市对欧盟贸易也取得了快速的发展，虽然其间也经历了种种坎坷和羁绊，但总体仍然沿着稳健均衡的方向不断前行，在共同发展的道路上开拓进取。

一、风雨同行：数字涨落间彰显相互依存

（一）贸易规模不断攀升，出口增速快于进口

据海关统计，入世10年来，深圳市对欧盟累计实现进出口总值2 307.6亿美元，占同期深圳市进出口总值的9.6%，其中出口1 776.4亿美元，进口531.3亿美元。2011年深圳市对欧盟进出口353.2亿美元，10年间年均增长16.6%。深圳对欧盟进出口虽低于同期全市进出口总体增速3.1个百分点，但欧盟仍保持深圳市第四大贸易伙伴地位。

入世10年来，深圳外贸以传统产业保持质优价廉、高新技术产业快速增长增强竞争力，保证了深圳产品在欧盟市场的占有率。2011年，深圳市对欧盟的出口总值为277.5亿美元，10年平均增速为18.8%。由于欧盟对部分高新技术产品出口设限及国际产业链布局调整，深圳市自欧盟进口增速明显低于对欧盟的出口增速，2011年深圳市自欧盟进口75.7亿元，比2001年增长2.9倍，年均增速为11.2%，低于同期对欧盟出口增速7.6个百分点。

表4.1.1　2001～2011年深圳市对欧盟贸易年度情况表

单位：亿美元，%

年份	进出口合计		出口		进口	
	金额	同比	金额	同比	金额	同比
2001年	75.8	-0.6	49.6	0.1	26.2	-1.9
2002年	89.3	17.8	60.0	21.0	29.3	11.8

续表

年份	进出口合计		出口		进口	
	金额	同比	金额	同比	金额	同比
2003年	115.3	29.1	82.6	37.7	32.7	11.4
2004年	134.3	16.5	93.4	13.0	40.9	25.3
2005年	165.2	23.0	121.0	29.5	44.3	8.2
2006年	251.6	52.3	199.0	64.5	52.6	18.8
2007年	266.5	5.9	209.0	5.0	57.5	9.3
2008年	314.5	18.0	250.6	19.9	63.9	11.1
2009年	275.9	-12.3	215.1	-14.2	60.8	-4.8
2010年	341.7	23.8	268.1	24.6	73.6	21.1
2011年	353.2	3.4	277.5	3.5	75.7	2.8

（二）贸易结构悄然生变，一般贸易取代加工贸易主导地位

随着深圳市经济发展与外贸结构的逐步优化，深圳市对欧盟进出口的贸易方式也在发生着潜移默化的变化。2011年，深圳市以加工贸易方式实现对欧盟进出口138.3亿美元，10年来年均增长10.1%，占同期全市对欧盟进出口总值的比重从2001年的70%下降至39.2%。其中，对欧盟出口116.5亿元，年均增长10.4%，占出口的比重由2001年的87.3%大幅下降至42%；自欧盟进口21.8亿美元，同比仅微增8.3%，占自欧盟进口的比重由2001年的37.4%下降至28.8%。2011年，深圳市以一般贸易方式对欧盟进出口161.6亿美元，年均增长24.9%，所占比重从2001年的23.1%上升至45.7%，成为对欧盟贸易的主导贸易方式。其中，对欧盟出口115.7亿美元，年均增速达10.4%，占出口的比重由2001年的10.1%提升至41.7%；自欧盟进口45.9亿元，比2001年增长2.7倍，占自欧盟进口的比重由2001年的47.7%提升至60.7%。

（三）外商投资企业龙头地位略有弱化，私营企业所占比重强力提升

随着深圳市开放、有利的投资环境吸引大量外资快速流入，外商投资企业成为带动深圳市对欧盟进出口快速增长的最大主体，但其主导地位呈现回落态势。2011年，深圳市外商投资企业对欧盟进出口168.9亿美元，年均增速为15.7%，占全市对欧盟进出口的比重由2001年的51.7%下降至47.8%。2011年，私营企业对欧盟进出口98.8亿美元，年均增速达到45.6%，占全市

对欧盟进出口的比重由2001年的3%提升至28%；国有企业出口64.4亿美元，与2001年基本持平，占全市对欧盟出口的比重由2001年的44%下降至18.2%。

（四）机电产品出口主导地位强化，商品结构层次明显提升

2011年，深圳市对欧盟机电产品出口值达到194.7亿美元，规模是2001年的5.3倍，在深圳市对欧盟出口中所占比重由2001年的61.6%提升至70.2%；深圳市对欧盟出口高新技术产品（与机电产品有交叉，下同）110亿美元，年均增速达21.4%，占深圳市对欧盟出口的比重由2001年的31.8%提升至39.7%。主要出口商品品种呈现优化升级的趋势，2001年出口前5项商品中有3项是劳动密集型产品，但2011年仅有服装及衣着附件1项，而打印机、静止式变流器分别跃居第3位、第5位。

表4.1.2　2011年和2001年深圳市对欧盟出口主要商品对比表

单位：亿美元,%

2011年			2001年		
商品	出口值	占2011年出口值比重	商品	出口值	占2001年出口值比重
自动数据处理设备及其部件	35.5	12.8	自动数据处理设备的零件	5.2	10.4
服装及衣着附件	25.8	9.3	自动数据处理设备及其部件	4.9	9.8
打印机（包括多功能一体机）	16.2	5.9	塑料制品	1.8	3.6
自动数据处理设备的零件	7.7	2.8	玩具	1.7	3.5
静止式变流器	7.1	2.5	服装及衣着附件	1.5	3.1
家具及其零件	6.7	2.4	有线电话机（包括无绳电话机）	1.3	2.7
鞋类	6.7	2.4	录音机及收录（放）音组合机	1.2	2.4
电话机	6.5	2.3	旅行用品及箱包	1.1	2.3
玩具	6.1	2.2	摩托车及自行车的零件	1.0	1.9
箱包及类似容器	6.0	2.2	鞋类	0.9	1.8

（五）欧盟技术优势仍较明显，高端品种深受本地企业青睐

目前，我国与欧盟在经济发展阶段和产业需求等方面仍存在差异，由于欧盟相比我国在先进技术装备制造上仍具备较强优势，促使入世以来深圳市企业自其进口高端机电品种和重要零部件快速增长。2011 年，深圳市自欧盟进口机电产品 48.5 亿美元，年均增长 12.6%，占深圳市自欧盟进口的比重由 2001 年的 56.5% 提升至 64.1%；深圳市自欧盟进口高新技术产品 30.5 亿美元，年均增速为 14.6%，占深圳市自欧盟进口的比重由 2001 年的 29.7% 提升至 40.3%。2011 年，深圳市自欧盟进口商品中，集成电路跃居进口第一大品种，进口 12.3 亿美元，占当年全市自欧盟进口总值的 16.3%；计量检测分析自控仪器及器具进口 4.9 亿美元，年均增速达 22.1%，上升至第 2 位。此外，自欧盟进口初级形状的塑料 1.9 亿美元，年均增长 7.8%。

表 4.1.3　2011 年和 2001 年深圳市对欧盟进口主要商品对比表

单位：亿美元，%

2011 年			2001 年		
商品	进口值	占 2011 年进口值比重	商品	进口值	占 2001 年进口值比重
集成电路	12.3	16.3	自动数据处理设备的零件	1.6	5.9
计量检测分析自控仪器及器具	4.9	6.5	初级形状的塑料	0.9	3.5
农产品	4.8	6.4	印刷、装订机械及零件	0.8	3.1
飞机	2.7	3.6	通断保护电路装置及零件	0.8	2.8
酒类	2.5	3.3	汽车和汽车底盘	0.7	2.7
医药品	2.2	2.9	计量检测分析自控仪器及器具	0.7	2.7
初级形状的塑料	1.9	2.5	电视、收音机及无线电讯设备的零附件	0.6	2.3

续表

2011 年			2001 年		
商 品	进口值	占 2011 年进口值比重	商 品	进口值	占 2001 年进口值比重
自动数据处理设备及其部件	1.8	2.4	自动数据处理设备及其部件	0.6	2.3
变压、整流、电感器及零件	1.8	2.3	钢材	0.6	2.3
通断保护电路装置及零件	1.7	2.2	医药品	0.5	1.9

二、同舟共济：携手并肩共创广阔天地

（一）对欧合作全面深化，为对欧贸易注入强劲动力

入世以来，中欧双边关系获得全方位的发展，2007 年 12 月 3 日公布的《第十次中欧领导人会晤联合声明》决定成立中欧经贸高层对话机制，并于 2008 年 4 月在京举行首次会议，为进一步扩大中欧双方经贸合作注入强劲动力。在双边关系不断升温的环境下，深圳市和欧盟也高度重视双方经贸关系的发展，欧盟商会珠三角分会每年定期在深圳召开“欧洲日”活动，介绍欧洲国家和城市品牌，推销欧洲的产品；同时，深圳市还通过领导出访等多种形式向欧盟推介“深圳制造”，为深圳产品走向欧盟创造积极的条件，推动了深圳市对欧盟贸易的快速发展。

（二）产业错位化竞争格局，为经贸发展拓展了空间

目前深圳正经历着由低端产业向高技术和高附加值产业转型的关键时期，以高新技术产品为代表的高新技术产业正快速崛起，竞争力明显增强，同时传统劳动密集型产业转型升级的步伐不断加快，正焕发出新的活力，开拓欧盟市场的能力明显增强；而欧洲在能源、环保、航空航天、机床、精细化工、医药等领域拥有极大技术优势，这为双方进一步加强合作奠定了良好的基础。双方合作领域的不断深化和拓展，标志着双方共同利益的增加，使得深圳市企业拓展对欧盟合作的基础更加稳固，并促进了相关商品进出口的快速增长。

（三）不断优化的营商环境，提升欧资企业投资积极性

深圳市作为我国改革开放的前沿，具备较为优越的投资与外贸经营环境，

吸引欧盟企业拓展与深圳市的外贸业务往来，为深圳市对欧贸易的发展提供了强劲的动力。根据《中国欧盟商会商业信心调查2007》的报告①，欧盟企业对他们的在华业务普遍持有信心，这一信心来源于中国经济增长的强劲势头，以及由此带来的中国国内消费水平的不断提高，同时，76%的欧盟公司能够在华赢利或至少达到盈亏平衡；在目前亏损的公司中，有82%的公司预计自己会在3年内扭亏为盈，欧盟企业对中国市场的强大信心，促使入世以来欧资企业对深圳市投资力度不断加大，也成为深圳市对欧盟贸易平稳发展的原因之一。

三、共同面对：优美乐曲还需协调共鸣

（一）欧债危机持续恶化，对深圳出口影响显现

近十年来，欧盟经济总体保持较快的发展速度，但2009年12月希腊债务危机爆发，此后不断加深并向核心成员国蔓延，虽然欧盟国家采取了一系列的救市措施，但欧债危机的影响已明显显现。从2011年8月份开始，欧元区制造业PMI指数连续5个月跌破50的分水岭，11月份甚至达到2009年7月以来最低点46.4；2011年12月份欧元区消费者信心指数自11月的-20.4下滑至-21.2，为连续第6个月下滑；2011年12月欧元区失业率升至10.4%，创1999年欧元区成立以来的历史新高。受此影响，2009年深圳市对欧盟出口出现了14.2%的快速减少，2010年虽在上年低基数的基础上实现24.6%的增长，但2011年增速再度回落至仅有3.5%，说明主权债务危机已严重影响了欧洲市场的消费意愿，对深圳市出口的影响已开始显现，2011年深圳市对欧盟出口仅实现3.5%的小幅增长，低于同期全市出口总体增速16.7个百分点。

（二）贸易壁垒厚墙高筑，摩擦事件层出不穷

近年来，随着我国产品竞争力的明显增强，对欧盟部分产业形成了一定的冲击，欧盟的贸易保护主义范围不断扩大。据不完全统计，2009年至2011年欧盟共对我国产品发起贸易救济措施24起，而深圳作为高新产品的重要生产制造基地，产品遭受欧盟贸易摩擦的风险也在不断升高。例如，2010年欧盟对占欧盟市场90%的华为和中兴等企业的无线上网卡展开了反倾销、反补贴和保障措施3种调查，涉及出口额约41亿美元，显示双方的贸易摩擦进入

---

① 中国行业物流协会．欧盟商会年度报告：7成以上欧盟公司都能在中国赚钱，2011-09-13.

了高新技术产品领域，而华为和中兴均是深圳市龙头企业的重要代表。与此同时，欧盟近年来的技术贸易壁垒显得尤为值得关注，2006 年 7 月，欧盟开始实施《关于在电气电子设备中限制使用某些有害物质指令》（RoSH），与 2005 年 8 月开始实施的《报废电子电器设备指令》（WEEE）一起成为我国向欧盟出口机电产品的两道严格门槛。2006 年 10 月和 12 月，欧盟分别通过了 PFOS（全氟辛烷磺酰基化合物）禁令和《化学品注册、评估、许可和限制法规》（REACH 法规）两项新法规，波及我国大量出口产品。2011 年 7 月，欧盟史上最严厉的玩具标准《欧盟玩具安全指令》正式实施，不仅对玩具的机械、物理性能提高了要求，对化学性能要求的严格程度更是前所未有。深圳市是我国电器和电子产品及玩具等重要生产加工基地，这些技术壁垒的实施，提高了深圳市企业对欧盟市场的出口成本，也增加了企业进一步扩大对欧盟出口的难度。

（三）汇率压力持续加大，出口优势渐被削弱

2005 年人民币汇率形成机制改革以来，初期由于欧元兑美元升值速度快于人民币兑美元升值速度，导致人民币兑欧元呈贬值趋势，但 2008 年下半年金融危机爆发后，欧元对人民币的汇率急剧下跌，此后的欧债危机更加剧了这一态势，2005 年至 2011 年年末，人民币兑欧元汇率累计升值 22.7%。人民币的升值使企业的出口成本提升，削弱了其在欧盟市场的竞争力，特别是对利润微薄的众多中小劳动密集型出口企业而言，风险巨大。在这种背景下，深圳众多对欧出口企业面临着接单亏损、不接单停工的两难困境，不得不选择重新议价、推迟甚至取消订单、换汇结算等方式规避欧元贬值风险，这在影响企业信誉的同时，也往往带来客户资源流失、订单减少等情况，威胁到企业的生存与发展。在当前原材料成本、人力资源成本和环境成本都不断提升的情况下，人民币对欧元的升值使得深圳市从事对欧盟出口的企业面临腹背受敌的窘境。

四、放眼未来：广阔天地仍需合力开拓

入世以来，深圳市对欧盟贸易实现了快速发展，近期也经受了严峻考验，发展的历程并非一帆风顺，但共同的愿景仍然引领双方在风风雨雨中不断前行。从短期来讲，欧债危机的阴霾仍然难以消散，据欧盟委员会发布的报告

显示①，受债务危机及内外部市场环境不景气的影响，2012 年欧元区经济呈现“温和衰退”，这一方面可能导致深圳市对欧盟的贸易增速继续呈现放缓态势，另一方面是出口遭遇的贸易摩擦可能将持续增加。从长期来讲，由于深圳市和欧盟的产业结构仍处于贸易链的不同位置，互补性较强，各有所需，差异化竞争的格局仍将持续，双方扩大贸易的空间仍然广阔。据预测，到 2015 年，我国与德国、英国和意大利等国的贸易规模将分别达到2 800亿美元、1 000 亿美元和800 亿美元，而深圳市作为全国对外贸易的“领头羊”必将从其中收益，下一阶段对欧盟贸易发展的前景仍然充满希望，深圳市应当密切关注欧盟经济的发展状况，继续推进深圳市企业与欧洲企业的深入交流与合作，共同将双边贸易的发展空间向更深、更广的方向开拓。

① 欧盟委员会预测 2012 年欧元区经济将萎缩．(2012 - 02 - 02)．http：// world. people. com. cn/G8/17204090. html.

美国贸易：风雨兼程　曲折向前

自我国加入世界贸易组织以来，随着深圳产业配套能力、企业创新实力、市场化法制化水平、政策环境，以及政府办事效率、诚信形象等不断提升，深圳与美国贸易关系日益密切，双边合作虽经历风雨，但仍曲折向前，成为重要的贸易伙伴。据海关统计，入世 10 年，深圳市累计对美进出口2 817亿美元，占同期深圳市进出口总额的 11.8%。其中，对美出口2 414亿美元，占同期深圳市出口总额的 17.4%；自美进口 402.6 亿美元，占同期全市进口总额的4%。2011 年，美国位居深圳市第三大贸易伙伴、第二大出口市场和第九大进口来源地。同时，美国也是深圳最大的外国投资伙伴，据统计，截至2009 年6 月，深圳已有1 241家美资企业，投资总额超过 12 亿美元，美国已成在深投资企业数量最多、投资总额最大的国家①。

一、贸易规模逐年扩大，前行道路偶有阻滞

入世前的2001 年，深圳与美国已有良好的贸易基础，深圳对美国进出口值已逾百亿美元，为 120 亿美元。入世后，深圳市对美国进出口值从 2002 年的 139.2 亿美元跨越至 2004 年的 204.1 亿美元，突破 200 亿美元大关；两年后的 2006 年，贸易总值再上新台阶，冲破 300 亿美元。此后的 2007 年、2008 年增长步伐有所放缓，2009 年受全球金融危机影响显现，持续发展势头出现暂时阻滞，出现 15.3% 的下降，降幅高于同期深圳市外贸总体降幅 4.9 个百分点；2010 年一扫阴霾，深圳市对美国贸易再现 19% 的快速增长步伐，实现贸易规模 362.8 亿美元。2011 年则小幅前行，仅增长 4%，进出口值为 377.3 亿美元，但相比 2001 年增长 2.1 倍，10 年间年均增长 12.1%，低于深圳市同期进出口年均增长速度 7.6 个百分点，占全市进出口总量的比重由 2001 年的 17.5% 回落至 2011 年的 9.1%。其中，2011 年对美出口 322.9 亿美元，比 2001 年增长 2.3 倍，年均增长 12.8%，低于 2011 年全市出口增长速度 7.9 个百分点，占 2011 年全市出口总量的 13.2%，所占比重较 2001 年减少 12.6 个百分点；2011 年自美进口 54.4 亿美元，比 2001 年增长 1.3 倍，年均增长

---

① 美国成为深圳最大外国投资伙伴．（2009 – 06 – 18）．http：//news. sina. com. cn/c/2009 – 06 – 18/063415808227s. shtml.

8.8%，低于全市同期进口年均增速9.6个百分点，占2011年全市进口总量的3.2%，所占比重较2001年减少4.3个百分点。10年间，深圳对美贸易规模逐年增长的同时，其占同期深圳市总体贸易值的份额却出现下滑。

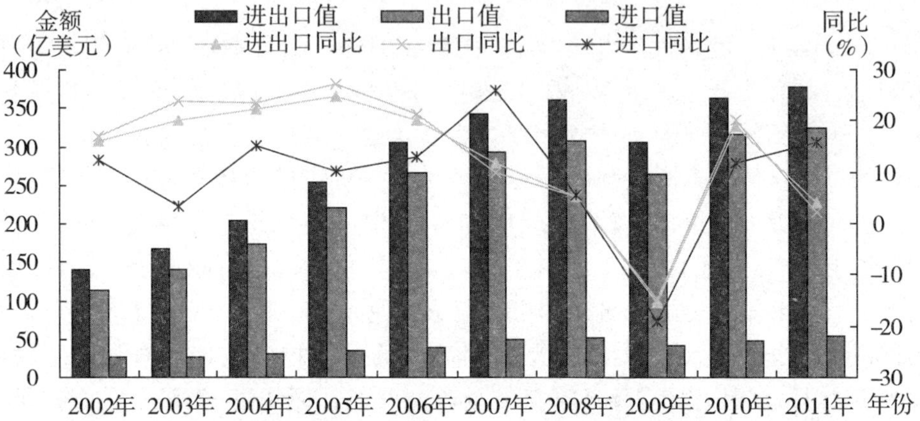

图 4.2.1　2002～2011 年深圳市对美国进出口值及其同比年度走势图

表 4.2.1　入世 10 年深圳市对美贸易占同年全市外贸额比重情况统计表

单位：%

年份	进出口	出口	进口
2002 年	16.0	24.2	6.5
2003 年	14.2	22.2	5.0
2004 年	13.8	22.1	4.5
2005 年	13.9	21.6	4.3
2006 年	12.9	19.6	3.8
2007 年	11.9	17.3	4.1
2008 年	11.9	17.0	4.3
2009 年	11.3	16.2	3.9
2010 年	10.5	15.5	3.3
2011 年	9.1	13.2	3.2

二、贸易效益逐步提升，贸易结构优化明显

（一）加工贸易优势减弱，一般贸易比重扩大

入世10年，加工贸易在深圳市对美贸易中继续一家独大，其对美进出口

值占同期全市对美进出口总值的比重，由2011年的74.2%冲高到2004年的77.1%后逐年减少，至2011年降为57.7%。2011年，深圳市以加工贸易方式对美进出口217.5亿美元，比2001年增长1.4倍，10年间年均增长9.3%，低于同期深圳市对美贸易总体增速2.8个百分点。其中，出口202.8亿美元，比2001年增长1.5倍，年均增长9.5%，占2011年全市对美出口总值比重为62.8%，比2001年的84.8%减少22个百分点；进口14.7亿美元，比2001年增长1.1倍，年均增长7.5%，占全市对美进口总值比重由2001年的30.6%降至2011年的27.1%。

虽然加工贸易依然花开正艳，但所占份额总体不断被一般贸易挤占。2011年，深圳市以一般贸易方式对美进出口97.1亿美元，比2001年增长4.4倍，年均增长18.4%，高于同期深圳市对美贸易总体增速6.3个百分点，也高于同期深圳市以加工贸易方式进出口增速9.1个百分点；占全市对美进出口总值比重由2001年的14.9%逐年减少至2004年的10.5%后出现反弹，从2005年起逐年提升至2011年的25.7%。其中，2011年出口65.2亿美元，比2001年增长15.2倍，年均增长32.1%，比全市对美出口增速快19.3个百分点，占全市对美出口总值比重由2001年的4.2%升至20.2%；进口31.9亿美元，比2001年增长1.3倍，年均增长8.7%。

此外，深圳市以保税监管场所监管进出境货物方式对美进出口比重由2001年的8.5%逐步提升至2011年的12.2%，10年间平均增长16.2%，2011年进出口规模为45.9亿美元。

（二）外商投资企业稳坐船头，私营企业奋起直追

入世10年，外商投资企业在深圳市对美贸易中继续担纲主角并且“戏份”越来越重。其对美进出口值由入世前50.7%的份额逐年增长至2006年65.8%的高位，此后仅小幅回落至2011年的62%。其中，2011年深圳市外商投资企业对美实现贸易值234.1亿美元，比2001年激增2.8倍，10年间年均增长14.4%。

随着国内市场经济环境逐步建立，对非公有制经济的条条框框逐步取消，深圳市私营企业在对美贸易中狂飙突进，实现了跨越式发展，成为对美贸易的生力军。2011年，深圳市私营企业对美进出口值达67.1亿美元，比2001年激增25.7倍，占同年对美进出口值的比重由2001年2.1%的微小份额逐年稳步提升至2011年的17.8%，10年间年均增长38.9%，在所有贸易主体中增速最快。与此同时，在外商投资企业稳步增长和私营企业的发展壮大的形势下，“国退民进”特征更加凸显。2011年，深圳市国有企业对美进出口值

66.4亿美元，仅比2001年增长20.9%，10年间年均增长1.9%，占同年对美进出口值的比重由入世前45.8%的份额逐年回落至2011年的17.6%。

（三）机电产品出口龙头地位巩固提升，传统劳动密集型产品出口比重略减

机电产品一直是深圳市对美贸易出口龙头产品，2001年出口值为60.8亿美元，占同年深圳市一般贸易出口总值的62.9%，入世10年后的2011年这一比重巩固提升至73.1%，达236亿美元，比入世前增长2.9倍。从具体品种看，2001年有线电话机出口1.6亿美元，手机无出口记录，到2011年有线电话机出口萎缩到7249万美元，而手机出口大增至18.5亿美元；打印机出口也从入世前的少量增长到2011年的21.2亿美元。作为对美出口传统优势产品，主要传统劳动密集型产品合计出口值从2001年的27.4亿美元增长到2011年的68.1亿美元，所占比重从2001年的28.4%减少到2011年的21.1%。与此同时，文化产品从入世前年的零星出口飙升到2011年的7.2亿美元，显示出深圳市产业内涵式竞争能力有所提升。

表4.2.2 2011年与2001年全市对美出口前十大商品统计表

单位：亿美元,%

排名	2011年			2001年		
	商品名称	出口额	占2011年出口值比重	商品名称	出口额	占2001年出口值比重
1	自动数据处理设备及其部件	59.9	18.6	玩具	9.6	9.9
2	打印机	21.2	6.6	鞋类	9.3	9.6
3	电话机	19.3	6.0	自动数据处理设备及其部件	8.3	8.6
4	鞋类	16.3	5.0	自动数据处理设备的零件	6.3	6.5
5	服装及衣着附件	14.3	4.4	有线电话机	4.6	4.8
6	玩具	13.2	4.1	塑料制品	4.4	4.6
7	家具及其零件	8.5	2.6	家具及其零件	2.0	2.1
8	静止式变流器	8.2	2.5	圣诞用品	1.8	1.9

续表

排名	2011 年			2001 年		
	商品名称	出口额	占 2011 年出口值比重	商品名称	出口额	占 2001 年出口值比重
9	塑料制品	8.0	2.5	录音机及收录（放）音组合机	1.7	1.8
10	文化产品	7.2	2.2	灯具、照明装置及类似品	1.6	1.7

（四）本土电子产业的替代能力增强，交通运输工具进口比重提升

随着深圳城市建设的不断发展，交通运输需求日趋旺盛，对飞机等美国技术实力较强的产品进口力度加大。例如 2001 年，深圳市自美国进口飞机仅 3407 万美元，占同年自美进口总值的比重为 1.5%，而这一比重到 2011 年提升至 11.4%，达 6.2 亿美元。同时，深圳本土电子产业生产能力提升，对美国进口的电子零部件替代性增强，如 2001 年自美进口自动数据处理设备及其部件、零件所占比重分别为 12.6% 和 10.1%，进入 2011 年，这一比重分别减少至 3.1% 和 2.2%，见证了深圳市本土电子产品实力的提升。

表 4.2.3　2011 年与 2001 年深圳市自美进口前十大商品统计表

单位：亿美元，%

序号	2011 年			2001 年		
	商品名称	进口值	占 2011 年进口值比重	商品名称	进口值	占 2001 年进口值比重
1	飞机	6.2	11.4	自动数据处理设备的零件	3.0	12.8
2	集成电路	3.6	6.6	自动数据处理设备及其部件	2.4	10.3
3	计量检测分析自控仪器及器具	3.1	5.7	初级形状的塑料	1.1	4.7
4	初级形状的塑料	2.8	5.1	计量检测分析自控仪器及器具	1.0	4.3

续表

序号	2011 年			2001 年		
	商品名称	进口值	占 2011 年进口值比重	商品名称	进口值	占 2001 年进口值比重
5	农产品	2.4	4.4	大豆	0.6	2.6
6	自动数据处理设备及其部件	1.7	3.1	纸及纸板	0.4	1.7
7	通断保护电路装置及零件	1.5	2.8	通断保护电路装置及零件	0.4	1.7
8	自动数据处理设备的零件	1.2	2.2	有线电话电报设备的零附件	0.4	1.7
9	锯材	1.0	1.8	飞机	0.3	1.3
10	医疗仪器及器械	0.9	1.7	谷物及谷物粉	0.3	1.3

三、苦练内功加快调整，对美贸易发展更趋稳定平衡

（一）借助美国个人消费类电子产品需求旺盛的东风，深圳电子类产品的生产优势凸显

据市场研究公司 NPD Group 称，美国消费电子产品销售额在 2011 年达到 1 440亿美元，与 2010 年相比略微减少了 0.5%。据 NPD 称，将近 60% 的销售额来自销售额最高的五大类商品，包括个人电脑、电视机、平板电脑/电子书阅读器、手机和游戏机等①，而这些产品的贴牌加工生产或自由品牌生产正是深圳市电子产品生产加工企业的强项。例如，深圳富士康科技集团是专业从事电脑、通讯、消费电子等 6C 产业的高新科技企业，自 1988 年在深圳地区建厂以来，借助入世契机迅速发展壮大，拥有 100 余万员工及全球顶尖 IT 客户群，为全球最大的电子产业专业制造商，连续 9 年雄居内地出口 200 强榜首，2011 年跃居《财富》全球企业 500 强第 60 位②。近年，深圳富士康又代工美国苹果公司 iPhone 的生产，依托于 iPhone 出货量强劲的增长，其控股

① 2011 年全美消费电子产品销售额达 1440 亿美元．（2012 - 02 - 15）．http：//tech. qq. com/a/20120215/000034. htm.

② 深圳富士康科技集团网站。

方中国台湾地区的鸿海集团 2011 年 12 月营业收入达3 170亿元新台币（合 106 亿美元），连续第 3 个月创下历史新高①，显示出深圳市企业在电子产品代工方面得天独厚的优势。

（二）服装产业品牌集群独领风骚，更易畅销美国市场

美国服装消费个性化、时尚化要求较高，而服装产业是深圳的传统优势产业，自 20 世纪 80 年代香港地区的制衣业向深圳转移发轫，经过 30 多年的发展，深圳已经成为我国最大的女装品牌生产基地，且入世以来，较快地实现了从“三来一补”、“贴牌生产”到原创设计、自创品牌、创立名牌的转变，总体实力不断增强，更易抢占美国服装消费市场。据统计，2010 年深圳服装业实现产值1 500亿元人民币，服装自有品牌产品的产值也由 20 世纪 90 年代初的不足 10% 上升到 2010 年的 50% ，而且这种变化趋势正在加快。

（三）深圳市产业结构升级优化步伐加快，对美进出口更趋平衡

入世十年，深圳市的产业结构发生深刻变化。2010 年，第三产业增加值占 GDP 比重达到 52. 4% ，比 2001 年提高了 6. 6 个百分点，初步形成二、三产业协调推动经济发展的良好态势；高新技术产业、现代金融业、现代物流业和文化产业四大支柱产业支撑能力明显增强，占 GDP 的比重超过 60% ，成为全国首个国家创新型城市试点；PCT 国际专利申请量连续 7 年位居全国首位，全社会研发投入占 GDP 比重达到 3. 64% ②。由于深圳市在部分高精技术领域仍同美国存在一定差距，在产业结构优化调整过程中，部分高、精、尖产品仍需从美国引进。如 2011 年，深圳市自美国进口高新技术产品 23. 7 亿美元，比 2010 年增长 26% ，高于同年深圳市自美进口整体增速 10. 2 个百分点，占同期深圳市自美进口总值的 43. 7% 。

四、三大桎梏拖慢深圳市对美贸易发展

（一）美国贸易保护主义抬头，深圳对美经贸发展受阻

入世以来，随着中国与美国贸易的蓬勃发展，美国官方统计的来自中国的贸易逆差大幅飙升，其国内贸易保护主义加剧，对贸易“不平衡”问题采取日益密集的贸易保护壁垒，其中很多措施都对深圳市产业起到影响。据统计，截至 2011 年 9 月，深圳遭遇美国 337 调查共 17 起，占同期全市贸易摩擦

---

① 富士康：苹果代工利润率仅 2% 受劳资矛盾困扰 .（2012 - 01 - 20）. http：//tech. 163. com/12/0120/04/7O6FB5PL000915BD. html.

② WTO 逼出更多“深圳狼”. 深圳特区报，2011 - 11 - 11.

案件的20%①，给深圳市与美国经贸合作蒙上一层阴霾。例如，2008年深圳市华为科技有限公司试图收购美国电信企业3Com公司，最终因美国政府所谓的“国家安全”的担忧而放弃；2010年8月，美国要求对华为等向美国电信运营商斯普林特公司供应设备一事进行全面调查，以评估可能的“国家安全威胁”，使华为、中兴通讯再遭“安全门”事件，丢失数十亿美元采购大单。特别是近年来出现了一个企业或行业同时遭遇两种以上贸易摩擦的情况，使深圳本土企业应对难度不断加剧。

（二）美国单方设限，深圳进口难度增大影响产业升级

美国在高新技术输出方面一直实施严格的限定政策，给深圳市企业进口生产急需的关键零部件带来较大难度，迫使一些企业不得不将生产环节拆分，将部分关键性生产环节放在国外，这不但增加了企业成本，也给整个产业调整升级造成了制度性障碍。2006年，美国推出一项新政策草案，要求对“可能促进中国军事现代化”的一些限制出口产品实行许可证制度。以往不受出口限制的、既可以用于军事用途也可以用于民用的部分高科技产品，如高性能计算机和加密产品，也进入限制列表。随后美国修订的“中国政策条例”宣布，从2007年6月19日起限制对华出口的产品共涉及20类、31个项目，其中包括飞机和飞机发动机、水下照相和动力系统、用于太空通信或空军的通讯设备等，这进一步导致深圳市进口商品步伐受阻，部分高精产品和关键零部件被迫寻求较差或采购成本更高的替代品，后起优势的发挥受到一定的限制。

（三）美国重振制造业计划或将冲击作为现阶段深圳贸易重要支撑的低利润、低成本的代工模式

虽然近年来深圳大力推进产业升级，但现阶段加工贸易仍然处在产业链的底端，大多情况下利润较低的代工模式仍然是对外贸易的重要支持力量，产业竞争力有待进一步提高。在产业转型升级有待加快的时期，近期美国出台“重振制造业”计划，决定采用多种手段吸引美资企业回国提供就业岗位，预计未来5年将有15%的美国企业从中国“回流”到美国本土，而最有可能回流美国的制造业包括运输工具、电子设备和器械、家具、塑料和橡胶制品、机械、金属制品和电脑，而这些商品恰恰是深圳对美出口的主要商品。由于目前深圳市劳动生产率远低于美国，加上劳动力、土地、环境保护等成本不

---

① 深圳市世贸组织事务中心．我中心参加商务部贸易壁垒和美国337调查应对培训会，2011－09－29.

断增加，如果深圳市企业不能继续保持创新发展势头，又逐步失去低成本的优势，将会导致低端制造和高端制造优势的双重流失，会是对全市对美贸易发展最大的挑战。

五、未来深圳市对美国外贸进出口展望

美国是深圳市在外贸发展中重要的贸易伙伴，虽然入世 10 年来双方贸易往来中难免遭受风雨洗礼，发展过程也跌宕起伏，但双方贸易融合程度较高、互补性较强，贸易关系密切，相信未来始终会曲折向前，风雨后的阳光将更加灿烂绚丽。对此，深圳市应抓住目前美国经济结构调整、实施“再工业化”需要大量融资的时机，鼓励深圳企业到美国投资，加快对美直接投资步伐，实现在直接投资中的良性互动和市场互换，为对美经贸下一步发展打下良好的基础。同时，加快产业结构调整的步伐，加大技术、设备的研发，提高全市产品的国际竞争力。

深港贸易：唇齿相依　携手并进

香港地区作为国际知名的金融、贸易与航运中心，与深圳毗邻而居，在内地改革开放中与内地，特别是与深圳形成唇齿相依的经济贸易关系。1997年香港地区主权回归祖国，再加上2001年年底中国加入世界贸易组织，深港两地经济融合更加深入，贸易往来更加密切。入世10年间，随着《珠三角地区改革发展规划纲要》、《粤港合作框架协议》、《深圳市综合配套改革总体法案》等规划的相继出台，广东与香港、澳门组成的粤港澳“大珠三角”正朝着共同打造亚太地区最具活力和国际竞争力的城市群目标迈进，而在这个“大珠三角”中，深圳处于内地同香港地区直接接触的前沿地带，也是内地市场同香港地区联系的最重要的通道；CEPA的进一步推广实施，使深港两地在此政策框架下充分发挥地缘优势，不断加强合作、优势互补，唇齿相依的密切关系愈发彰显，推动两地经济携手并进稳步发展。

一、唇齿相依，入世10年间深圳市对港贸易稳步发展

2001年年底我国正式加入世界贸易组织，为一直走在改革开放前沿的深圳提供了进一步走向世界的良机，深港两地经贸联系进一步紧密。入世10年间，深圳充分利用毗邻香港地区的区域优势，大力吸引香港地区企业来深投资，对保持产业和经济发展领先地位起到重要作用，同时，香港地区也表现出更强的经济活力和贸易动力。而且香港地区作为内地对外贸易的主要转口地，在深圳市与国际市场的贸易往来中充分发挥了桥梁与窗口的作用。入世以来，香港地区保持深圳市最大贸易伙伴地位，入世10年间深港双边贸易进出口由2001年的150.9亿美元飙升至2011年的1 139亿美元，年均增长22.4%。其中，出口由2001年的134.2亿美元飙升至2011年的1 128亿美元，年均增长23.7%；进口由2001年的16.7亿美元下降至2011年的11.4亿美元，年均下降3.7%。

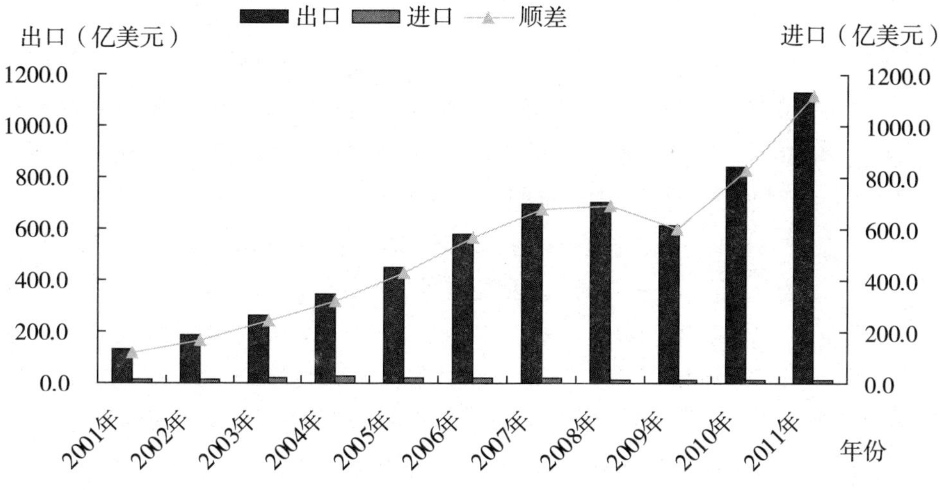

图 4.3.1　2001～2011 年深圳市对香港地区出进口贸易额及差额图

二、共同成长，入世 10 年间对港贸易结构优化

（一）加工贸易和一般贸易比重此消彼涨结构优化，特殊监管区域物流货物方式快速成长

入世 10 年间，加工贸易作为深圳市对香港地区进出口主要贸易方式的地位仍然稳固，在对香港地区进出口中的比重一直保持在 73% 以上，但总体呈现逐渐下滑态势。2011 年，深圳市对香港地区以加工贸易方式进出口 848.8 亿美元，比 2001 年增长 5.9 倍，10 年间年均增长 21.3%，占同期全市对港进出口总值的比重由 2001 年的 81.4% 降至 74.5%。其中，出口 844.3 亿美元，比 2001 年增长 6.7 倍，年均增长 22.7%，占同期对港出口总值比重由 2001 年的 81.5% 降至 74.9%；进口 4.5 亿美元，比 2001 年下降 66.6%。2011 年，深圳市对香港地区以一般贸易方式进出口 172.4 亿美元，比 2001 年增长 7.9 倍，年均增长 24.5%，占同期进出口总值比重由 2001 年的 12.8% 升至 15.1%。其中，出口 165.9 亿美元，比 2001 年增长 8.8 倍，年均增长 25.7%；进口 6.5 亿美元，比 2001 年增长 1.7 倍，年均增速为 10.4%。一般贸易的比重呈现上升的趋势，加工贸易的比重开始出现下降，反映深圳贸易结构处在逐步优化的过程中，转型升级取得一定成效。此外，随着特殊监管区域的发展，深圳市对香港地区以海关特殊监管区域物流货物方式进出口快速增长，2011 年突破百亿美元大关，达到 118 亿美元，比 2001 年增长 16.3 倍，年均增长 33%，高于同期深圳市对香港地区进出口总体年均增速 10.6 个

百分点。

（二）外商投资企业主导地位强化，私营企业动力强劲

入世10年间，外商投资企业始终保持深圳市对香港地区贸易中的贸易主导地位。2011年，外商投资企业进出口总值为791.3亿美元，比2001年增长7.5倍，年均增长23.9%，占同期进出口总值比重由2001年的61.5%上升至69.5%。其中，出口787亿美元，年均增长25%；进口4.3亿美元，比2001年下降46.9%。私营企业进出口显示出强劲动力，2011年进出口总值为268.3亿美元，10年间平均增长62.1%，高于同期全市对港贸易总体年均增速39.7个百分点。同期，国有企业进出口保持平稳发展，2011年进出口总值为75.7亿美元，比2001年增长38.1%，但年均增速仅3.3%，明显低于其他类型企业，所占比重也从2001年的36.3%下降至6.6%。

表4.3.1　2001～2011年深圳市主要企业类型对港进出口情况统计表

单位：亿美元,%

年份	国有企业		外商投资企业		私营企业	
	进出口值	占同年全市对港进出口值比重	进出口值	占同年全市对港进出口值比重	进出口值	占同年全市对港进出口值比重
2001年	54.8	36.3	92.8	61.5	2.1	1.4
2002年	61.6	30.8	126.4	63.2	11	5.5
2003年	69.5	24.5	195.9	68.9	17.5	6.2
2004年	74.9	20.4	260.7	71.0	29.4	8.0
2005年	70.4	14.9	350	73.9	50	10.6
2006年	79.3	13.2	455.1	75.9	58.3	9.7
2007年	78.9	11.1	555.5	77.8	74.3	10.4
2008年	74.4	10.3	569.5	78.9	74.7	10.4
2009年	59.9	9.6	475.1	76.2	86	13.8
2010年	66.7	7.8	640.7	74.4	146.3	17.0
2011年	75.7	6.6	791.3	69.5	268.3	23.5

（三）手机出口高歌猛进，服装出口步伐稳定，港产医药品需求旺盛

2011年，深圳市对香港地区出口机电产品877.6亿美元，比2001年增长9.9倍，年均增长27%。其中，手机出口增势明显，2011年出口218.1亿美元，年均增速高达78.7%，跃居出口第一大品种。自动数据处理设备及其部件出口174.2亿美元，比2001年增长11.4倍，年均增速28.5%。同时，服装也是深圳市对香港地区出口的重要商品，但增势较缓，2011年出口21.6亿美元，比2001年增长88.2%，年均增速仅为6.5%。

入世之初，深圳市自香港地区进口钟表机芯及零件、纺织品等产品较多，但随着内地制造能力的提升，上述品种进口逐渐减少，但香港地区生产的质优价廉的医药品仍然受到内地消费者的青睐。2011年，深圳市自香港地区进口医药品1.7亿美元，比2001年增长4倍，年均增速为17.4%。此外，进口初级形状的塑料4 833万美元，比2001年增长71.6%，年均增速5.5%。

三、两地一心，推动深港贸易深入发展

（一）优势互补强化双边贸易，内地制造业优势提供有力后方支持

香港地区服务业发展水平领先深圳，而珠三角地区又是世界制造业基地，两地产业的互补性较强，有力促进了深圳与香港地区贸易的快速发展。入世10年间，深圳市生产的手机、集成电路等电子产品对香港地区出口保持快速增长，显示了深圳市强大的制造业为香港地区经济克服金融危机影响、提升经济发展水平提供了稳固的后方支持。

（二）CEPA实施范围拓宽，辐射受惠面不断扩大

2004年1月1日起，《内地与港澳关于建立更紧密经贸关系的安排》（CEPA）开始正式实施，部分港澳产品进入内地得以享受零关税优惠，这有力地促进了深圳市与香港地区贸易的发展和双方经贸合作的深入。此后，内地与香港地区又分别签署了6个补充协议，其货物贸易降税范围逐步扩大，降税产品税号范围也由最初的374个扩大到1 576个，受惠辐射范围不断扩大，有力推动了两地贸易进一步发展。同时，得益于《海峡两岸经济合作框架协议》（ECFA）的实施，两岸四地贸易投资自由化、便利化及经济融合、产业整合不断深化，两岸四地经贸融合程度正在加深，对深港贸易也起到有效的推动作用。

（三）扶持措施营造良好环境，力促深港贸易稳步发展

入世10年间，一系列有助于促进香港地区经济发展的扶持政策相继出台。为稳定香港地区经济，加快其经济复苏步伐，2008年年底国家颁布了支持香港地区金融稳定和经济发展的14条措施；2009年中国人民银行等六部委共同发布了《跨境贸易人民币结算试点管理办法》，将香港地区列作境外试点

城市之一，并于同年7月7日正式启动①，跨境人民币结算制度的实施，有利于深圳市与香港地区企业规避汇率波动带来的风险，进一步降低结算成本。此后，国家还出台了《珠江三角洲地区改革发展规划纲要》和批复《深圳市综合配套改革总体方案》②，进一步明确香港地区与内地特别是与广东省、深圳市的经济融合及区域合作关系。随着各项扶持政策措施逐步落实到位和经济环境的逐渐回暖，港深两地共同克服金融危机的负面影响，双边贸易全面回升，深圳与香港地区贸易的稳定发展，亦有助于香港地区国际金融中心地位的巩固和提升。

四、休戚与共，深港贸易面临的主要障碍

（一）香港地区作为省内转运地的功能逐渐弱化

长期以来，香港地区由于地理位置优越、区内港口优良、航线众多、各项配套设施齐备，成为深圳市商品进出口的主要转运地，为深圳市对外贸易提供了极大便利，并形成了在内地外贸发展中的独有优势。但由于以深圳市为代表的珠三角地区港口码头等基础设施改善较快，服务成本较低，航运及物流业发展迅速，香港地区港口服务的相对优势逐渐弱化。此外，海峡两岸已实现“三通”，大陆对台货物可以通过直航运抵台湾，以往香港地区作为大陆与台湾之间中转站的作用在一定程度上被大幅削弱，这也在一定程度上对深港贸易起到分流作用。

（二）深港贸易商品结构有待进一步优化

尽管入世以来深圳市对港商品结构总体呈现优化态势，但目前深圳市对香港地区进出口机电产品仍集中于手机、集成电路等小型消费类产品及零部件类产品，高技术含量的大型设备等产品进出口比重较低，深圳作为连接香港地区与内地巨大腹地的桥梁，对香港地区在技术、装备等方面进行支持的作用仍有待进一步发挥。

（三）贸易环境不利、经营压力加大，深港经贸合作有待再度强化

2008年全球金融危机的爆发，给深圳市与香港地区之间的经贸关系带来巨大的冲击，欧美市场需求不振对港资企业的商品出口造成较大打击，而汇率形成机制改革以来人民币进入快速升值通道，也令深港出口竞争优势被逐渐削弱。与此同时，深圳市原料价格上涨、人力资源成本上升带来的成本压

---

① 深圳跨境贸易人民币结算业务启动．金融时报，2009-09-07.

② 港深合作面临新机遇、新空间、新突破．香港商报，2009-06-24.

力，亦使以低端制造业为主的港资企业感受到阵阵寒意，与深圳市本地企业在低端产业环节的竞争也更趋激烈，深港产业融合和彼此间贸易的深入发展受到一定制约，有待两地再次精诚合作，再铸辉煌。

五、紧密融合，深圳市与香港地区贸易的展望

入世 10 年来，深圳市与香港地区的经贸往来快速发展，特别是 CEPA 的实施，减少和消除了原先存在的贸易投资方面的制度性障碍，同时也提升了深港两地彼此间的依存度，得益于此，香港地区经济在亚洲金融危机后得到了较快恢复和稳定发展，香港地区经济开始加速向高附加值服务经济和知识经济方向转型；深圳市也能够更多地受益于香港地区的人才、资金、信息、物流等优势，两地经贸合作得以进一步拓展。虽然当前深圳市与香港地区贸易仍面临着一些客观条件的制约，但随着与香港地区的经贸融合更趋深入，预计深圳市对其进出口将沿着平稳快速的轨道继续发展。当前两地合作仍面临较好机遇，广东省政府正在研究向香港地区开放尚未开放的 15 个服务贸易领域，61 个部分开放的服务贸易领域也将全面开放。此外，深圳前海新区建设正在紧锣密鼓地推进，将成为广东着力打造粤港澳服务贸易自由化的示范区，对深港合作的深入开展起到有力的带动作用，下一阶段，仍需要继续拓宽深圳市与香港地区的多方交流与经贸往来，建立细致完善的沟通合作机制，建立统一和规范的服务行业标准，促进区域间资源优化配置和地区经济协调发展，将深圳与香港地区联系为一个有机整体，在未来的发展道路上紧密融合、携手并进，共同在国际经济舞台上扮演更为令人瞩目的角色。

东盟贸易：乘风破浪　同舟共济

深圳与东盟①隔海相望，是我国与东盟海上运输距离最短的城市之一。入世后，中国—东盟自由贸易区建设取得突破性进展，深圳市利用地缘优势把握契机、全面推进，顺应政策方向扬帆起航、乘风破浪。由于大多数东盟国家自身经济发展稍稍滞后，担任全球市场分工的角色也略有不同，深圳产业结构和外贸特征与其存在资源互补，即便身处席卷全球的金融危机，深圳市与东盟进出口贸易仍能保持稳健增长。

据海关统计，入世10年间，深圳市与东盟外贸进出口值由2001年的73.5亿美元上升至2011年的439.3亿美元，年均增长19.6%。其中，出口由2001年的24.5亿美元激增至2011年的179.1亿美元，年均增长22%，高出同期深圳市出口总体增长水平1.3个百分点；进口由2001年的49亿美元增至2011年的260.2亿美元，年均增长18.2%。10年来，深圳对东盟贸易始终保持逆差，2002~2006年逆差保持在同期贸易总值的4成以上，除2009年外，2007~2011年每年的逆差均保持在同期双边贸易总额的20%以上。

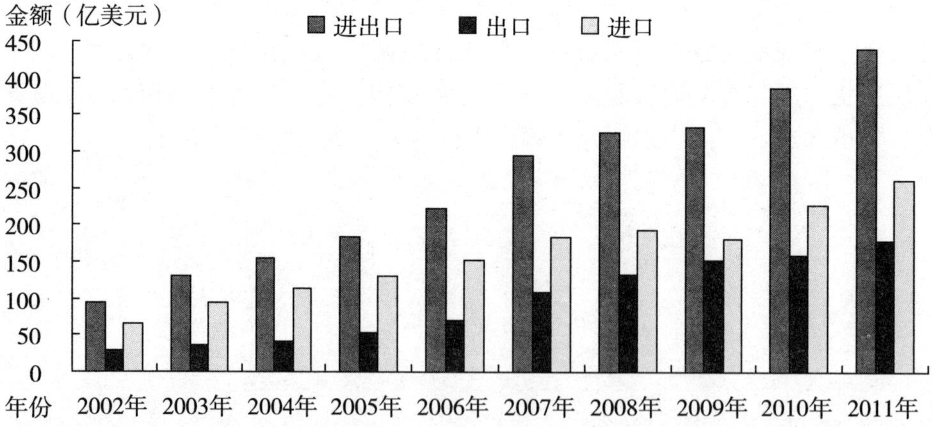

图4.4.1　2002~2011年深圳市与东盟外贸进出口值走势图

① 东南亚国家联盟（Association of Southeast Asian Nations，简称ASEAN）的简称，现有10个成员国：文莱、印度尼西亚、马来西亚、菲律宾、新加坡、泰国、柬埔寨、老挝、缅甸和越南。

一、10年间贸易历程：乘风破浪 同舟奋进

入世10年来，深圳市与东盟的外贸发展提交了一份“10年连续增长、突破400亿美元、年均增长30亿美元、增速近20%”的靓丽答卷。入世元年，东盟就超越欧盟，成为深圳市的第四大贸易伙伴，仅次于香港地区、美国和日本。2002年年底，我国与东盟签署的《中国与东盟全面经济合作框架协议》，使深圳与东盟双方的贸易往来不断升温，外贸总额逐年增长，2003年即突破100亿美元大关；2004年“早期收获”计划的降税进程启动，当年贸易总额即突破150亿美元；2006年、2008年和2011年又连续每年向上突破100亿美元。即使是在金融危机冲击下，2008年、2009年双边贸易仍然分别实现11.5%、1.9%的同比增长，明显优于同期深圳市进出口整体表现。

10年间，东盟在深圳市主要贸易伙伴中的位次也不断提升，2002～2004年蓄势待发，稳居第4位；2005～2008年间突飞猛进，分别超越日本或欧盟位居第三；2009～2011年，成为仅次于香港地区的深圳市第二大贸易伙伴。如果考虑到香港地区的转口作用，东盟实际上已成为深圳市的第一大贸易伙伴，是当之无愧的“无冕之王”。

10年间，深圳市与东盟各国贸易迅速发展，进出口规模明显扩大：2011年，深圳市与东盟成员国中经济较发达的马来西亚、新加坡和泰国进出口值分别为113.8亿美元、100亿美元和96.6亿美元，10年来年均分别增长19.8%、16.2%和19%。同期，与菲律宾、印度尼西亚和越南的进出口值为48.7亿美元、38.5亿美元和26.1亿美元，年均分别增长20.2%、18.6%和47.2%，与上述6国的贸易额占同期深圳市与东盟贸易总值的96.4%，而上述6国中除越南外均为东盟第一批老成员国；而与缅甸、文莱、柬埔寨及老挝4国贸易规模虽然较低，但增长依然强劲，均达到25%以上，尤其对缅甸和文莱的年均增速更实现了超过70%以上的迅猛增长。

表4.4.1 入世10年深圳市与东盟各成员国外贸进出口情况统计表

单位：亿美元，%

国别	进出口		进口		出口		年均增速		
	2011年	2001年	2011年	2001年	2011年	2001年	进出口	出口	进口
东盟	439.3	73.5	260.2	49	179.1	24.5	19.6	22.0	18.2
其中：									
马来西亚	113.8	18.7	84.4	15.1	29.5	3.6	19.8	23.3	18.8

续表

国别	进出口		进口		出口		年均增速		
	2011 年	2001 年	2011 年	2001 年	2011 年	2001 年	进出口	出口	进口
新加坡	100.0	22.3	48.5	10.8	51.5	11.5	16.2	16.2	16.2
泰国	96.6	17	65.1	11.5	31.5	5.6	19.0	18.9	19.0
菲律宾	48.7	7.7	34.4	6.4	14.2	1.3	20.2	27.1	18.3
印度尼西亚	38.5	7.0	11.2	5.0	27.3	2.0	18.6	30.0	8.3
越南	26.1	0.5	8.8	0.1	17.3	0.4	47.2	44.6	54.8
缅甸	9.4	0	7.2	0	2.3	0	70.5	52.7	88.6
文莱	2.8	0	0.0	0	2.8	0	87.9	87.9	0
柬埔寨	2.2	0.2	0.1	0.1	2.1	0.1	28.5	32.2	10.0
老挝	1.2	0	0.5	0	0.7	0	55.3	54.5	56.2

二、贸易结构的优化：升级换代 更上层楼

（一）加工贸易比重下滑，一般贸易反超居首

入世后，深圳市利用改革开放的先行优势，成为充分利用加工贸易、首批分得外贸发展蛋糕的受惠者，也是较早推动加工贸易转型升级的试验田，加工贸易长期保持与东盟的最大贸易方式地位。至 2011 年，深圳市对东盟以加工贸易方式进出口 181.7 亿美元，年均增长 13.7%，占同年全市进出口总值比重由 2001 年的 68.2% 降至 41.4%，10 年来首次被一般贸易方式超越。

深圳市以一般贸易方式对东盟进出口，在入世后特别是中国—东盟自由贸易区全面深化合作中获益颇多。除 2005 年外，一般贸易方式每年进出口增速均快于加工贸易，尤其是《中国—东盟全面经济合作框架协议》签署后的第一年（2003 年）和双边自由贸易区《服务贸易协议》开始实施的 2007 年，表现尤为抢眼，分别高出同期加工贸易增速 23 个和 47.3 个百分点。2011 年，深圳市对东盟一般贸易进出口 192.7 亿美元，10 年来年均增长 27.9%，快于同期加工贸易增速 14.2 个百分点，所占比重由 2001 年的 22.3% 增至 43.9%，首次超越加工贸易，成为最大贸易方式。

此外，2011 年，深圳市以海关特殊监管区域方式对东盟进出口 62.7 亿美元，年均增长 25.8%。

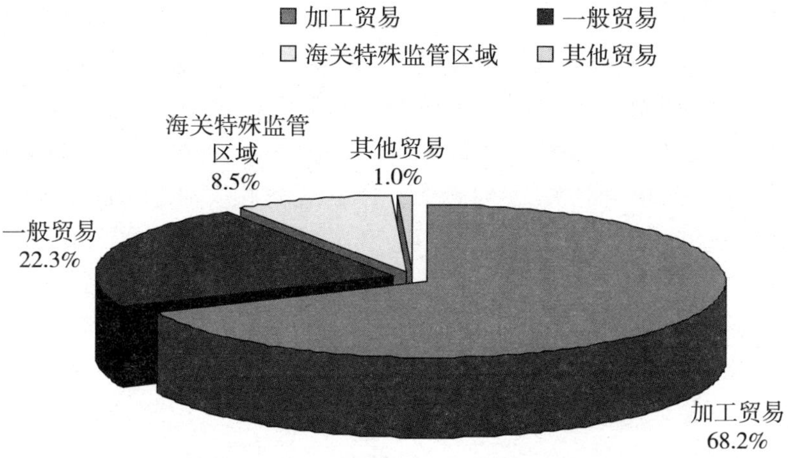

图 4.4.2　2001 年深圳市与东盟各贸易方式贸易值比重图

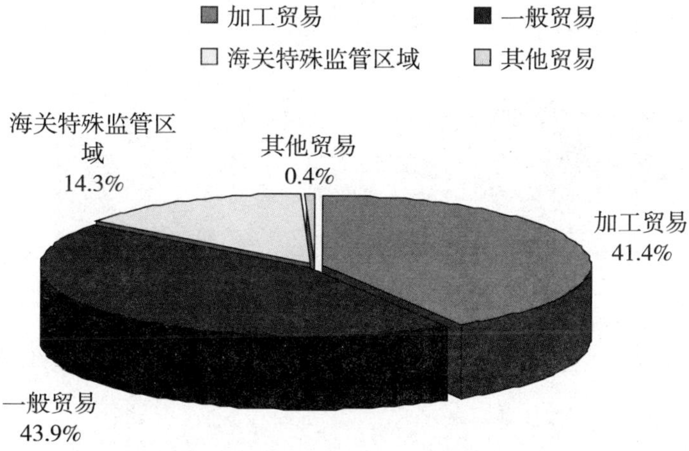

图 4.4.3　2011 年深圳市与东盟各贸易方式贸易值比重图

（二）外商投资企业居首位但近年来比重下滑，民营企业异军突起，国有企业退居第三

深圳市在利用外资方面一直走在全国前列，外商投资企业 10 年来也稳居头把交椅，一直占据深圳对东盟进出口的半壁江山，其中，2005 年比重达到 70.3% 的巅峰，此后逐年降至 2011 年的 49.8%。2011 年，深圳市外商投资企业对东盟进出口 218.9 亿美元，年均增长 16.1%。2008 年金融危机来袭时受创最深，当年同比仅增长 7.9%，低于同期民营企业 13.4 个百分点，金融危机深度蔓延的 2009 年更是下降 2.7%。2008 年，外商投资企业个数仅比金融危机发生前（2007 年）增加 43 家，2009 年甚至比 2007 年减少 227 家，为

2774 家。

2004 年对外贸易经营权的放开激发了民营企业对东盟国家的进出口热情，使其焕发出勃勃生机。2006 年，民营企业对东盟进出口一举拿下原属国有企业的亚军头衔，此后稳居第二。2011 年，民营企业对东盟进出口额达 159.8 亿美元，10 年间年均增幅达 41.7%，所占比重由 2001 年的 6.7% 飙升至 36.4%；有进出口实绩的企业数量也由 2001 年的 517 家激增至 2011 年11 358 家，其中政策放开后的 8 年内以年均 17.9% 的速度扩张。

在民营企业和外商投资企业的冲击下，国有企业所占份额逐步下降。2011 年，深圳市国有企业对东盟进出口 60.1 亿美元，年均增长 12%，在三大外贸主体中增速最慢，所占比重由 2001 年的 26.3% 降至 13.7%。

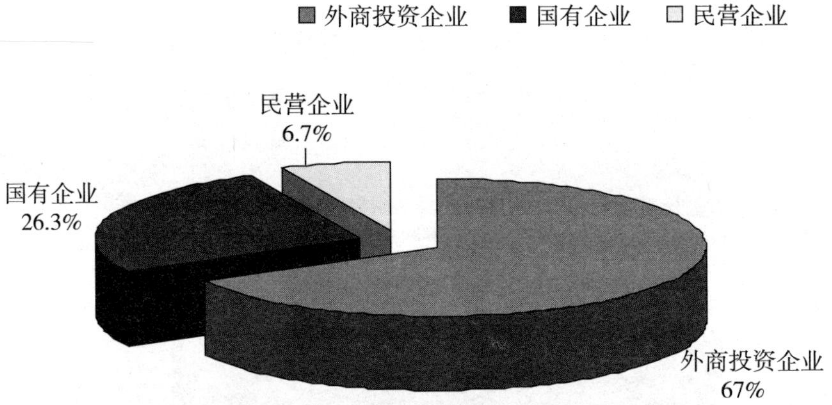

图 4.4.4　2001 年深圳市与东盟进出口经营主体比重对比图

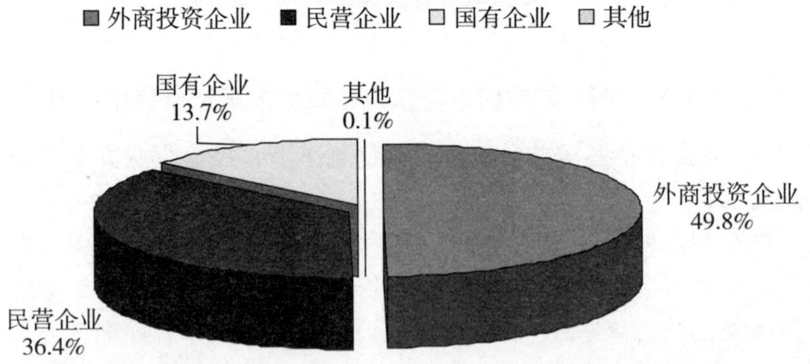

图 4.4.5　2011 年深圳市与东盟进出口经营主体比重对比图

（三）传统商品出口平稳增长，优势明显

10 年间，深圳市借助自身在机械、电子、纺织、化工等制造领域的优势，对东盟出口由低附加值的初级产品不断向高附加值、高技术含量产品转变。

机电产品最大出口商品地位稳固。作为深圳市对东盟出口的第一大类商品，机电产品 10 年间出口额累计达 683.2 亿美元，占同期深圳市对东盟出口总额的 70.9%。其中，2011 年出口 123.6 亿美元，10 年来年均增长 19.7%。

服装出口受金融危机影响冲高回落。2005～2007 年，深圳市对东盟服装出口以年均 1.5 倍的速度强劲增长，其中 2007 年更是创下 25.5 亿美元的历史最高水平。但由于金融危机的不期而至，人民币连续升值的压力，以及东盟成员国本身服装业成长迅速增加深圳企业进驻其市场的阻力等，2008～2009 年，对东盟出口连续两年同比大幅锐减，降幅分别高达 56.3% 和 45.2%，直至 2011 年形势才开始出现好转，2011 年出口 8.3 亿美元，比 2010 年增长 40.8%。

（四）受惠商品迎来进口高峰，能源依赖较低

近年来，部分东盟成员国新兴工业化发展取得长足进步，劳动力成本低廉的优势愈发突出，开始承担上游零部件的全球制造与供应，同时，东盟各国具有丰富的矿产资源、林业资源和海洋资源，其农产品、能源、资源性产品在与深圳市贸易中占有重要地位，也是降税后深圳市与东盟双方受益的主要领域之一。

机电产品进口位居第一且比重提升。入世 10 年，深圳市对东盟机电产品进口累计达1 273亿美元，占同期深圳市对东盟进口总值的 79.4%。其中，2011 年进口 199 亿美元，较 2001 年增长 9.1 倍，年均增速达 19.4%，占深圳市自东盟进口总值的比重由 2001 年的 40.4% 增至 76.5%。

早期收获优惠政策助推农产品进口。入世特别是我国与东盟早期收获协议的实施，使深圳市自东盟进口农产品热情高涨。其中，水果和蔬菜是最早受惠的商品，早期收获政策实施当年（2004 年）合计进口 1.4 亿美元，比实施前激增 1.4 倍。2011 年，深圳市自东盟进口农产品 14.8 亿美元，10 年来年均增速高达 54.5%，在深圳市自东盟进口中所占比重由 2001 年的不足 1% 上升至 5.7%。

资源性商品进口增减互现。2011 年，深圳市自东盟进口废塑料 1.1 亿美元，年均大幅增长 88.4%；进口原木 2.6 亿美元，年均增长 26.1%；进口成品油 10 年间累计 43.4 亿美元，深圳市自东盟进口总值的比重为 2.7%，而 2001 年无成品油进口记录。与此同时，部分资源性商品进口需求低迷，自东盟进口液化石油气及其他烃类气在 2003 年达到9 545万美元的高峰后逐年下滑，至 2010 年骤减至零进口；2011 年纸及纸板进口 0.6 亿美元，年均下降

0.01%；10年间，初级形状的塑料累计进口62.1亿美元，占同期深圳市自东盟进口总值的3.9%，年均仅增长4.7%。

三、未来贸易发展中面临的问题：暗礁隐现 隐忧犹存

（一）双边产业和优势产品结构相似度提升，同质化竞争趋于激烈

随着东盟自身制造业水平提升和劳动力资源优势显现，入世后期，深圳市与东盟经济结构的相似度不断提升，优势产业大多集中在纺织品、服装及电子产品等领域。其中，东盟发达成员国以机电产品制造业为其优势产业，发展相对滞后的成员国则以服装、制鞋等轻工产业为其优势产业。结构的相似性加剧了双边贸易的竞争激烈程度，一方面造成深圳和东盟各成员国在国际市场竞争激烈；另一方面，深圳和东盟的这些同质化优势产品要想进入彼此市场也会遇到较大的阻力。

（二）成本上升使深圳市传统劳动密集型商品失去相对竞争优势

入世期间，在土地、水电和劳动力成本不断提升及人民币对美元汇率屡创新高等多重因素共同影响下，深圳市传统劳动密集型优势产业竞争力有所下滑。相比之下，东盟国家廉价劳动力优势凸显，政府出台的税务减免等系列政策更为优厚，吸引了更多国际投资者。例如，越南提供四年免利得税、九年减半的租税优惠吸引外资，国际市场上纺织品、鞋类等部分订单开始向老挝、泰国、越南等国家转移，导致部分东盟成员国与深圳市产业同质化竞争进一步加剧，挤占了深圳市传统优势产业的国际市场份额。据越南海关统计，2011年越南进口纺织、制鞋和皮革原材料及辅料约122.7亿美元，同比增长24.7%。其中，从中国进口最多，达39.6亿美元，同比增长26.4%①。而同期，越南鞋类出口65.5亿美元，同比增长27.9%，其三大出口市场依次为欧盟（26.1亿美元，增长15.7%）、美国（19.1亿美元，增长35.5%）、中国（2.53亿美元，增长63%）②，目前越南已成为耐克公司鞋类的主要生产基地。从2011年美国传统劳动密集型商品进口来源分布看，对我国制造产品进口比上年仅增2.2%，在其前十大进口市场中增速最低，其中越南从2001年的第66位飙升至第4位，印度尼西亚、印度和孟加拉国紧随其后，分

① 越南从中国进口纺织和皮革原材料及辅料增长较快．（2012－02－08）．http：//www.cacs.gov.cn/.

② 2011年越南鞋类对华出口增长63%．（2012－02－08）．http：//www.cacs.gov.cn/.

别排第8、11、15位，均比2001年有所提升。传统劳动密集型是深圳优势产业，随着中西部地区经济快速发展和承接产业转移，劳动力向内地回流趋势加快，导致劳动力数量短缺的同时成本也显著提高，其对东盟的出口形势相比全国更加恶化。

（三）高新技术产品对东盟市场的开拓力度不足，部分高附加值产品出口呈现负增长

近年来，深圳市加快了产业升级步伐，但在部分电子加工制造企业外迁的同时，本土高新技术和自主产业发展仍然较慢，外贸增长仍然依赖“加工贸易+外商投资”模式，不少企业进口产品后只是进行简单加工就复出口，缺乏高新技术支持，在东盟市场的开拓上也滞后于同期海外其他地区。2011年，深圳市高新技术产品对东盟出口84.8亿美元，比2001年增长4.4倍，10年平均增长18.4%，低于深圳对东盟出口10年平均增速3.6个百分点，特别是部分附加值较高的产品出口呈负增长走势，也拖慢总体出口增长步伐，如2011年自动数据处理设备的零件对东盟出口7.7亿美元，比2001年下降17.6%，10年平均下降1.9%。

四、贸易前景展望：面向大海 春暖花开

深圳市产业特征与东盟既有竞争性，也有互补性，随着中国—东盟自由贸易区的全面推进，以及对话沟通机制的日益成熟，深圳市与东盟的贸易关系将进入一个深化发展的新阶段。因此，应进一步加快深圳市产业结构调整，加强对具有核心自主知识产权和品牌企业的培育，形成与东盟国家错位竞争的格局，增强双方合作互补性和紧密性；不断完善投资促进和服务体系，加快推进投资便利化进程，充分发挥投资对贸易的拉动作用，在吸引东盟各国扩大对深圳投资的同时，也积极支持深圳企业赴东盟国家投资兴业，加大开拓市场力度；相关部门及行业协会应密切关注东盟市场波动，及时发布预警信息，提升企业风险抵御能力，并支持和引导企业充分利用自由贸易区优惠政策，增强开拓市场能力，推动深圳市企业在与东盟市场密切合作的航道上乘风破浪，加速行驶。

新兴市场：取长补短　进退有节

新兴市场通常具有劳动力成本低、天然资源丰富的特征。我国作为“金砖国家”① 之一，加强与其他新兴市场国家的贸易合作，是一个“取长补短”、互补共赢的过程。我国通过加强与新兴市场②的贸易合作，促进外贸市场多元化发展，可以降低国际金融危机的影响，分散贸易风险；新兴市场国家和地区利用其资源优势，在向我国提供大量的原材料及具有比较优势的工业制成品的同时，通过从我国引进一些技术和产品，亦可借此获得先进生产技术，改善收入，提高消费能力，并带动经济发展。深圳市作为改革开放的前沿阵地，是我国与新兴市场外贸往来的开路先锋，得改革开放之东风，入世以来深圳市与新兴市场外贸进出口的蓬勃发展，成为深圳市外贸的一道亮丽风景线。

一、入世10年深圳市对新兴市场进出口快步前行

据海关统计，入世以来，深圳市对新兴市场进出口贸易除2009年因全球金融危机呈现出负增长外，其余年度均保持快速增长态势，2007年进出口增幅一度达到82.6%。到2011年，深圳市对新兴市场进出口总值由2001年的22.2亿美元增长至369.2亿美元，10年平均增长32.4%。

---

① 2001年美国高盛公司首次提出“金砖四国”概念，囊括了全球最大的四个新兴市场国家。“金砖四国”（BRIC）引用了巴西、俄罗斯、印度和中国的英文首字母，由于该词与英文中的砖（Brick）类似，因此被称为“金砖四国”。南非加入后，其英文单词变为“BRICS”，并改称为“金砖国家”。

② 本文以非洲、拉丁美洲、印度和俄罗斯作为一个整体的新兴市场概念。

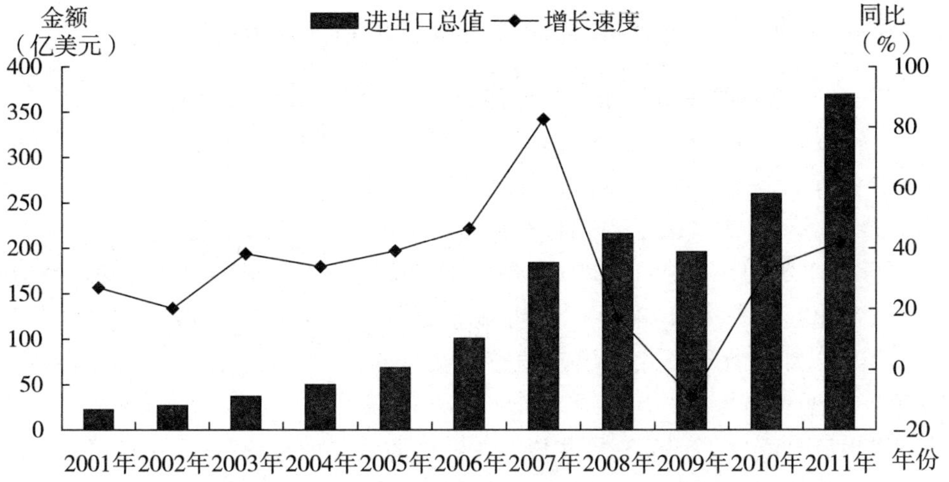

图 4.5.1　2001～2011 年深圳市对新兴市场贸易总值变化趋势图

其中，对新兴市场出口于 2007 年突破 100 亿美元，为 147 亿美元；2011 年攀上 200 亿美元，10 年间，由 2001 年的 11.3 亿美元增长至 2011 年的 232.5 亿美元，年均增长 35.3%。自新兴市场进口规模也于 2011 年首次突破百亿美元大关，由 2001 年的 10.9 亿美元增长至 2011 年的 136.6 亿美元，10 年平均增长 28.7%。从贸易平衡情况看，入世第一年的 2002 年出现逆差 4 684万美元，2003 年以后转为顺差，此后顺差规模逐步扩大，2011 年顺差 95.9 亿美元，10 年平均增速高达 74.5%。

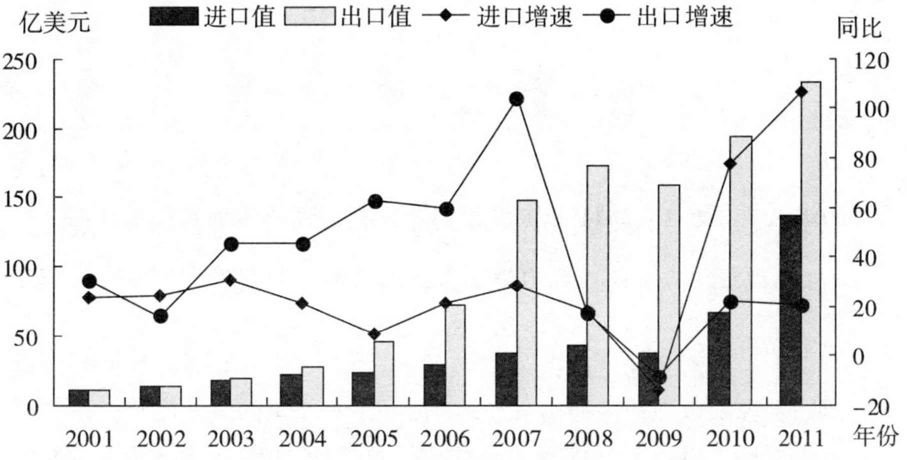

图 4.5.2　2001～2011 年深圳市对新兴市场进出口贸易发展趋势图

二、入世10年深圳市对新兴市场进出口主要特点

（一）一般贸易占据进出口半壁江山，加工贸易进出口迎头赶上

入世以来，深圳市以一般贸易方式对新兴市场进出口增长迅速，2007年首次突破百亿美元，占当年对新兴市场进出口值的比重达到入世10年间的最高峰68.5%。到2011年，全市以一般贸易方式对新兴市场进出口193.5亿美元，比2001年增长21.7倍，10年平均增长率36.6%；占同年全市对新兴市场外贸进出口总值的52.4%，所占比重比2001年提高了14.1个百分点。2011年，以加工贸易方式进出口值首次突破百亿美元，达到137.7亿美元，比2001年增长9.9倍，10年平均增长率26.9%，占2011年全市对新兴市场外贸进出口总值的37.3%；同年以海关特殊监管区域进出口37.3亿美元，比2001年增长37倍，10年平均增长率43.9%。

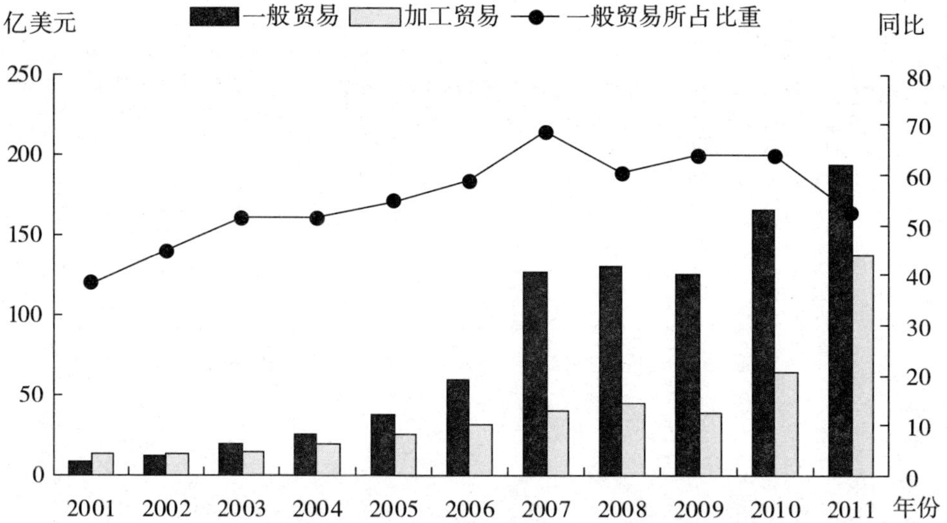

图4.5.3　2001～2011年深圳市对新兴市场贸易性质结构对比图

（二）私营企业大步向前成为最主要贸易力量，外商投资企业及国有企业地位下滑

入世以来，私营企业凭借其经营灵活的优势，主动改变经营策略以适应经济环境，表现出极强的生命力。在2007年以38.2%的最大比重一举夺得深圳市对新兴市场进出口贸易的桂冠，此后，比重虽回落至2011年的28.9%，但依然占据最大贸易主体地位。2011年，深圳市私营企业对新兴市场进出口106.5亿美元，比2001年增长88.5倍，10年平均增速56.7%，明显高出同

期全市对新兴市场进出口32.4%的平均水平。与此同时，外商投资企业进出口84.2美元，比2001年增长7.1倍，10年平均增长23.3%，所占比重由2001年的46.8%下降到2011年的22.8%；国有企业在新兴市场的开拓力度相对较小，2011年进出口54.4亿美元，比2001年增长4.3倍，10年平均增速为18.2%，所占比重由2001年的45.8%回落到2011年的14.7%，市场份额显著萎缩。

表4.5.1　2001~2011年深圳市主要类型企业对新兴市场进出口情况统计表

单位：亿美元,%

年份	进出口总值	私营企业		外商投资企业		国有企业	
		进出口值	占同年进出口值比重	进出口值	占同年进出口值比重	进出口值	占同年进出口值比重
2001年	22.2	1.2	5.4	10.4	46.8	10.2	45.9
2002年	26.7	3.6	13.6	11.9	44.5	10.4	38.9
2003年	36.9	6.3	17.2	14.7	39.8	14.0	38.0
2004年	49.4	8.8	17.8	19.7	39.8	16.2	32.7
2005年	68.7	14.3	20.9	25.9	37.7	19.3	28.1
2006年	100.8	26.3	26.1	38.5	38.2	20.9	20.7
2007年	184.0	70.3	38.2	54.4	29.6	31.7	17.2
2008年	216.0	60.7	28.1	67.1	31.1	49.6	23.0
2009年	195.8	61.7	31.5	54.1	27.6	41.2	21.0
2010年	259.8	86.8	33.4	74.2	28.6	49.0	18.9
2011年	369.2	106.5	28.9	84.2	22.8	54.4	14.7

（三）"金砖国家"为主要贸易伙伴，其中对南非进出口异军突起成为最大伙伴

深圳市对新兴市场的贸易以"金砖国家"为主。2011年，深圳市自南非、印度、俄罗斯和巴西四国进出口合计由2001年的9.4亿美元上升到203.1亿美元，10年平均增速为36%。其中，对南非贸易总值于2011年首次突破百亿，达103.7亿美元，占同期深圳市对其他金砖国家进出口额的51.1%，一跃成为深圳市新兴市场中的最大贸易伙伴。此外，受益于国家间关系的改善，加上政府的贸易政策、管理制度和扶持力度加大等外贸经营环

境趋好的刺激，深圳企业开拓相关市场的热情得到较大提升。如 2007 年是俄罗斯的“中国年”，深圳市与俄罗斯萨马拉州建立了友好市省关系①，当年深圳市对俄罗斯进出口贸易总额创入世 10 年来峰值 29.4 亿美元，占同年对其他金砖国家进出口总额的 37.7%。

表 4.5.2　2002～2011 年深圳市对新兴市场主要国家进出口情况统计表

单位：亿美元，%

年份	进出口总值	金砖国家合计		南非	印度	俄罗斯	巴西
		进出口值	占同年进出口值比重	进出口值	进出口值	进出口值	进出口值
2001 年	22.2	9.4	42.3	3.3	1.5	2.7	1.9
2002 年	26.7	11.2	42.0	2.7	2.2	4.0	2.2
2003 年	36.9	15.3	41.4	3.2	2.8	6.1	3.2
2004 年	49.4	22.8	46.2	4.6	4.4	9.1	4.7
2005 年	68.7	28.5	41.5	5.5	8.7	9.3	4.9
2006 年	100.8	39.9	39.6	9.6	11.6	10.4	8.4
2007 年	184.0	78.0	42.4	13.1	23.4	29.4	12.1
2008 年	216.0	85.8	39.7	12.8	32.7	23.5	16.7
2009 年	195.8	85.8	43.8	15.7	43.4	13.2	13.5
2010 年	259.8	125.3	48.2	35.6	41.4	26.0	22.3
2011 年	369.2	203.1	55.0	103.7	42.7	29.2	27.5

（四）机电产品进出口一肩担两头，进出口商品“以长补短”格局明显

入世 10 年，深圳市对新兴市场的贸易商品结构不断进行调整优化。出口方面，机电产品（包括电器及电子产品和机械设备）为主要贸易产品，自 2008 年突破百亿美元后，2011 年达到 166.2 亿美元，比 2001 年增长 25 倍；10 年平均增速为 38.5%，增速高出同期全市对新兴市场出口整体水平 3.2 个百分点；占 2011 年的出口总额的比重由 2001 年的 56.6% 上升到 2011 年的 71.5%。此外，2011 年深圳市对新兴市场传统劳动密集型产品出口 40.7 亿美元，所占比重由 2001 年的 23.9% 下降至 2011 年的 17.5%。

---

① 深圳市与俄罗斯萨马拉州建立友好市省关系．深圳晚报，2007－01－25.

进口仍以机电产品为主。2011 年深圳市自新兴市场进口机电产品由 2001 年的 3 亿美元上升至 29 亿美元，10 年平均增速为 25.4%，增速低于同期全市对新兴市场进口整体水平 3.3 个百分点；占 2011 年全市对新兴市场进口总额的 21.2%。其中，集成电路进口 23.2 亿美元，为进口第一大品种。同时，资源性产品进口大幅增加，体现出深圳市与新兴市场在产业链的上下游关系更为紧密，“取长补短”有利于增强深圳市经济发展后劲，也能拉动新兴市场经济建设。2011 年，未锻造的铜及铜材进口由 2001 年的 722 万美元增长至 3.8 亿美元，10 年间平均增速为 48.8%，增速显著高出同期全市对新兴市场进口整体水平 20.1 个百分点；成品油进口 1.8 亿美元，比 2010 年增长 2.3 倍；珠宝和大豆均进口 1.3 亿美元，分别比 2010 年增长 34.7% 和 64.5%。

三、兄弟阋墙，深圳市对新兴市场外贸进出口问题犹存

（一）贸易壁垒层出不穷，开拓新兴市场艰难曲折

由于全球金融危机的影响，新兴市场国家纷纷以设立贸易壁垒方式来保护本国产业。例如，印度密集地对我国发起贸易救济调查，截至 2011 年 12 月 21 日，印度商业和工业部向印度议会提交的数据显示，其下属反倾销和联合税收总局累计向中国发起 149 个反倾销调查，占印度反倾销案件总数的近 55%①，特别是 2009 年年底，印度对我国电信设备商启动同步数字传输设备（SDH）反倾销，最高反倾销税率达到 236%，这给深圳市的中兴、华为等企业造成了巨大的贸易损失，仅半年即有 450 张总值超过 20 亿美元的订单未获通过，其中包括中兴通讯、华为、联想、烽火通信等 25 家中国公司②。2010 年 7 月，印度将 26 家海外电信设备供应商列入“黑名单”，其中 25 家为中国企业，且有多家为深圳市企业③，使深圳市企业在印度电信设备供应市场上雪上加霜。又如，俄罗斯陆续提高对汽车、钢材、鞋等的进口关税，以及原木、铁矿砂、石油等原材料的出口关税，极大限制了中俄贸易的发展。由于鞋类是深圳市出口传统产品，原木等货物是深圳经济发展的重要材料，进出口成本的上升削弱了深圳产品在国际市场的竞争能力。巴西则采取严格的许可证

---

① 中国为印度最大反倾销对象国．（2011－12－23）．http：//news. xinhuanet. com/world/2011－12/21/C_ 111269848. htm.

② 中兴华为的印度劫．新世纪，2010－07－19.

③ 25 家中国电信设备商印度被禁售 华为中兴在列．（2010－07－19）．http：//miit. ccidnet. com/art/32559/20100719/2119517_ 1. html.

管理制度，对自我国进口产品设立更高的门槛。各种贸易壁垒对我外贸进出口设置重重障碍，深圳市企业开拓新兴市场步履蹒跚、道长且阻。

（二）新兴市场自身竞争力增强，外贸进出口遭遇劲敌

与其他新兴市场国家相比，目前中国传统的劳动力成本优势逐步减弱，新兴市场国家与中国在国际市场上的竞争关系逐渐凸显。美国咨询公司 Aplixpartners 出具的一份报告显示，在制造成本低廉程度的排行榜上，中国从 2008 年的第 4 位跌至 2009 年的第 6 位，排在中国之前的依次是墨西哥、印度、越南、俄罗斯、罗马尼亚①。其中，俄罗斯与罗马尼亚的成本竞争力得益于汇率的波动；印度成本竞争力则来源于人口基数和结构年轻化，目前印度 51% 的人口年龄在 25 岁以下，66% 的人口年龄在 35 岁以下②。近年来，印度积极发展制造业，以廉价的劳动力及更具吸引力的优惠政策成为发达国家产业转移的新目标。2003 ~ 2009 年，中国工人的工资上调超过 100%，而印度这一数字只有 40%③。2012 年，深圳的最低工资标准提高到 1500 元后，同比涨幅达 13.6%④，比 2001 年的 574 元提高了 1.6 倍⑤。加上近年来人民币升值、土地成本上升等因素，“深圳制造”在国际市场竞争能力减弱迹象显现，如深圳手机制造业首当其冲，面临来自印度等地区争夺国际市场份额的挑战。

四、深圳市对新兴市场发展前景的展望

深圳市外贸对发达国家依赖程度高，对新兴市场的贸易规模依然较小。当前，主要经济体受债务危机困扰，经济持续低迷，需求相对疲软，因此，促进贸易结构多元化发展，不仅能在短期内规避欧美债务危机带来的出口问题，从长远看，也是深圳市从贸易大市向贸易强市转型的突破口。近年来，随着我国改革开放的深入及国内外竞争形势的变化，我国也越来越重视对新兴市场的开拓工作，2012 年计划选取约 30 个新兴市场国家，作为今年及未来

---

① 中国制造成本攀高 低廉程度全球排行跌至第六．（2010 - 03 - 08）．http：//www.yzw.cc/info/detail/45 - 30599.html.

② 国际劳工组织报告：印度成全球劳动力最丰富国家．（2010 - 07 - 30）．http：//intl.ce.cn/specials/zxxx/201007/30/t20100730_ 21672787.shtml.

③ 中国劳动力成本增加 印度欲趁机抢夺市场．（2011 - 09 - 11）．http：//intl.ce.cn/specials/zxgjzh/201109/11/t201110911_ 22687820.shtml.

④ 深圳市最低工资 2 月份起提高到 1500 元/月．（2012 - 01 - 30）．http：//news.163.com/12/0130/16/7P1EGF4J00014JB5.html.

⑤ 深圳市劳动局关于公布深圳市 2001 年度最低工资标准的通知．百度文库．

若干年外贸多元化战略重点突破市场，力争到2015年，我国与欧美日等传统市场以外市场贸易占比提高5个百分点。深圳应顺应形势，全面完善涵括推进外经贸增长方式的转变、优化进出口产品结构及“走出去”战略，鼓励深圳市企业加强对新兴市场开拓，如加大政策、资金支持力度，加强进出口银行、信用保险等政策性金融机构对开拓重点市场的支持，调整中小企业市场开拓资金支持方向等，提高对中小企业开拓国际市场补助标准，从而进一步促进企业对新兴市场开发的积极性。另外，随着我国外贸进出口快速发展，我国外贸面临的贸易摩擦也将种类越来越多、范围越来越广，问题越来越复杂、应诉难度越来越大，因此，应发挥各行业协会作用，支持企业积极面对各种贸易壁垒，做到“进退有节”。

附录

附录1 2010年深圳市外贸城市竞争力

深圳是我国融入经济全球化进程的先锋城市，“入世”像一台巨大的引擎，吸引大量外资，引导当地经济在“快车道”上加速前行。2003年起，深圳市进出口规模突破千亿美元，与上海、苏州、北京、东莞齐称“外贸航母级”城市（以下简称“外贸大市”）。2008年的金融危机，使全球经济版块松动，此后系列冲击接踵而至，欧美市场提振措施屡遭挫败、新兴市场通货膨胀隐忧浮现、国际能源资源价格震荡上扬、国内宏观政策紧缩性调整，以及人民币相对升值与被迫升值交错出现，深圳市外贸竞争力受到全方位的考验。如今，深圳出口在独享十九连冠的殊荣时，不得不面对快速成长过程中伴随的诸多问题。根据海关总署编制的“2008～2010年中国城市外贸竞争力排名”情况，在外贸环境风云激荡的这三年间，在所有293座参与评价的城市中，深圳市外贸水平、效益、潜力二级指标独占鳌头，奠定了其外贸综合竞争力第一的稳固地位，但不可忽视的是潜藏在外表下的发展减速和结构短板等隐忧。

一、深圳外贸发展的相对竞争优势

（一）外向型经济特征最为突出，改革开放策源地拥有外贸发展的“天时”和“地利”

在我国改革开放最先敞开的窗口中，深圳的外源性经济特征最为显著，2008～2010年间，外贸依存度均处于300%左右的高位，居全国之首；人均进出口额、万人外贸企业数量均遥遥领先，即便扣除“外商投资＋加工贸易”模式从境外流入的部分价值，但仍未动摇出口收入总体规模的榜首地位；而且凭借排头兵的先发优势，外资企业投资设备平均进口额、人均实际利用外资额两项指标居高不下。与此同时，同属改革先行、外向型城市的苏州、东莞，以上指标均落后于深圳。2010年，深圳人均进出口额、万人外贸企业数量分别是位居第2名的东莞的2.1倍和2.2倍，外资企业投资设备平均进口额、人均实际利用外资额分别高于位居第2名的苏州4.4%和30.2%；经济总量最大的综合型城市——上海出口收入也不得不屈居次席，低于深圳25.4%。随着外围市场需求回暖，深圳对外贸易在经历了2009年的深跌后迅速反弹，净出口对本地生产总值增长的主动拉动作用明显增强，以66.7%的成绩位居榜单第23位，分别比同属外向型经济的东莞、苏州高出11个和20.8个百分点。

（二）日臻完善的基础设施建设为深圳外贸后期持续增长增添底气

由于毗邻国际金融、贸易、航运中心香港，背靠我国出口加工基地珠三角，深圳的区位优势指数始终高居榜首，目前设有1个国家级一类空运口岸、5个一类陆路口岸和1个海运口岸。其中，盐田港发展成为全国集装箱吞吐量最大的单一港区，也是目前中国大陆远洋集装箱班轮密集度最高的单个集装箱码头；蛇口港拥有深圳最大的客运码头，是华南地区重要的粮食、建材集散中心和内贸集装箱中转口岸；作为我国第一个实现海陆空联运的现代化航空港，宝安机场开通了107条国际国内航线，可到达80余个国内国际城市和地区，是我国第四大航空港。基础设施日臻完备是物流运输畅通发达的前提，海陆空航线拓展成为城市经济发展的动脉，在此带动下，深圳人均货运量除了2009年有所下滑外，均名列全国前10位；凭借科技工业园、福田沙头角保税区、盐田保税物流园区、前海湾保税港区和出口加工区等第4类先导区的同步发展，深圳的政策区位优势发挥得更加淋漓尽致，承接国际产业转移步伐加快，连接国内外两个市场的效用增强，在招商引资、带动区域经济增长上发挥着重要作用，特殊经济区个数比重指标的排名以每年2个位次的速度向上提升。

（三）出口产品技术全面升级，加工贸易技术传导带动效应增强且差距有所缩小

面对百年一遇的金融危机，地方政府开始将经济重心越来越多地转移至可持续发展上，加大科研投入力度，提供优越的高新技术产业发展环境，以便扶持具有地方特色的自主品牌，孕育出具有地方特色产业及其代表企业。2010年，全球PCT国际专利申请前10强企业中，中兴、华为分列第二和第四；国内发明专利授权十强企业中，深圳占有5席，分别为华为、中兴、富士康、比亚迪、腾讯；PCT国际专利申请量连续7年居全国首位，约占全国申请总量的43%。从产业结构看，深圳市生物、互联网、新能源三大战略性新兴产业整体增速高于GDP增速2倍以上①；万元GDP能耗和水耗分别下降到0.47吨标准煤和18.7立方米，均为全国最低。从贸易结构看，2010年，高新技术产品进出口占当年深圳进出口总值的比重达57%；尽管一般贸易出

① 2011年深圳全社会研发投入占GDP比重达3.66%.（2012－01－16）.http：//news.163.com/12/0116/09/7NSNTL0J00014JB5.html.

口商品的技术水平长期滞后于加工贸易，但以加工贸易为引导、提升出口产品技术高度的特色路径已显现成效，金融危机发生前后的3年间，虽出口规模大幅缩水，但技术高度指标却逆流而上，2010年全产品和一般贸易产品出口高度指数分别达80.2和76.9，高出2009年0.4个和1.3个百分点，高于2008年5.3个和5.4个百分点，位居全国第五和第四。

（四）培育出一批具有进出口带动力的龙头企业，面对外部市场变化表现稳定

深圳的地缘政策优势使众多企业的进出口行为更加活跃，平均进出口规模在2009年虽缩水9.4%，但在全国排名反而上升了9个位次；2010年随着环境转好，该指标大幅反弹17.4%，表明抵抗外部风险能力比其他城市相对较强。同时，深圳与上海、苏州和北京这四大城市合计聚集了国内一半以上的外贸500强企业。2010年，深圳大企业（指进入全国外贸500强企业）数量不及外贸企业总数的0.5%，但涉及进出口值占当地外贸进出口比重却高达53.2%，特别是2009年众多中小企业挣扎在微利与亏损的生存线时，抗风险能力强的大企业责无旁贷地充当中流砥柱的作用，其涉及进出口比重在全国排名中，在2008年第19名基础上提升了2个位次，成为稳定深圳经济、帮助中小企业安全过冬的“诺亚方舟”。

二、深圳外贸发展的相对竞争劣势

（一）贸易状态不平衡与贸易条件恶化现象同时存在，前期发展高速导致后续乏力问题凸显

一方面，深圳外贸结构以出口为导向，长期形成的贸易顺差一时间难以扭转，2008～2010年间，净出口值占贸易总值比重虽然逐年减轻，但2010年仍高达17.8%，外贸平衡度指标排名由2008年的第57位降至第64位；另一方面，深圳产业以电子轻工为主，进入门槛低、技术周期短、同业竞争激烈，导致出口产品价格下滑较快。相比之下，为振兴经济，各国接连采取量化宽松政策，让危机后国际大宗商品价格持续高企，深圳贸易条件陷入恶化局面。此外，由于对外界变动情况的反应更为敏锐，深圳进出口变化幅度明显大于全国同期水平，加上前期发展的突飞猛进抬高了基数，2008年金融危机来袭前出口增速已明显低于同期全国10.6个百分点，导致变差优势指标被远远甩在200名开外。

（二）内外部市场环境双面夹击下，出口市场和产品的结构失衡问题仍未消除

结构失衡暴露了地方产业应对贸易摩擦、国际市场格局变动的脆弱性，也是深圳外贸分项竞争力的长期短板。2010 年，全球经济低位徘徊，外贸发展方式转变的需求迫在眉睫，在国内经济重整待发、刺激进出口恢复生机之时，深圳市外贸结构并未实现同步改善，结构竞争力指标 3 年来排名均在 60 名开外。其中，多元化指标难以出现起色甚至排名下滑。究其原因，主要有以下两方面：

一是市场多元化战略并未产生实效，相对其他外向型城市的落后局面难以改变。2009 年金融危机深陷期，国外消费市场低迷加上贸易保护抬头，导致市场多元化战略受阻，如浙江温州大幅下滑 88 位。相比之下，深圳出口市场数量缩水速度低于东南沿海其他城市，其等价数目与榜首城市的差距也由 2008 年的 28.8 个缩小至 18.1 个，但随着危机负面影响的逐步消散，又出现重新拉大趋势，2010 年低于最高值 80.1%，比上年扩大了 1.9 个百分点，在广东所有参与评比的城市中，仅好于汕尾、河源等粤东经济欠发达地区，列倒数第三；与长三角地区城市差距更大，分别低于江苏和浙江每座城市平均水平 45.8% 和 50.5%。

二是由于产品种类集中、结构雷同、竞争低效，日渐恶化的贸易环境给不合理的产业结构敲响了警钟。2008 ~ 2010 年间，深圳出口产品等价数目指标不仅步履蹒跚甚至持续倒退，2010 年为 43.8 个，分别比 2009 年和 2008 年减少了 5.4 个和 13.4 个，分别低于广州和东莞 53.8 个和 27 个，更低于三连冠浙江杭州产品数量 168.7 个，仅相当于浙江省平均水平的 48.6%。从商品结构看，2010 年，深圳前六大 HS 四位商品集中在电话机、集成电路、液晶装置、打印机、自动数据处理设备及其零部件上，合计进出口占据当年深圳进出口总值的 47.9%，而浙江省前六大 HS 四位商品集中在船舶、铁矿砂、液晶装置、纺织纱线及半导体器件上，合计进出口占据当年浙江进出口总值的 11.4%。以上两点表明深圳外贸发展进入相对成熟阶段，结构失衡成为可持续发展的最大障碍，实现贸易增长方式的转变刻不容缓。

（三）加工链条延伸和技术外溢作用发挥不足，对周边地区辐射力有待加强

加工贸易长期占据深圳市出口主导地位，金融危机下“两头在外”的外贸模式遭受严重冲击。2009 年深圳整体出口下降 10.6%，其中 9.1 个百分点来自加工贸易。主要原因有以下两点：

一是加工贸易的技术外溢作用依然薄弱，由于身处全球产业分工的中间环节，上游技术和下游供应两头被外方垄断，不利于本地产业对加工贸易技术优势的吸收和转化。尽管深圳在全产品技术高度分值上与长三角势均力敌，但全产品出口技术高度分值与一般贸易产品的差距较大，2009 年和 2010 年两项指标差距分别比危机前 2008 年扩大了 0.8 和 0.1，浙江省在金融危机深陷期反而缩小了 0.6，深圳一般贸易与加工贸易的技术差距显而易见。

二是金融危机放大加工贸易表观增值率的局限性，“代工困境”凸显深圳加工贸易增值难题。2009 年深圳该指标排名在 2008 年第 80 名基础上大幅滑落了 120 个位次；2010 年继续下滑至第 228 位，当年的加工贸易增值率仅为 18.6%，与同样以加工贸易起家的苏州、东莞相比，分别减少了 35.3 个和 28.9 个百分点。因此，利用当前国际分工进一步深化的有利时机，通过延伸产业链改善加工贸易效益，逐步提升深圳市企业在国际分工中的地位，是探寻加工贸易健康可持续发展的必然选择，也是增强外贸竞争力的重要途径。

（四）内外资分庭抗礼局面逐步形成，但民营企业未获强动力且成长期抗打击能力弱

内资企业由国有和民营构成，民营企业成长、活跃在东南沿海地区，是深圳市外贸发展的后生力量。近年来深圳内外资规模差距不断缩小，由 2008 年的 1∶1.7 缩小至 2010 年的 1∶1.3，形成分庭抗礼的局面，但“内资企业对外贸增长的贡献率”并未同步增强，当地生产总值的增长大多归功于外商投资企业的带动，出口导向战略所形成的以外向型经济为主的产业格局并未发生根本转变。由于民营企业基数小、地位低、反应灵敏，在金融危机席卷下，是遭受冲击最直接、最剧烈的群体。相比之下，面对金融危机的冲击，国有企业在产业振兴计划等系列刺激内需的扶持政策下率先摆脱困境，成为中西部城市拉动外贸发展的重要动力。受此影响，内资企业对外贸增长的贡献率指标排名前 30 位城市均为内陆城市，而深圳 2008 年和 2010 年的表现均黯然失色，分别排名第 199 位和第 209 位。

总体来看，深圳外贸水平领先地位稳固、效益优势突出，但贸易结构不尽合理，在日益繁杂的国内外贸易环境挤压下竞争力有所削弱。随着传统产业的转型升级和新兴产业的崛起，深圳正积极谋求发展方式转变，以实现经济社会可持续健康发展。

表 5.1.1　2010 年深圳市外贸分项竞争力及评价指标排名统计表

分项竞争力	评价指标	深圳分值	所有城市平均分值	指标排名	分项排名
水平竞争力	企业平均进出口规模	62.3	61.5	31	1
	人均进出口额	100.0	61.1	1	
	外贸依存度	100.0	62.9	1	
	外贸总值在全国的比重	97.0	61.0	2	
	变差优势	72.5	74.9	211	
	外贸平衡度	91.4	80.6	64	
结构竞争力	全产品高度化	98.7	87.0	5	87
	市场等价数目	64.8	70.4	232	
	市场离散度	80.9	86.8	53	
	产品等价数目	66.5	64.3	62	
	产品离散度	94.7	87.9	230	
效益竞争力	一般贸易产品高度化	97.0	85.8	4	1
	加工贸易增值率	61.3	62.9	228	
	外贸对 GDP 增长贡献率	85.3	82.6	23	
	出口收益率	100.0	61.0	1	
	贸易条件指数	69.9	69.5	105	
发展竞争力	外商投资进口设备平均规模	100.0	60.9	1	2
	人均实际利用外资	100.0	62.4	1	
	大企业进出口比重	78.8	63.5	18	
	特殊监管区进出口份额	73.8	62.0	13	
潜力竞争力	区位优势指数	100.0	61.9	1	1
	万人外贸企业数量	100.0	61.6	1	
	人均货运量	72.1	63.1	9	
	特殊经济区个数比重	71.1	61.3	6	
	内资对外贸增长的贡献	84.5	85.5	209	

注：①本文对深圳市外贸竞争力的横向比较，是引自海关总署编制的“2007 年中国城市外贸竞争力排名”结果；

②出于引用外部数据的需要，列入排名的样本为当年具有进出口实绩、《中国城市年鉴》中有具体列明的 282 家地级以上城市；

③共计 5 个二级指标、24 个三级指标。

指标解释：

1. 水平类（6 个）——衡量整体规模和发展速度

①企业平均进出口规模 = 某市一段时期内进出口额/该市同期进出口企业数量

意义：衡量城市拥有企业的进出口实力强弱。

②人均进出口额 = 某市一段时期内进出口额/该市年末人口数

意义：衡量城市平均外贸实力。

③外贸依存度 = 某市一段时期内进出口额/该市同期 GDP

④外贸总值在全国的比重 = 某市一段时期内进出口额/全国同期外贸总额

⑤变差优势指标 = 某市一段时期内出口速度 - 全国同期出口速度

意义：衡量城市外贸出口的后续动力。

$$⑥外贸平衡度 = \left| 1— \frac{出口总值 - 进口总值}{出口总值 + 进口总值} \right|$$

意义：衡量进、出口均衡发展的重要指标。贸易逆差过大，表明本土经济过度依赖外部资源，本土产业参与国际竞争力量薄弱；贸易顺差过大，意味着国内优势资源大量输出，导致国际贸易摩擦增多、外汇管理风险骤升，容易授人以柄。

2. 结构类（5 个）

——产品高度化指标（衡量出口产品技术结构变化）

①全产品高度化

意义：衡量出口产品的技术含量。

操作步骤：首先按 SITC 分类标准，对各章节出口商品进行赋值——越是高端产品赋值越高，越是低端产品赋值越低；然后按照该商品出口份额进行加权。

——市场多元化指标

②市场等价数目（针对出口市场的个数分析）

$$IE1 = \frac{1}{\sum_{j=1}^{n} \left(X_j / X \right)^2} \in [1, n]$$

其中：X_j 为第 j 个国家或地区的出口额（$n > 1$），X 为出口总额。

意义：代表具有相同出口额的出口目的地数目，市场等价数目越大，说明出口市场更多、分布更均匀，即市场多元化程度越高。

③市场离散度（针对单个出口市场在总出口中占据的份额分析）

$$IE2 = \frac{\sqrt{\sum_{i=1}^{n} \left(X_j - \overline{X} \right)^2}}{X}$$

意义：用于衡量对各国或地区出口额分布的离散程度，离散程度越低，市场多元化程度越高。

——产品多元化指标

（注：以下2者计算方法同“市场多元化”）

④产品等价数目

⑤产品离散度

3. 效益指标（5个）

①一般贸易产品高度化

意义：同“产品高度化”。由于加工贸易及进口料件经保税区、出口监管仓加工后出口等因素存在，为更为准确地反映该城市本土产品的出口结构，故该指标仅考虑衡量一般贸易出口产品的技术含量。

②加工贸易增值率 $= \frac{\text{加工贸易出口额}}{\text{加工贸易进口额}} - 1$

加工贸易出口额：监管方式为0245、0644、0544、0545、0345、0744、0444、0445、9700、0200、0400的进口额加上监管方式为0214、0615、0715、1215、2215、5015、1234、0300、0700、1200、4400、4561、4600、0265、0664、4500出口额；

加工贸易进口额：监管方式为0214、0615、5015、0715、1215、2215、1234、4539、0300、0700、1200、4400、4561、4600的进口额。

③净出口对GDP的贡献率

意义：衡量三架马车之一（除投资、消费外）的净出口对当地GDP的贡献，即ABS（净出口增长/GDP增长）×SIGN（净出口增长）。

其中，ABS代表绝对值，SIGN为正负符号。

④出口收益率（突出“国民”概念）= 某市一段时期内出口收入/全国同期出口收入

计算公式为：$XR = X - PX - s \times (FX - FPX)$

其中，XR为出口收入总额；X为出口总额；PX为加工贸易进口额；

FX为外商投资企业出口额；FPX为外商投资企业加工贸易进口额；

s为外商投资企业股本中的外资比例，这里按50%×（外商合资企业+外商合作企业）粗略估算。

意义：衡量某城市从出口中所获得的收入在全国出口收入中的一个相对比重。考虑到内资企业是我国进行技术改造、增强自主研发能力及改善经营管理水平的基本主体，故剔除加工贸易和外商投资企业出口额等对出口实效不产生直接影响的因素，仅考虑由内资企业创造并掌控的出口收益能力。

⑤贸易条件指数 $= \frac{\text{出口商品价格指数}}{\text{同期进口商品价格指数}}$

意义：贸易条件指数越高，表明出口同等数量商品可以换回更多的进口商品，贸易条件有利；反之，表明出口同等数量商品只能换回更少的进口商品，贸易条件不利。

4. 发展指标（4个）

①外资企业投资设备平均进口额 = 某市一段时期内外商投资企业作为投资进口设备价值/该市年末总人口

②人均实际利用外资额 = 某市一段时期内实际利用外资额/该市同期总人口数

③进入外贸 500 强企业的进出口比重 = 某市一段时期内进入全国 500 强进出口额/该市同期进出口总额

④特殊监管区进出口份额 = 某市一段时期内特殊监管区进出口额/该市同期进出口总额

意义：衡量城市物流能力和政策倾斜力度。

5. 潜力指标（5 个）

①区位优势指数 = 海（河）运口岸数目 ×8 + 空运 ×5 + 铁路 ×3 + 公路 ×1

意义：这是一个虚拟变量，计算各城市拥有国家批准的一类开放口岸数量，体现外贸基础设施的完善程度，衡量区域间政策优惠程度和政策导向的差异。

②万人外贸企业数量 = （某市一段时期内拥有进出口企业数量/该市同期总人口数）×10000

③人均货运总量 = 某市一段时期内货运总量/该市同期总人口数

④特殊经济区个数比重 = 某市一段时期内拥有特殊经济区的个数（包括国家级、省级高新技术开发区，保税区，出口加工区）/全国同期特殊经济区总数

⑤内资企业对外贸增长的贡献率 = ABS（某市一段时期内内资企业进出口净增额/该市同期所有企业进出口净增额）×SIGN（某市一段时期内内资企业进出口净增额）

其中，内资企业指国有企业、集体企业、私营企业和个体工商户 4 类，ABS 代表绝对值，SIGN 为正负符号。

附录2　政策扶持下广东省外向型企业扩大内需初见成效，仍需进一步完善政策环境鼓励企业积极性

广东省作为我国外贸发展的前沿阵地和领军大省，其经济发展中的外向型特征明显。但随着2008年年末以来金融危机的影响蔓延至实体经济，外部市场需求持续不振导致外向型企业的外销业务受到了明显影响。危机面前，国家加大了对于外贸企业的扶持与引导力度，鼓励企业在外销受阻的情况下加大对内需市场的开拓，海关总署也于2008年11月出台了“关于支持扩大内需促进经济增长的十项措施”。2009年年初，广东分署相应提出了贯彻落实“十项措施”的指导意见。广东省内各海关积极贯彻相关政策，采取多项措施促进省内外向型企业扩大内需，有助于帮扶外向型企业渡过难关，平衡企业内外市场结构，优化企业发展模式。为研究广东省外向型企业扩大内需的相关效果，我们选取了深圳、拱北和江门关区387家涉及电子、轻工等优势产业，且出口值位居前列的代表性企业发放问卷调查，回收有效问卷179份，其中外销比率超过50%的企业有161家，可作为研究外向型企业的样本。调研结果显示，调研企业中大量企业主动进行了经营策略调整，对于扩大内需起到有效促进作用，但在当前整体市场不确定因素增多的形势下，由于外贸运行模式及政策和环境的种种制约，扩大内需力度仍有待增强，亟待进一步完善机制，促进外向型企业的转型升级，在保障对外开拓力度的前提下加大对国内市场的拉动和促进力度。

一、2011年以来广东进出口概况及外向型企业经营特征

2011年，广东省外向型企业继续发挥其面向国外市场的重要角色，带动全省进出口保持稳定增长。2011年前3季度，广东省出口3 919亿美元，同比快速增长22.2%，但增速相比去年同期放缓了5.6个百分点，这一方面显示出外部市场需求有所趋缓；另一方面也是由于广东省部分外向型企业加大对国内市场的开拓力度，从而对出口形成一定分流。同时，内需扩大政策继续生效，拉动进口稳定增长18.3%，为2 824亿美元。

（一）经济外向型特征明显，近期外资企业部分业务向内转移，内资企业地位提升有助于带动国内消费

广东省经济外向型特征明显，进出口主要以外商投资企业为拉动力量，在外向型企业管理方面具备较强代表性。2011 年前 3 季度，全省外商投资企业出口2 378亿美元，同比增长 19.5%，增速比 2010 年同期放缓了 9.1 个百分点；占同期全省出口总值的 60.7%，比重比 2010 年同期下滑了 1.4 个百分点。部分外商投资企业可能在国外市场需求不振的情况下，相应缩减直接面向国外市场的业务，而加大对境内市场的开拓力度。在 133 家受访的出口实绩较大的外商投资企业中，有 118 家外销比率超过 50%，其中除 64 家 100% 外销的企业之外，其余 54 家企业中有 43 家表示自 2009 年以来加大了对内销市场的开拓力度，有 32 家内销市场占公司总体业务的比重有所提升。同时，部分外商投资企业直接通过以一般贸易方式进口料件，并将成品直接向国内市场销售的方式，来扩大内销市场比率。2011 年前 3 季度，广东省外商投资企业以一般贸易方式进口 362.2 亿美元，同比增长 17.6%，快于同期外商投资企业进口整体增速 4.1 个百分点；在外商投资企业总体进口中的比重提高了 0.8 个百分点。其中，大部分进口品种为集成电路、汽车零件等基础零配件，以及初级形状的塑料、废金属、钢材等工业原材料，显示直接进口力度有所增强。通过外商投资企业这一纽带，国内需求对于国外厂商的支持作用得到充分发挥，印证了我国市场对于世界经济的“稳定器”作用。

同期，广东省内资企业①出口1 540亿美元，同比增长 26.6%，快于同期全省出口总体增速 4.4 个百分点，占同期全省出口总值的 39.3%，比重比 2010 年同期提高 1.4 个百分点，显示出广东省外贸结构更趋均衡。内资企业实力增强也有助于带动对国内料件的采购，从而有效扩大内需。在 32 家受访出口实绩较大的内资企业中，有 30 家外销比率超过 50%，其中有 10 家都是 100% 使用国产料件，其余 20 家企业中有 11 家表示加大了对国内料件的采购力度。同时，内资企业进口1 036亿美元，同比增长 15.3%，虽略逊于总体平均水平，但其中私营企业进口快速增长 29%，大部分为一般贸易方式进口，显示出国内部分私营企业发挥其经营灵活的优势，主动加快进口步伐扩大内需，为国内市场输入更多经济生产和产业升级所需商品，促进国内经济高效发展。

---

① 包括国有企业、集体企业、私营企业、个体工商户。

（二）外向型企业的经营领域主要集中于轻工和电子行业，部分产品对国内市场开拓力度加大的迹象明显

作为外向型程度较高的省份，依托于传统制造优势的劳动密集型大宗商品和受益于先进技术研发环境的电子类产品是广东外向型企业经营的重点产品。2011 年前 3 季度，广东省轻工业产品、电子信息业产品（二者有一定交叉）合计占全省出口总值的 81%，但传统轻工产品[①]中除箱包和塑料制品外其他品种出口增速相比 2010 年同期均有所放缓，部分电子产品出口增速也出现放缓，如最大品种自动数据设备及其部件增速明显放缓 23 个百分点。经营这些产品的外向型企业可能将部分难以通过国外市场消化的产能向国内市场转移，从而加大对国内市场的开拓力度。问卷调查结果显示，在 161 家外向型企业中，有 75 家将原计划出口产品转向国内市场销售，加之国家继续推行家电下乡等扩大内需政策并取得显著效果，2011 年前 3 季度国内家电下乡产品销售7 477万台，实现销售额1 881亿元，同比分别增长 42% 和 62%，其中 9 月份当月销售量和销售额同比分别增长 50% 和 67%[②]，呈现大幅增长态势。以上因素均有助于省内优势产品拓宽内销渠道，促进其从单纯依赖国外市场向国内外市场兼顾转变，从而规避外部市场波动的影响。同时，2011 年前 3 季度广东省以一般贸易方式进口轻工业产品同比增长 18.3%，快于轻工业进口总体增速 5.1 个百分点；一般贸易进口电子信息业产品同比增长 24.3%，高于同期电子信息业产品进口总体增速 6.9 个百分点，显示出国内市场对此类商品的需求仍呈现较快增长，为企业拓宽内需提供了客观有利条件。

（三）龙头外向型企业主动进行经营结构调整，有效开拓国内市场并带动内需扩大

2011 年前 3 季度，广东省出口龙头企业中大部分为外向型企业，并主动加大了对国内市场的开拓和对国产料件的采购力度，如位居第一的富泰华工业（深圳）有限公司前 3 季度出口 194.6 亿美元，同比大幅增长 73.3%；进口 133.3 亿美元，同比大幅增长 69.9%。由于其主要从事代工生产业务，目前其总体业务中外销业务比重高达 99.8%，但国产料件采购比重从 2% 提高到了 3%。位居第二的华为技术有限公司当前内销业务比重高达 35%，国产

① 包括服装及衣着附件，家具及其零件，鞋类，纺织纱线、织物及制品，箱包及类似容器，塑料制品，玩具。

② 9 月家电下乡产品销售额同比增长超六成．（2011 - 10 - 11）．http://cif.mofcom.gov.cn/cif/html/hangye/jiadian/hydt/2011/10/1318297707467.html.

料件采购比重高达40%。位居第四的鸿富锦精密工业（深圳）有限公司出口55亿美元，快速下降23.5%，但同期其内销比重从2009年年初的仅7%提高到了28%左右，国产料件采购比重也从10%提高到了36%。同时，受访的179家企业基本是涵盖轻工、电子、珠宝首饰等优势产业的较大型企业，其中161家企业的外销业务在总体业务中所占比重超过50%，合计出口占同期全省出口总值的18.6%，合计进口占同期全省进口总值的14.3%。2009年以来，这161家企业中有80家企业表示自2009年以来加大了对内销市场的开拓力度，有46家企业的内销比重有所提升。有108家企业表示自2009年以来加大了国内料件采购的采购力度，有78家企业的国内料件的采购比重有所提升，龙头企业的经营策略调整，促使内销市场和国内料件在企业总体经营方向中的地位的提升，有效拉动了相关产品内需增长。

二、广东海关支持和促进广东外向型企业扩大内需的主要途径

（一）鼓励企业主动调整经营策略，积极开发适合国内需求的产品，提高内销市场在企业总体业务中的比重

在外部市场需求相对不振的情况下，国家鼓励部分外向型企业加大对国内市场的开拓力度，加大了内销市场在整体业务中所占的比重。根据对161家外向型企业的问卷反馈，如果排除80家100%外销的企业，其余81家企业中有64家加大了内销市场开发力度，占79%；有46家自2009年以来提高了内销市场在总体业务中所占比重，占56.8%，其中有19家将其提高了10个百分点以上。同时，大量外向型企业普遍通过加强对国内市场的调研、设计更加适合国内市场需求的产品，或者对原本用于出口的产品进行再加工使其适应国内消费习惯等多种措施，积极开拓国际国内市场两个市场，分散出口风险。81家内外销兼顾的外向型企业中有59家企业采取了研发设计更加符合国内需求的产品并予以推广的方式，同时也有部分企业通过加大在国内市场的广告投入、主动参加内销展会等渠道，与国内客户形成稳定的合作关系，提升产品在国内的知名度，加强在国内市场的品牌建设力度。例如，恩斯迈电子（深圳）有限公司加大集团旗下内销公司的营销力度，爱普生技术（深圳）有限公司加大广告投入，提高产品在国内的知名度，有力打造富有竞争力的品牌，逐步打开品牌在国内的市场空间。

（二）鼓励加工贸易企业加快转型升级，促进深加工结转和内销业务增长，有效利用国内需求缓解出口压力

2009年以来，广东海关采取相关措施，大力支持和促进加工贸易保税货

物内销，如简化内销手续、实行内销“预审核”制度，对符合条件的企业经核准后实行“先销后税，集中申报”的管理模式，鼓励和支持有条件的加工贸易企业对加工贸易内销货物实行网上支付，简化深加工结转审批手续，促进保税加工产业链的延伸，加快推进深加工结转中计算机管理系统的应用步伐，实现“网上审批”，方便企业办理深加工结转业务等，促进了加工贸易企业延伸产业链条，加大对内部市场的开拓。2011 年前 3 季度，广东省以加工贸易转内销货物方式进口 48.5 亿美元，同比增长 19.2%，快于同期全省进口总体增速 0.7 个百分点。其中，以加工贸易转内销货物方式进口轻工业产品 14.4 亿美元，快速增长 27.6%，高于同期加工贸易方式进口轻工业产品增速 15 个百分点。部分轻工业产品通过加工贸易转内销方式进入国内市场，增加了国内供给，如纺织纱线、织物及制品出口增速放缓 2.7 个百分点，加工贸易进口下降 3.6%，但加工贸易转内销方式进口 1.2 亿美元，大幅增加 53.3%；鞋类出口增速放缓 8.8 个百分点，但加工贸易转内销方式进口 634 万美元，大幅增长 56.5%；玩具出口增速明显放缓 21.2 个百分点，但加工贸易转内销方式进口 74 万美元，激增 1.4 倍。同时，海关简化加工贸易企业办理“就地转型”和搬迁业务的海关手续，对转型、搬迁企业的剩余料件和原进口设备，可按同一经营方式办理余料和原进口设备的结转手续，原进口设备可以连续计算监管年限，这也促进了加工贸易进口设备结转和转内销规模扩大。2011 年前 3 季度，广东省加工贸易结转设备进口 4.3 亿美元，激增 1.5 倍；加工贸易转内销设备进口8 835万美元，激增 1.1 倍，显示出国内相关产业的发展有效地拉动了相关产品与设备通过内销和结转方式进入国内市场，有助于充分利用国内市场容量缓解出口受阻的压力，同时也相应拓展了内销市场份额。

（三）加强国内物流配套环境建设，促使企业加大国产料件采购力度，拉动国内相关原材料类产品需求

2010 年以来，国际原材料价格和物流费用加快上涨，自国内采购料件的仓储、物流等成本远低于自国外采购方式，同时国产料件的质量水平也不断提升，加之广东省内物流中心建设步伐不断加快，物流条件日趋改善，通过加大对国产料件的采购力度，能够有效节省物流和仓储成本，降低企业经营压力。根据海关统计数据，2011 年前 3 季度广东省出口值超过 5 亿美元的 83 家外贸企业中，有 20 家为商贸型或物流、仓储型企业，其中部分物流企业同比增幅远高于全省出口增幅平均水平。国内物流环境明显好转促使部分外向型企业加大国产料件的采购比重，对进口料件形成一定替代，拉动了国内相关原材料和料件的需求。在161家外向型企业中，如果排除13家100%使用国产料件的企业，其余148家企业中有101家企业表示自2009年以来加大了对国产料件的采购力度，占68.2%；有78家国产料件采购比重得到提升，占52.7%；32家比重相比2009年提高了10个百分点以上。大多数企业表示加大国内料件采购的最主要原因是由于使用国产料件能够有效节省物流、仓储等成本，也因为国产料件相比国外料件更具有价格优势，同时能与国内供货商形成更为稳固的合作关系，有助于企业从长期经营角度分散风险。

三、广东外向型企业进一步扩大内需中仍需突破的主要制约因素

（一）政策环境仍需优化，对于企业扩大内需的关键环节的优惠力度和便利程度有待进一步加强

自国家采取扩大内需政策以来，广东海关积极采取相关措施，为外向型企业提供更为便捷的通关服务，降低企业通关成本，提高通关效率，从而促进了外向型企业综合实力的增强，也有助于企业加大内需力度。但当前对于外向型企业扩大内需的关键环节，如加工贸易转内销、加工贸易深加工结转等环节的手续仍然较为繁琐，对成品及设备的内销和深加工结转仍然存在一定政策限制，部分产品存在原材料和成品税率倒挂、成品内销仍按料件征税负担较重的现象，制约了企业开拓国内需求的动力。2011年前3季度，广东省加工贸易深加工结转货物进口435.4亿美元，仅微幅增长0.5%。在161家外向型企业中，仅有73家企业表示提高了加工贸易进口中深加工结转的比重，仅有42家企业表示提高了加工贸易进口中料件、成品转内销的比重，企业普遍反映深加工结转手续复杂、时间较长，缺乏相关的优惠鼓励措施，制约了企业通过此种方式扩大进口的动力。同时，由于国货复进口相对于深加工结转的时间和资金成本较低，企业更倾向于使用国货复进口方式进口，2011年前3季度全省国货复进口580.8亿美元，增长16.7%，仍保持较快增长，显示出当前以深加工方式开拓国内市场的可利用空间仍然较大；而由于国货复进口规模扩大将在一定程度上夸大实际外贸统计数据，不仅影响宏观决策效果，也会造成企业经营成本和海关通关资源浪费，更加凸显进一步鼓励深加工结转进口发展、提高经济运行效率的重要性。

此外，当前海关关于优惠政策实施力度仍有待进一步强化，在161家外向型企业中，仅有79家反映享受到了海关提供的相关政策扶持和便利措施，不到受访企业的半数，且受惠范围主要集中于“先销后税，集中申报”等海关通关监管优化模式的继续推广，而对于内销手续的切实简化，通过网上审

批、网上支付等高科技手段来提高内销和结转效率的政策力度仍有待进一步增强。

（二）内销过程中品牌与渠道等建设仍有待进一步加强，企业开拓国内市场积极性仍有待提升

通过企业问卷反馈，目前在开拓国内市场的过程中，由于自身发展模式的制约，外向型企业要进行经营策略转变的难度仍然较大。目前大量外向型企业以代工生产为主，缺乏具有核心竞争力的自有品牌，或由于其优势品牌主要面向国外市场，在国内消费者中的知名度较低，导致其在国内市场的成长空间受到制约。同时，国内市场营销渠道薄弱、缺乏对国内市场具有经验的营销团队、对国内消费市场缺乏认知等主观因素，也使得外向型企业拓展国内市场的步伐受到一定限制，品牌和销售渠道建设仍有待进一步增强。虽然 161 家企业中有 133 家企业认为 2011 年以来随着外部市场经济增速放缓，整体出口难度将进一步趋于增大，但却仅有 75 家企业考虑继续将部分原本面向国外市场的业务向国内市场转移，究其原因便是受制于国家鼓励政策不足和对国内市场了解不够的双重难题，企业“心有余而力不足”，开拓内需的意向仍面临一定束缚。

（三）国内料件质量水平仍有待提升，国内物流环境建设有待进一步加强

当前欧美等主要经济体的复苏步伐仍然反复不定，外部需求全面恢复的难度较大，这在客观上为我国市场增长和国内产业成长提供了更为广阔的空间，但是长期以来我国经济增长方式较为粗放、产品“以量取胜”而非“以质取胜”的痼疾可能会影响经济增长效益和国内产品优势的发挥。例如在国内料件与国外料件的竞争上，虽然在 161 家外向型企业中有 108 家企业表示加大了国内料件的采购力度，但大多数是出于物流、仓储成本较低和国产料件价格较低的考虑，选择“国产料件更具质量优势”这一原因的企业仅有 12 家，显示出国产料件的质量水平仍远逊于国外产品，虽然在短期内能够凭借价格和成本优势取得一定的份额扩张，但从长远看，仍然难以与质量过硬的国外料件相抗衡，仍面临着相当激烈的竞争。同时，近年来广东省物流环境建设虽取得明显成效，特殊监管区域发挥更大作用，但受制于国内物流业起步较晚、经营方式落后，部分重大基础设施项目的筹备和建设进程有待加快，管理理念有待突破等负面因素，总体物流业发展水平仍有待进一步提高，可能影响到国内物流渠道和完整产业链的建设，也制约了企业对于内销市场的开拓步伐。

四、进一步支持广东外向型企业扩大内需的相关建议

（一）继续优化政策环境，提供相关便利措施，增强企业扩大内需动力

进一步优化有助于促进企业扩大内需的政策环境，出台相关鼓励和扶持政策，继续创新监管模式，简化审批手续，提高内销和深加工结转环节的监管效率，为省内大型外向型企业提供通关便利，多措并举力促加工贸易转型升级，对于企业扩大内销和深加工结转规模提供更为宽松的宏观环境，减少相关政策限制，推进加工贸易产业链条建设和内销便利化发展，提升企业扩大内需的积极性。

（二）加强实际政策指导和制度建设，全面提升企业开拓内需能力

加强对省内外向型企业开拓国内市场的政策指导和信息服务，促进企业经营方式的转变，为企业开拓国内市场提供有效的信息和宣传平台，建立相关人才引进和培训制度，加强市场营销渠道建设，提高社会对于国产品牌的关注和重视程度，通过保持国内国外两个市场均衡发展分散出口风险，并加快促进国内相关重点产业的快速成长，为企业拓宽国内市场提供更为广阔的市场空间。

（三）促进省内物流业发展和料件自给能力，为企业扩大内需创造良好环境

进一步促进省内物流业发展，继续强化特殊监管区域连接国内外市场的作用，促进省内完整产业链的建设，在保持国内原材料价格稳定的同时大力提升国产料件质量，对于企业优先采购国产料件提供一定的优惠和促进措施，建设便利通畅的物流渠道和科学完善的料件基地，提高料件和产品调配效率，加强物流配套设施和供应链建设，全面提升省内物流业发展水平，为企业扩大内需提供良好的外部环境。

附录3 “十一五”期间我国电器工业进出口状况

2001～2010年，在我国国民经济走过的两个五年规划历程中，工业制造业取得长足的发展。随着经济发展与生产技术的层层提升，电器产品生产及下游相关产业需求潜能被不断挖掘；在产品更新换代率日益加快的同时，能源需求导向也发生着日新月异的变化，直接促进商品结构的优化调整，成为近十年进出口保持强劲增长的有力支撑。“十一五”期间依然是我国电器工业产品（按中国机械工业联合会统计范围，下同）进出口高速发展时期，据海关统计，累计出口2 672亿美元，比“十五”期间增长2.7倍；5年间年均增长23.8%，比“十五”期间的出口年均增速仅回落2个百分点。“十一五”期间进口1 974亿美元，比“十五”期间增长1.4倍；5年间年均增长7%，比“十五”期间的进口年均增速回落44个百分点。

具体来看，出口方面，“十一五”期间，我国电器工业产品出口继续在十五期间的快车道上保持快速行驶，除2009年因金融危机遭遇环境突变有所收窄外，其他年份的出口规模均呈现每年百亿美元的扩大；同时，从各年出口增长势头看，步入高速发展期的成长引擎强劲，有效抵挡了金融风暴的来袭，并随着后危机时代的来临得以迅速恢复。其中，2008年出口同比增速在2007年基础上大幅回落了24.3个百分点，2009年甚至出现下滑，但2010年，在新兴经济体崛起及全球性问题空前凸显等作用下，外部市场经济格局在复杂的形势下出现恢复性增长，我国电器工业产品出口增速扭转了2009年的下滑局面，很快回复了35.2%的快速增势，并创出704.3亿美元的年度出口规模历史最高水平。进口方面，“十一五”期间，我国电器工业产品进口增速明显放缓，在上一个五年计划增长21.6%的基础上回落了7.3个百分点，尽管进口增长劲头并不强劲有力，但在金融风暴中的表现比出口显得更加平稳，2009年环比下降9.3%，低于同期出口环比降幅7个百分点；十年来，年度进口占同期我国进口总值比重一直在3%～4%之间浮动。

表 5.3.1 “十五”与“十一五”期间我国电器工业产品出口年度统计表

单位：亿美元,%

年份	出口值	同比增速	占同期我国出口总值比重	进口值	同比增速	占同期我国进口总值比重
2000 年	76.8	32.9	3.1	92.8	23.2	4.1
“十五”期间	730	25.8#	3.1	820.6	21.6#	3.8
2001 年	75.9	-1.1	2.9	101.1	9.0	4.2
2002 年	106.1	39.7	3.3	116.8	15.5	4.0
2003 年	132.1	24.5	3.0	150.6	28.9	3.6
2004 年	173.4	31.2	2.9	205.4	36.4	3.7
2005 年	242.5	39.9	3.2	246.7	20.1	3.7
“十一五”期间	2672	23.8#	4.2	1974	14.3#	3.7
2006 年	327.5	35.1	3.4	302.0	22.5	3.8
2007 年	493.9	50.8	4.1	385.7	27.7	4.0
2008 年	624.9	26.5	4.4	421.8	9.4	3.7
2009 年	520.9	-16.6	4.3	382.5	-9.3	3.8
2010 年	704.3	35.2	4.5	481.5	25.9	3.4

注：带“#”号数值为“年均增长率”。

一、“十一五”期间我国电器工业产品出口特点

（一）加工贸易为最大贸易方式，一般贸易快速增长，与加工贸易出口规模的差距拉近

“十一五”期间，加工贸易方式仍然是我国电器工业产品出口的最大贸易方式，但所占比重逐年减少，由“十五”期末2005年的60%降至“十一五”期末2010年的46.2%，年均减少2.8个百分点。由于“两头在外、大进大出”的特征，全球金融危机爆发前后，加工贸易受外部市场影响比一般贸易更为敏感，其中，2008年出口同比增速放缓至12%，但出口规模仍达到347.8亿美元的高位；随着金融危机负面影响的蔓延与深化，加上加工贸易出口转内销等刺激内需政策的分流作用，2009年在此基础上迅速滑落20%；至2010年，我国家电产品以加工贸易方式出口同比恢复2位数的快速增长，当

年出口规模达到325.2亿美元，年均增长17.5%，慢于“十一五”期间我国电器工业产品出口总体增长水平5.3个百分点。

相比之下，步入后金融危机时代，一般贸易出口显示出更加强劲的复原能力。其中，2010年扭转了2009年20.8%的快速下降态势并在此基础上大幅增长48.7%，达到306.8亿美元；5年来年均增速为29.3%，快于同期我国电器工业整体出口水平5.5个百分点；所占比重由“十五”期末的35%提升至43.6%，与加工贸易出口规模的差距也相应由“十五”期末的60.6亿美元缩小至18.5亿美元。此外，对外承包工程出口货物方式迅猛增长，其中2009年出口规模达到历史最高水平；2010年小幅回落7.9%，为42.8亿美元；“十一五”期间年均迅猛增长70.6%。

（二）外商投资企业的最大主体地位有所削弱，私营企业保持快速增势

作为我国电器工业产品的最大出口主体，外商投资企业长期占据6成左右的出口比重。“十一五”期间，外部市场份额的相对优势逐渐削弱，至2010年，我国外商投资企业出口电器工业产品399.4亿美元，5年来年均增长22%，慢于“十一五”期间总体出口增长水平1.8个百分点；占当年我国电器工业产品出口总值的56.7%，比“十五”期末减少了4.3个百分点。

自2004年放开进出口经营权以来，私营企业出口行为趋于活跃，出口规模仅次于外商投资企业，除2009年出口逆势下滑外，其余年份仍保持45%以上的环比快速增势。同时，其出口规模逐年扩大，由“十五”期末的30.4亿美元升至“十一五”期末的151.4亿美元，5年来年均增长37.9%，分别快于“十一五”期间外商投资企业和总体出口增长水平15.9个和14.1个百分点，所占比重也相应由“十五”期末的12.5%升至“十一五”期末的21.5%。此外，2010年，国有企业出口131.4亿美元，5年来年均增长19.8%，慢于“十一五”期间总体出口增长水平4个百分点，所占比重比“十五”期末减少了3.3个百分点。

（三）出口市场趋于多元化，欧美等传统市场份额有所减少，日本增长疲软被东盟赶超，对印度出口增势强劲

香港地区、欧盟和美国是内地电器工业产品出口的传统市场，但“十一五”期间，传统市场的集中度有所降低，至2010年，合计出口326.4亿美元，年均增长21.1%；所占比重由“十五”期末的51.7%降至46.3%，平均每年减少1个百分点；同期，我国电器工业产品对日本出口增长疲软，至2010年为63.2亿美元，“十一五”期间年均增长14.6%，慢于同期我国家电出口总体水平9.2个百分点，市场排名被东盟赶超，由“十五”期末次于欧盟的第4位下滑一个位次。

“十一五”期间，我国电器工业产品对印度出口异军突起，由“十五”期末的第8位连升2个位次，2010年次于日本，为47亿美元，年均迅猛增长62.4%。同期，对拉丁美洲和非洲的出口规模紧随其后，分别为31.1亿美元、29.5亿美元，年均分别增长39.2%和36.4%；巴西和尼日利亚分别是深圳对南美洲和非洲的最大出口国，分别为10.8亿美元、6.3亿美元，年均分别增长48.3%和26.8%。与此同时，“十五”期末位列前10名的阿联酋、加拿大均跌落在“十一五”期末的榜单之外，分别为8.2亿美元、8.3亿美元，年均分别增长15.3%和22.6%。

表5.3.2 “十五”和“十一五”期末内地电器工业产品前十大出口市场统计表

单位：亿美元,%

出口市场	出口值		出口所占比重		“十一五”期间年均增速
	2010年	2005年	2010年	2005年	
总计	704.3	242.5	--	--	23.8
其中：					
中国香港	113.5	44.1	16.1	18.2	20.8
欧盟	108.5	40.6	15.4	16.7	21.7
美国	104.4	40.6	14.8	16.8	20.8
东盟	76.7	22.8	10.9	9.4	27.5
日本	63.2	32.0	9.0	13.2	14.6
印度	47.0	4.2	6.7	1.7	62.4
韩国	30.4	15.2	4.3	6.3	14.8
中国台湾	13.6	8.2	1.9	3.4	10.7
俄罗斯	11.6	1.8	1.6	0.8	44.6
澳大利亚	10.8	2.8	1.5	1.2	30.7

（四）主要商品出口情况

1. 三大类电器工业产品出口概况

我国电器工业产品出口结构可具体分为发电设备、输变电设备和其他电器设备三大类。“十一五”期间，上述三大类产品出口表现不尽相同。其中，输变电设备的最大出口品种地位继续巩固且始终维持平稳快速增势，至2010

年，达到412亿美元，年均增长26.2%，略快于同期总体增长水平2.4个百分点，所占比重在“十五”期末的53.1%基础上继续提升5.4个百分点；其他电器设备出口份额次之，但伸缩性较强，既是2009年金融危机蔓延时期受挫最为严重，也是2010年后金融危机时期反弹力度最大的品种，“十一五”期间年均增长15.2%，慢于同期总体增长水平13.6个百分点，其中2010年出口环比快速增长41.3%，占同期电器工业产品出口总值的26.3%，比“十五”期末减少了11.5个百分点；发电设备出口份额最小，全球能源需求旺盛带动发电设备制造活跃，由于某些领域入门门槛较低，导致国内项目频繁上马，2010年在政府调控措施控制下产能过剩局面迅速收敛，出口规模高位下滑，为107亿美元，年均增长36.9%，仍是“十一五”期间增势最显著的出口品种，所占比重由“十五”期末的9.2%提升至15.2%。

表5.3.3 “十五”和“十一五”期末我国三大类电器工业产品出口分布统计表

单位：亿美元,%

商品种类	出口值		出口所占比重		“十一五”期间年均增速
	2010年	2005年	2010年	2005年	
合计	704.3	242.5	--	--	23.8
输变电设备	412	128.7	58.5	53.1	26.2
其他电器设备	185.3	91.5	26.3	37.8	15.2
发电设备	107	22.3	15.2	9.2	36.9

2. 三大类电器工业产品出口具体情况

（1）输变电设备出口。“十一五”期间，在9项输变电设备出口中，“电线电缆”出口值连续赶超“低压电器及零件”和“稳压电源、静止式变流器及零件”，在规模和年均增速上的表现均力压群雄，至2010年，出口128.9亿美元，年均大幅增长50.8%，明显快于同期输变电设备出口增长水平24.6个百分点，5年间所占比重提升了18.4个百分点；除“电力电容器及零件”年均仅增1.5%外，其余产品出口均保持2位数以上的快速增长。

（2）其他电器设备出口：“十一五”期间，“其他电器设备”的商品格局未发生较大改变，前3位品种依次是“电动机及零件”、“电动工具及零件”和“铅酸蓄电池及零件”。其中，“电动工具及零件”步伐明显放缓，年均增长10.5%，成为除“焊剂、焊条”外出口势头最为疲软的品种，5年间占其他电器设备出口比重减少了6.3个百分点；在9项其他电器设备出口中，“电碳制品”增势最为显著，年均增长29.2%，快于同期其他电器设备出口速度14个百分点。

表5.3.4 “十五”和“十一五”期末我国输变电设备产品出口分布统计表

单位：亿美元,%

商品种类	出口值		占输变电设备出口值的比重		“十一五”期间年均增速
	2010年	2005年	2010年	2005年	
输变电设备	412.0	128.7	--	--	26.2
其中：					
16kVA以上变压器、互感器及零件	41.2	16.4	10.0	12.8	20.2
16kVA及以下变压器、互感器及零件	15.0	9.3	3.6	7.2	10.1
稳压电源、静止式变流器及零件	67.4	29.2	16.4	22.7	18.2
电力电容器及零件	0.9	0.9	0.2	0.7	1.5
1000V以上开关、熔断器及零件	9.4	2.2	2.3	1.7	34.3
1000V及以下开关、继电器、熔断器	33.0	15.3	8.0	11.9	16.6
低压电器及零件	108.7	36.1	26.4	28.0	24.7
电线电缆	128.9	16.6	31.3	12.9	50.8
绝缘子及零件	7.5	2.9	1.8	2.2	20.9

表5.3.5 “十五”和“十一五”期末我国其他电器设备产品出口分布统计表

单位：亿美元,%

商品种类	出口值		占其他电器设备出口值的比重		“十一五”期间年均增速
	2010年	2005年	2010年	2005年	
其他电器设备	185.3	91.5	--	--	15.2
其中：					
电动工具及零件	50.8	30.8	27.4	33.7	10.5
电动机及零件	69.5	34.2	37.5	37.3	15.3
电磁铁	15.7	6.7	8.5	7.3	18.7
铅酸蓄电池及零件	18.3	8.3	9.9	9.1	17.1

续表

商品种类	出口值		占其他电器设备出口值的比重		"十一五"期间年均增速
	2010年	2005年	2010年	2005年	
分电器、火花塞	3.0	1.1	1.6	1.2	22.7
工业炉及零件	2.9	1.0	1.6	1.1	23.7
焊接机器及零件	8.0	3.0	4.3	3.3	21.5
电碳制品	13.5	3.8	7.3	4.1	29.2
焊剂、焊条	3.5	2.7	1.9	2.9	5.7

（3）发电设备出口。"十一五"期间，"发电设备"的整体商品格局未发生较大改变，"内燃发电机组及零件"为发电设备最大出口商品，但后劲不足导致比重降低，5年间年均增长24%，慢于同期发电设备出口水平12.9个百分点，占发电设备出口比重减少了25.8个百分点；"蒸汽锅炉及零件"和"汽轮机及零件"出口均保持60%左右的迅猛增势。在10种发电设备中，"燃气轮机"成倍增长；"风力和其他发电机组及零件"在经历了"十一五"期间前3年的放量增长后速度大幅放缓，2010年在2009年基础上快速下降24.7%。

表5.3.6 "十五"和"十一五"期末我国发电设备产品出口分布统计表

单位：亿美元，%

商品种类	出口值		占发电设备出口值的比重		"十一五"期间年均增速
	2010年	2005年	2010年	2005年	
发电设备	107.0	22.3	--	--	36.9
其中：					
蒸汽锅炉及零件	18.4	1.8	17.2	8.1	59.4
集中供暖用的热水锅炉及零件	0.4	0.1	0.4	0.5	31.0
蒸汽锅炉和过热水锅炉的辅助设备及零件	7.7	0.6	7.2	2.7	66.9
汽轮机及零件	12.9	1.2	12.1	5.3	61.4
水轮机及零件	4.4	0.4	4.1	1.9	58.8

续表

商品种类	出口值		占其他电器设备出口值的比重		“十一五”期间年均增速
	2010 年	2005 年	2010 年	2005 年	
燃气轮机	1.7	0.0	1.6	0.1	125.4
交流发电机及零件	7.7	1.2	7.2	5.6	44.1
内燃发电机组及零件	43.1	14.7	40.3	66.1	24.0
风力和其他发电机组及零件	5.3	0.8	5.0	3.8	44.6
其他发电机	5.2	1.3	4.8	6.0	31.1

二、“十一五”期间我国电器工业产品进口主要特点

（一）一般贸易进口快速增长，“十一五”期末以微弱优势超越加工贸易

长期以来，我国电器工业产品进口以加工贸易为主，“十五”期末，与一般贸易相比仍保持33.9亿美元的优势。“十一五”期间，此优势逐渐弱化，至2010年，我国以一般贸易方式进口电器工业产品204.4亿美元，5年间年均增长20.3%，快于同期我国电器工业整体进口增速6个百分点，占同期我国电器工业产品进口总值（下同）比重由“十五”期末的32.9%提升至42.4%，与加工贸易方式进口旗鼓相当，且以微弱优势超越加工贸易，成为进口最大贸易方式。同期，以加工贸易方式进口204.1亿美元，年均增长12.2%，所占比重由“十五”期末的46.6%提升至42.4%。此外，以海关特殊监管区域物流货物方式进口44.4亿美元，年均增长18.3%。

（二）外商投资企业进口主导地位继续巩固，私营企业成为增长最快的进口主体，国有企业进展缓慢

“十一五”期间，我国电器工业产品进口主体格局尚未发生根本性改变。外商投资企业进口始终占据7成以上的比重，至2010年，进口352.4亿美元，年均增长14.6%，所占比重在“十五”期末72.2%的基础上继续增加1个百分点。期间，私营企业发展最为迅速，以年均增长32.2%的速度异军突起，达到54.4亿美元，所占比重由“十五”期末的5.5%提升至11.3%。此外，国有企业进口份额有所流失，2010年仅为69.8亿美元，年均小幅增长6.3%，所占比重由“十五”期末的20.8%降至14.5%。

（三）最大进口来源地欧盟所占比重有所减少，自日本、美国进口快速增长

除国货复进口外，“十一五”期末，自欧盟和日本进口规模均过百亿美

元，我国电器工业产品传统进口市场地位稳固。其中，2007年起，自日本进口势头减弱，退居次席；欧盟后来者居上，成为最大进口来源地，至2010年，为120.4亿美元，年均增长16.1%，所占比重为25%，比“十五”期末继续增加了1.9个百分点。同期，自韩国、美国、东盟进口规模均在30亿美元以上，并保持与总体同步的平稳快速增势。此外，在前十大进口市场中，自台湾地区进口增幅最小，5年间年均仅增1.6%，进口净增值仅为1.7亿美元。

表5.3.7　“十五”和“十一五”期末内地电器工业产品前十大进口市场统计表

单位：亿美元、%

出口目的地	进口值		进口所占比重		“十一五”期间年均增速
	2010年	2005年	2010年	2005年	
总计	481.5	246.7	－－	－－	14.3
其中：					
欧盟	120.4	57.1	25.0	23.1	16.1
日本	112.5	58.9	23.4	23.9	13.8
中华人民共和国	103.9	43.5	21.6	17.7	19.0
韩国	36.5	18.5	7.6	7.5	14.5
美国	33.5	18.2	7.0	7.4	13.0
东盟	31.8	15.8	6.6	6.4	15.0
中国台湾	21.6	19.9	4.5	8.1	1.6
瑞士	6.0	3.7	1.3	1.5	10.1
中国香港	2.9	6.2	0.6	2.5	－14.1
印度	1.6	0.5	0.3	0.2	27.9

（四）主要商品进口情况

1. 三大类电器工业产品进口概况

“十一五”期间，我国电器工业产品三大类进口品种中，输变电设备的进口规模和增长势头最为显著，进一步蚕食其他两大品种的进口份额，至2010年，进口达到363亿美元，年均增长18.2%，快于同期我国电器工业进口整体水平3.9个百分点；所占比重由“十五”期末的63.9%提升至75.4%。其他电器设备进口份额及进口速度均次之；而国内产能旺盛、供给增强直接导致发电设备进口需求减弱，“十一五”期间年均下滑2.1%，所占比重在“十五”期末14.6%的基础上减少了7.9个百分点。

表5.3.8 “十五”和“十一五”期末我国三大类电器工业产品进口分布统计表

单位：亿美元,%

商品种类	进口值		进口所占比重		“十一五”期间年均增速
	2010年	2005年	2010年	2005年	
合计	481.5	246.7	--	--	14.3
输变电设备	363.0	157.6	75.4	63.9	18.2
其他电器设备	86.1	53.1	17.9	21.5	10.1
发电设备	32.4	35.9	6.7	14.6	-2.1

2. 三大类电器工业产品进口具体情况

（1）输变电设备进口。在9项输变电设备进口中，“低压电器及零件”始终是最大进口品种，至2010年，进口172.2亿美元，年均增长17.5%，占同期输变电设备进口总值的47.4%，与“十五”期末基本持平；“电线电缆”和“稳压电源、静止式变流器及零件”增势迅猛，依次赶超“16kVA以上变压器、互感器及零件”、“1000V及以下开关、继电器、熔断器”、“1000V以上开关、熔断器及零件”，于“十一五”期末成为第二、第三大进口品种，年均增速分别为42%和26.1%，分别快于同期输变电设备进口增长水平23.8个和7.9个百分点，所占比重分别在“十五”期末5.1%、9.1%的基础上提升了7.7个和3.5个百分点。此外，“1000V以上开关、熔断器及零件”、“电力电容器及零件”是5年间仅有进口下滑的输变电设备品种。

表5.3.9 “十五”和“十一五”期末我国输变电设备产品进口分布统计表

单位：亿美元,%

商品种类	进口值		占输变电设备进口值的比重		“十一五”期间年均增速
	2010年	2005年	2010年	2005年	
输变电设备	363.0	157.6	--	--	18.2
其中：					
低压电器及零件	172.2	76.8	47.4	48.7	17.5
电线电缆	46.5	8.0	12.8	5.1	42.0
稳压电源、静止式变流器及零件	45.6	14.3	12.6	9.1	26.1
16kVA以上变压器、互感器及零件	40.2	21.3	11.1	13.5	13.5

续表

商品种类	进口值		占输变电设备进口值的比重		“十一五”期间年均增速
	2010 年	2005 年	2010 年	2005 年	
1000V 及以下开关、继电器、熔断器	34.2	17.2	9.4	10.9	14.7
绝缘子及零件	8.3	3.5	2.3	2.2	18.9
16kVA 及以下变压器、互感器及零件	7.3	4.8	2.0	3.0	8.9
1000V 以上开关、熔断器及零件	6.8	9.3	1.9	5.9	-6.1
电力电容器及零件	1.9	2.3	0.5	1.5	-3.3

（2）其他电器设备进口。“十一五”期间，我国其他电器设备的进口商品格局基本保持不变，9 项品种年均平稳增长。至 2010 年，进口值 10 亿美元以上的产品分别是“电动机及零件”、“工业炉及零件”和“焊接机器及零件”。其中，后两个品种进口增势此消彼长，5 年间，“工业炉及零件”进口年均增速 12.8%，快于同期“焊接机器及零件”9.2 个百分点，成为第二大进口品种，所占比重由“十五”期末的 15.9% 升至 17.9%；而“焊接机器及零件”的进口比重由“十五”期末的 17.4% 相应下滑至 12.8%。此外，“分电器、火花塞”年均增长 20.1%，是增速最快的进口品种。

表 5.3.10　“十五”和“十一五”期末我国其他电器设备产品进口分布统计表

单位：亿美元，%

商品种类	出口值		占其他电器设备出口值的比重		“十一五”期间年均增速
	2010 年	2005 年	2010 年	2005 年	
其他电器设备	86.1	53.1	--	--	10.1
其中：					
电动机及零件	39.0	25.0	45.3	47.0	9.3
工业炉及零件	15.4	8.4	17.9	15.9	12.8
焊接机器及零件	11.0	9.2	12.8	17.4	3.6
电磁铁	8.8	4.6	10.2	8.6	14.0
焊剂、焊条	2.9	1.5	3.4	2.9	13.9

续表

商品种类	出口值		占其他电器设备出口值的比重		“十一五”期间年均增速
	2010 年	2005 年	2010 年	2005 年	
电碳制品	2.7	1.2	3.1	2.2	17.8
铅酸蓄电池及零件	2.2	1.1	2.5	2.1	14.5
电动工具及零件	2.1	1.3	2.5	2.5	10.3
分电器、火花塞	2.0	0.8	2.3	1.5	20.1

（3）发电设备进口。我国发电设备是三大类电器工业产品进口中唯一下降的商品。“十一五”期间，10 项进口品种中 7 项出现下滑。其中，“风力和其他发电机组及零件”降势最为显著，年均下降 21.6%，所占比重在“十五”期末的 18.4% 基础上大幅减少 12.4 个百分点，在发电设备进口中的排名由“十五”期末的第二下滑 3 个位次；而“内燃发电机组及零件”在其他品种纷纷下挫的同时，仍保持小幅增长，稳坐第一，所占比重在“十五”期末的 33.3% 基础上继续大幅增加 14.3 个百分点。

表 5.3.11 “十五”和“十一五”期末我国发电设备产品进口分布统计表

单位：亿美元，%

商品种类	进口值		占发电设备进口值的比重		“十一五”期间年均增速
	2010 年	2005 年	2010 年	2005 年	
发电设备	32.4	35.9	- -	- -	-2.1
其中：					
内燃发电机组及零件	15.4	11.9	47.6	33.3	5.2
汽轮机及零件	6.1	6.3	18.9	17.6	-0.6
交流发电机及零件	3.1	3.1	9.6	8.7	-0.2
其他发电机	2.1	1.3	6.6	3.7	9.7
风力和其他发电机组及零件	2.0	6.6	6.0	18.4	-21.6
蒸汽锅炉及零件	1.2	2.0	3.7	5.5	-9.5
燃气轮机	1.0	2.0	3.1	5.5	-12.8

续表

商品种类	进口值		占发电设备进口值的比重		“十一五”期间年均增速
	2010 年	2005 年	2010 年	2005 年	
水轮机及零件	0.6	1.0	1.8	2.8	-10.2
蒸汽锅炉和过热水锅炉的辅助设备及零件	0.5	1.3	1.6	3.7	-16.6
集中供暖用的热水锅炉及零件	0.3	0.3	1.0	0.8	1.4

三、“十一五”期间我国电器工业产品进出口亮点及面临的主要问题

（一）出口方面

2008 年，全球金融风暴来袭导致外部市场需求疲软，使电器工业产品出口失去了此前快速增长的支撑，给国内相关产业发展蒙上了一层阴影。为应对危机、提振本土产业，政府出台了一系列的扶持措施，包括多次调高产品出口退税率；为保护国内产业发展，55 种电器产品被列入《国内投资项目不予免税的进口商品目录》；实施增值税转型改革，降低企业设备投资的税收负担；安排 421 亿美元大型成套设备出口融资保险等。2009 年，包括装备制造业在内的十大产业调整和振兴规划被推出；2010 年起，为了引导未来经济社会发展的重要力量，包括高端装备制造业在内的七大战略性新兴产业“一揽子”政策相继出炉。“十一五”后期，我国电器工业产品整体出口体现了较强的抗跌性，在系列鼓励政策的推出及进一步推动下得到迅速恢复，在成长期的主动探索与被动受压中慢慢发展，但当前向好形势下的亮点、存在的问题，以及未来隐患依然并存。

1. 亮点

一是快速发展的宏观经济环境增强能源需求，为电器工业产品出口提供源源动力。随着工业制造业水平不断提升，电力供应能力也相应不断增强，以 2008 年为基期，装备工业此后 2 年的平均增速为 17.4%，比 2008 年增速高出 0.3 个百分点①。以发电领域为例，“十一五”期间，发电项目纷纷上

① 2010 年我国装备工业经济运行情况．（2011－02－15）．http：//www. cnelc. com/news/ShowArticle/100103642/1/.

马，云南小湾、四川瀑布沟、青海拉西瓦、贵州构皮滩等一批水电项目陆续投产；风电新增并网装机1 399万千瓦，装机规模仅次于美国，居全球第二。截至“十一五”期末，我国发电装机累计达到9.6亿千瓦，其中水电2.1亿千瓦，火电7亿千瓦，核电1 080万千瓦，风电3 107万千瓦。2010年，我国新增发电装机9 127万千瓦；发电设备累计平均利用小时达到4 660小时，比2009年增加114小时，是“十一五”期间发电设备利用小时持续下降后的首次回升①。

二是技术更新换代速度加快、国内自主创新能力进一步提升，有利于出口商品结构的改善。随着下游制造业快速复苏及刺激内需政策下带动的固定资产投资加快，工业电器的产业需求也相应增强；随着自主技术水平进一步提升，商品结构优化也带动整体出口走出阴影、实现快速增长，“十一五”期末的2010年，规模以上装备工业增加值比2009年增长21.1%，同比加快了7.3个百分点；新产品产值率达到18.92%，高出总产值增速8个百分点②。在发电设备领域，我国已掌握600兆瓦超临界火电机组设计制造技术，并生产投运130余台，性能达到国际先进水平，不仅摆脱了进口依赖，而且出口印度等国家；同时，水电装备制水平在短短数年实现了历史性跨越，混流式水轮模型试验、大型推力轴承试验台、800级蒸发冷却试验台达到世界先进国家的同等水平，国内企业通过与国外的合作制造、打捆招标等方式引进技术，进行消化吸收，已具备了自主研制大型抽水蓄能机组的能力。在输变电领域，我国自主研制了世界上首套1000千伏、300万千伏安分相单体式特高压变压器，以及电压等级最高、容量最大的1000千伏、96万千伏高压并联电抗器等关键设备，生产了代表当前最高技术水平的特高压GIS和HGIS开关设备，实现重大技术装备的自主制造。目前我国掌握了一批具有自主知识产权的装备制造核心技术，在引进技术消化吸收、再创新基础上加快前进步伐，新产品开发开始从点向面全面铺开，如世界首台百万千瓦空冷发电机组正式投产发电，我国首座兆瓦级太阳能热发电项目开工，有利于提升国际竞争力。

三是“走出去”步伐加快，新兴市场的承包工程明显增多，带动电器出口逆势增长。随着经济全球化的深入发展、国际产业重组和发展中国家工业

① 2010年能源经济形势及2011年展望.（2011－02－15）.http：//www.cnelc.com/tech/ShowArticle/100103410/1/.

② 2010年中国工业经济运行形势分析报告发布.（2011－02－25）.http：//www.cnelc.com/news/ShowArticle/100104348/1/.

化进程的加快，给我国对外承包工程的发展带来了新的机遇，即便在全球市场萎缩和我国外贸进出口及实际利用外资额都处于下滑态势的背景下，我国对外承包工程行业在政策扶持下逆势而上，综合竞争能力明显增强；同时，对外承包工程的发展模式也日益高端化，越来越多的企业尝试BOT（建设－营运－移交）、PPP（公共部门与私人企业合作）模式。“十一五”期末，对外承包工程新签合同额约1300亿美元，完成营业额800亿美元，同比分别增长3%和16%①。当前我国具有对外承包工程资格的企业已超过2 000多家，其中50家承包商入选2009年全球最大国际承包商225强榜单。由于我国对外承包工程主要市场是亚洲、非洲等受金融危机影响较小的发展中国家，这些国家的基础设施建设正处于起步开展阶段，如印度未来几年计划电厂、机场和其他基础设施领域的年投资额将达到GDP的3.5%，这些市场基础建设投入及其外包工程的增多，相应提升了自我国进口设备的需求。

2. 问题

一是行业进入门槛低、前景好、优惠足，导致中低端电器工业产能过剩问题加重。“十一五”期间，我国在清洁能源领域的推动力度进一步加大，太阳能、风能、智能电网的技术更新不断加快，据《工业快报》统计，2010年全国累计生产发电设备1.3亿千瓦，已连续5年产量越过亿千瓦；全国发电总装机容量中国产机组比率超80%，其中特高压设备国产化率超过90%。由于投资前景好、国家支持力度大、进入门槛低，电器工业吸引了大批企业进驻，行业集中度低，部分领域出现压价竞争、产能过剩，行业秩序混乱。海关数据显示，“十一五”期末，我国出口额10万美元以下的电器工业企业数量多达22 669家，平均每年增加2 219家，占同期电器工业出口企业总数的58.2%。目前我国仅电力变压器的生产企业保守估计就超过千家，电线电缆行业内的大小企业更是达到万家之多，导致2010年我国变压器产能达到整个世界2009年需求量的1.5倍，一些企业生产的变压器招标报价仅为材料成本的80%；而电缆行业在低端产品中的产能过剩问题突出，某些地区仍大量引进立塔式生产线，造成重复建设、资金浪费和产能闲置等问题频出。

二是各要素成本上涨交互影响，进一步削弱我国电器工业产品的出口竞争力。电器工业受原材料的影响很大，由于铜、铝、硅钢片等原材料在低压电器、电线电缆、变压器、中小型电机等基础电工产品的成本构成中占有很

① 2010年我国对外承包工程新签合同额约1300亿美元.（2010－01－12）. http://www.gov.cn/jrzg/2011－01/12/content_ 1783177. htm.

大比重，原材料大幅度涨价造成了这些基础电工产品成本的提升。2010 年，美国二次“量化宽松政策”推动热钱持续流入大宗商品市场，原材料价格不断攀升，截至 2010 年 12 月 9 日，纽约商品交易所 2011 年 1 月交货的轻质原油期货价格收于每桶 88.28 美元，此前一天更是突破 90 美元大关，创 2008 年 10 月以来新高①。其指引下游产品塑料、铜材、铝材等原材料价格纷纷上涨，如伦敦铜接连刷新历史高点，12 月 9 日三个月期铜收报每吨9 015美元，接近历史价格纪录②；国际铜价自 2010 年 12 月中上旬首度突破每吨9 000美元③，之后更屡次刷新历史高位。全球最大铝生产商俄铝将 2011 年全球铝需求预计值在 2010 年基础上增加约 8%，达4 380万吨，进一步增强涨价预期。此外，我国 27 个省区市纷纷上调或计划上调最低工资标准，工人工资快速上涨，部分地区涨幅达到 20%，加上人民币升值步伐加快等各项生产成本上涨因素交织，电器工业产品出口企业的赢利空间被进一步压低。

3. 隐患

一是全球经济再次走向恶化，投融资环境趋紧、成本继续提升、贸易保护抬头等负面影响升级，加重电器出口企业经营负担。我国电器工业中小企业多、集中度低，且大部分仍以加工模式为主，利润空间小，在当前国内劳动力、原材料成本等综合成本高涨的背景下，生存空间越来越狭窄。近期美国信用评级下调，可能导致美元疲软、油价反弹、金价继续走高，人民币相对升值步伐进一步加快；为抑制经济衰退，或会引发下一轮量化宽松政策的实施，届时流动性增强将带动大宗商品继续涨价，加重了我国下游生产企业的经营压力；而资金流动性增强也会引起融资成本的继续提升，企业成长所需的投融资环境恶化，战略性新兴领域的经营难度加大。同时，为保护本国经济，贸易保护主义或将有所抬头，通过增加税收、贸易壁垒等手段对我国电器工业产品出口形成一定的阻碍。此外，2011 年 1 月 1 日起，《废弃电器电子产品回收处理管理条例》正式实行，规定电器产品生产者需缴纳废弃电子产品处理基金，5 类产品征收 0.5 % 的处理基金，回收费用增加将对企业经营生产造成更大压力。

---

① 汽车旺销 国内橡胶价格涨势突出．中国经济导报，2010 - 12 - 23.

② ETP 推出在即，伦铜周三收于 9015 美元．（2010 - 12 - 09）．http：//finance. qq. com/a/20101209/000604. htm.

③ 渣打预计一季度伦敦铜价格达到 12000 美元．（2011 - 01 - 06）．http：//www. sohu. com/.

二是全球节能环保理念盛行，技术壁垒高筑，对企业技术升级要求提高，转型压力也相应增大。为降低电网线路损耗并带来二氧化碳减排收益，我国《电力变压器能效限定值及能效等级》等电器强制性标准开始实施，节能评价值成为此种产品认证和政府采购的依据，届时每年可节电88 700万度，节煤33.2万吨，可减排二氧化碳84.63万吨、二氧化硫4.72万吨。与此同时，欧盟的《耗能产品环保设计指令》（EuP指令）、《化学品注册、评估、授权和限制法规》（REACH法规）、《报废电子电器设备指令》和《关于在电子电器设备中禁止使用某些有害物质指令》等，实质均是针对我国电器工业产品出口设立的技术壁垒。美国国会通过《清洁能源安全法案》，提出将从2020年开始征收碳关税，要借此对中国等主要发展中国家通过惩罚性关税实施贸易制裁，若此项提议正式实施，我国通信电子设备、电气机械器材等行业每出口万元产值将被加征6%～14%甚至12%～28%的关税，其对电器制造行业影响较大。近年来，国内能效标准纷纷出台、国外技术壁垒频频高筑，使电器行业技术升级的要求愈加迫切，若行业秩序不规范、相关投资不到位，将使行业面临洗牌，影响综合竞争力，产业结构调整和低碳环保技术升级要求加快。

（二）进口方面

2007年年底，为提升产业竞争层次、加快产业结构调整，我国首次推出大规模鼓励进口技术及产品目录，特别是增加国内需要的先进技术设备和重要原材料进口，列入目录产品享受贴息贷款、进口许可便利、进口信用保险、招标等系列优惠政策。2009年以来，我国加快经济发展方式转变的政策导向进一步明确，国家公布《重大技术装备进口税收政策暂行规定》，电动机、风力发电机等部分电器工业产品被列入其中。税收优惠的鼓励政策，提高了企业的进口积极性；但由于国内产能扩张迅速使进口替代性增强，以及节能减排等调控手段遏制用电单位的旺盛需求，导致相比出口快速增长，进口略显疲软，形势显得更加平稳。“十一五”期末，全社会用电量累计达4.19万亿千瓦时，同比增长14.6%，随着节能减排等宏观调控力度不断加大，用电量增速开始回稳以致回落，拉动工业用电增速快速回落，其中11月份，四大主要用电行业累计用电量1 086亿千瓦时，同比下降1.8%，一年来增速首次转负，比全社会用电增速低5.7个百分点。“十一五”期间，我国单位规模以上的工业增加值能耗累计下降25%以上，累计关停小火电7 210万千瓦，其中2010年，关停1 100万千瓦；全国在役火电机组中，30万千瓦及以上机组比重提高到70%以上，其中60万千瓦及以上清洁机组占33%。同期，我国平均供电煤耗每千瓦时335克，每千瓦时比上年下降5克①。

随着技术更新脚步的加快，我国电器工业企业面临的同业竞争压力也将迅速增大。我国企业在高端产品上的自主创新打破了外资企业的定价权，中外企业在中端装备制造领域的价格竞争更加激烈。“十一五”期末，外资企业及其下属在华合资公司的竞标报价持续下调，部分设备降价后的报价甚至低于国内产品，如美国一家企业生产的核电K1级（防爆等级最高）的电缆，过去的报价长期保持在每吨1 000万元左右，国内企业研制出替代产品将价格拉低至每吨500万元后，外方立即将报价调低到280万元/吨，降价幅度超过70%。2010年3月，国家调整《进口不予免税的重大技术设备和产品目录》，新增火电、水电设备和输变电设备项下税号20余条，2010年我国电器工业产品进口增速低于出口增长水平9.4个百分点，其中发电设备进口下降11.6%。从进口产品结构上看，在政策支持下，关键部件进口依赖度提升，国内配套水平亟待相应提高，2010年10月，我国进一步调整大型环保及资源综合利用设备等重大技术装备进口税收政策，优惠鼓励政策提高了企业的进口积极性，同时也表明对我国电器工业发展有重要意义的关键零部件等仍高度依赖进口。海关数据显示，2010年，电器工业产品中鼓励进口技术设备108.3亿美元，同比增长34.5%；占同期我国电器工业产品进口总值的22.6%，比2009年提升了1.5个百分点。

四、对当前问题采取的积极措施和相关建议

一是加大科研资金扶持力度，加快推动技术进步和升级换代，减轻近期成本上涨带来的压力。鼓励和扶持企业自主创新，技术上降低对外依赖性；鼓励企业通过新设、并购、重组、联合等形式，建立境外生产基地和营销网络，获取境外资源、先进技术和管理经验，增强自主创新能力和产业竞争力，通过利润空间的提升消化生产、融资成本上升的压力。

二是积极应对碳关税壁垒，加快清洁能源设备等新兴产业发展步伐。提高能源利用效率、开发新型能源、改进传统能源利用方式、降低工业部门的能源密集度和碳排放密集度，倡导并促进可持续的消费模式。

三是调整对外贸易政策，运用多种鼓励政策稳定出口。保持优惠政策延续性，加强公共服务体系建设，降低商检和物流费用，实施提高出口退税率

① 2010年能源经济形势及2011年展望．（2011－02－15）．http：//www.cnelc.com/tech/ShowArticle/100103410/1/.

等政策，推进出口产品多元化和市场多元化，推动企业创新和品牌建设，促进产品出口。

四是加强和完善产业安全预警机制。建立重点产品的跟踪统计机制，加强对重点产品及处于产业链上游的元器件产品的监控，加快推进经济结构调整，提高经济体系对抗外部冲击的耐受力。

附录4　《珠江三角洲地区改革发展规划纲要（2008～2020年）》实施中粤港澳经贸合作分析

2009年年初，为进一步促进珠三角地区经济优化发展，发挥对全国的示范和带动作用，国家制定发布了《珠江三角洲地区改革发展规划纲要（2008～2020年》（以下简称《纲要》），其中强调要充分发挥珠三角地区毗邻港澳的突出优势，进一步加强粤港澳紧密合作，并继续促进珠江三角洲地区经济结构转型升级。2010年前3季度广东省对香港、澳门地区外贸进出口数据及相关调研显示，《纲要》的实施对于加强粤港澳经贸合作起到积极作用，促进2010年以来粤港澳贸易重回快速增长通道，加快进出口结构优化，同时三方经贸合作的加强也有力推进了珠三角地区产业升级和转移进程。2010年前3季度广东省对港澳地区进出口合计1 098亿美元，快速增长33%。但进一步落实《纲要》，促进粤港澳经贸合作及珠三角地区产业发展和升级转型仍面临若干亟待突破完善的问题，应进一步加强对制度和措施的改进完善，以稳步推进粤港澳经贸合作和珠三角地区经济转型的深化发展。

一、《纲要》实施以来，2010年前3季度广东省对港澳贸易回升势头逐步稳固，贸易结构逐渐优化

2010年前3季度，广东省对香港进出口1 086亿美元，同比增长33.5%，占同期全省进出口总值的19.4%，香港地区为全省第一大贸易伙伴，广东对香港进出口增幅快于同期全省外贸进出口总值2.5个百分点，比金融危机前同期（2008年前3季度）小幅增长2.9%，其中出口1 043.5亿美元，同比增长32.8%；进口42.5亿美元，同比增长54.5%。对澳门进出口11.9亿美元，与2009年同期基本持平，占同期全省进出口总值的0.2%，其中出口11.2亿美元，同比增长13.3%；进口7 293万美元，同比下降66%。

（一）对港贸易保持快速增长，对澳贸易回复势头逐渐稳固

随着国内尤其是广东省经济的稳定增长为对港澳贸易提供稳定的后方支援，广东省对香港单月进出口自2009年11月份开始止跌回升并延续增长势头，2010年以来增速更明显加快，从3月份起已经连续7个月保持30%以上的快速增长。同时，2010年前3季度广东省对澳门进出口虽然仅与2009年同

期持平，但近期增势稳固，自5月份出现5.3%的小幅增长后，6～8月连续3个月增速保持在10%以上，9月份虽然再度放缓至5.3%，但总体回升的势头仍未改变，在短暂波动后增速仍有望再度加快。

（二）产业转移进程继续推进，加工贸易在对港、澳贸易中的比重均略有提升

加工贸易转移带动下的区域产业分工体系是粤港澳经济合作的重要基础，2010年前3季度，广东省以加工贸易方式对香港进出口820.5亿美元，同比增长34%，占同期全省对港贸易的75.6%，比重比2009年同期（下同）上升0.3个百分点；以一般贸易方式对香港进出口187.4亿美元，同比增长37.6%，占同期全省对港贸易的17.3%。同期，对澳门以一般贸易方式进出口6.6亿美元，同比下降5.8%，占同期全省对澳门贸易的55.5%；以加工贸易方式进出口4.7亿美元，小幅增长2.7%，占同期全省对澳门贸易的39.5%，比重上升1.4个百分点。

（三）外商投资企业仍占据对港澳进出口贸易主体，私营企业对港进出口大幅增长

外商投资企业是带动粤港澳经贸合作不断加强的主要力量。2010年前3季度，广东省外商投资企业对香港进出口782.4亿美元，同比增长31%，占同期全省对港贸易的72%；私营企业进出口169.7亿美元，同比大幅增长57.5%，占同期全省对港贸易的15.6%；国有企业进出口110.3亿美元，同比增长17.2%。同期，广东省外商投资企业对澳门进出口5.9亿美元，同比增长6.7%，占同期全省对澳门贸易的49.6%；私营企业对澳门进出口2.8亿美元，同比快速下降20.7%，占同期全省对澳门贸易的23.5%；集体企业对澳门进出口1.7亿美元，同比迅猛增长82.8%，比重由2009年同期的7.7%上升到14.3%；国有企业对澳门进出口1.5亿美元，同比下降24.9%。

（四）对港澳贸易仍主要集中于珠三角地区，其中深港贸易逾5成，珠海为对澳贸易领军力量

粤港澳贸易呈现向发达地区明显集中的特点，2010年前3季度，珠三角地区对香港和澳门分别进出口1 050亿美元和11.7亿美元，分别占同期粤港贸易和粤澳贸易的96.7%和98.3%。其中，深圳市对香港进出口558.7亿美元，同比增长36.1%，占同期粤港贸易的51.4%。对澳门贸易主要集中在珠海，2010年，珠海对澳门进出口5.1亿美元，同比增长37.7%，占同期粤澳贸易的42.9%。

（五）对港出口集中在技术含量较高的电子产品且所占比重有所提升，进口主要为废旧物资和初级产品

2010年前3季度，广东省对香港进出口商品的互补化趋势较为明显。出口机电产品815.2亿美元，同比增长35%；占同期全省对港出口总值的78.1%，比重上升1.3个百分点。其中，出口电器及电子产品475亿美元，同比增长34.2%；出口高新技术产品（与机电产品有交叉）571.7亿美元，同比增长36.8%，所占比重为54.8%，比重上升1.6个百分点。从具体品种看，出口第一大品种为自动数据处理设备及其部件，出口134.9亿美元，同比增长41.1%。同期，自香港进口的商品以废旧物资和初级产品为主，其中废塑料、废金属分别进口9.2亿美元和4.3亿美元，分别激增81.9%和1.2倍；医药品2亿美元，同比增长15.4%；初级形状的塑料1.6亿美元，同比小幅增长8.9%；纺织纱线、织物及制品2.9亿美元，同比下降16.5%。上述5者合计占广东省对港进出口总值的47.1%。

表5.4.1　2010年前3季度广东省对香港进出口前10位商品表

单位：万美元，%

出口				进口			
商品	金额	同比	占对港出口值比重	商品	金额	同比	占对港进口值比重
合计	1 043.5	32.8	–	合计	42.5	54.5	–
自动数据处理设备及其部件	134.9	41.1	12.9	废塑料	9.2	81.9	21.6
电话机	105.0	75.4	10.1	废金属	4.3	117.2	10.1
自动数据处理设备的零件	65.7	24.8	6.3	纺织纱线、织物及制品	2.9	–16.5	6.8
液晶显示板	42.4	45.3	4.1	医药品	2.0	15.4	4.8
服装及衣着附件	40.9	3.0	3.9	初级形状的塑料	1.6	8.9	3.7
印刷电路	40.8	36.4	3.9	废纸	1.5	63.0	3.5
纺织纱线、织物及制品	31.7	12.3	3.0	集成电路	1.0	–10.4	2.2
静止式变流器	23.5	78.0	2.3	服装及衣着附件	0.8	–13.1	1.9
通断保护电路装置及零件	19.4	24.0	1.9	农产品	0.7	25.2	1.6
集成电路	18.0	30.1	1.7	二极管及类似半导体器件	0.5	–3.0	1.1

（六）对澳门出口产品中机电产品比重有所提升，供澳电流、农产品位居出口前列，进口主要为基础原材料类产品

2010 年前 3 季度，广东省对澳门出口机电产品 3.9 亿美元，同比增长 30.9%；占广东省对澳门出口值的 34.8%，比重上升 4.8 个百分点。其中，出口电器及电子产品 2.5 亿美元，同比增长 22.6%。同期，出口高新技术产品 2.1 亿美元，同比增长 17.1%；占广东省对澳门出口值的 18.8%，比重提高 0.6 个百分点。从具体品种看，出口电流 1.9 亿美元，同比快速增长 41.6%，占广东省对澳门出口值的 17%，为出口第一大品种；出口纺织纱线、织物及制品 1.5 亿美元，同比增长 7.5%；出口农产品 1.2 亿美元，同比增长 2.1%。自澳门进口仍主要集中于原材料类产品，进口废塑料、废金属、未锻造的铜及铜材、废纸四者合计5 213万美元，同比大幅下降 72%，占广东省对澳门进口值的 71.5%。

表 5.4.2　2010 年前 3 季度广东省对澳门进出口前 10 位商品表

单位：万美元,%

出口				进口			
商品	金额	同比	占对澳出口值比重	商品	金额	同比	占对澳进口值比重
合计	11 1382.9	13.3		合计	7 292.7	-66.0	
电流	19 200.9	41.6	17.0	废塑料	2 375.0	-53.8	32.6
纺织纱线、织物及制品	15 082.0	7.5	13.5	未锻造的铜及铜材	1 383.9	40.7	19.0
农产品	11 624.0	2.1	10.4	废金属	1 021.2	-91.7	14.0
照相机	9 063.8	17.3	8.1	服装及衣着附件	927.3	-44.5	12.7
服装及衣着附件	6 262.6	-34.3	5.6	废纸	432.7	102.5	5.9
印刷电路	5 220.2	49.9	4.7	船舶	404.0	29.9	5.5
船舶	2 338.4	310.8	2.1	纺织纱线、织物及制品	201.2	47.4	2.8
未锻造的铜及铜材	1 632.0	9.9	1.5	玻璃纤维及其制品	113.4	94.9	1.6
水海产品	1 602.2	-4.6	1.4	初级形状的塑料	88.6	737.5	1.2
家具及其零件	1 559.7	-25.8	1.4	印刷、装订机械及零件	57.5	39.5	0.8

二、《纲要》实施落实以来，对加强粤港澳经贸合作和珠三角地区产业升级转型起到有力促进作用

《纲要》对深化粤港澳三地合作进行了全面安排，实施后三地不断创新合作方式，加强协调沟通。2009 年 8 月，广东省相应出台了《关于推进与港澳更紧密合作的决定》并严格加以落实，带动粤港澳经贸合作不断加强和深化，同时三地的紧密合作和融合发展，也充分发挥了对珠三角地区经济发展和产业升级转型的带动作用。

（一）各项外贸扶持措施为粤港澳经贸发展营造良好环境，相关企业经营外贸状况普遍好转，加工贸易发展形势优于总体

《纲要》实施以来，相关部门通过落实各项“保增长”措施，帮助港资、澳资在内地的企业排解经营困难，提升应对外部环境急剧变化的能力，珠三角地区大量主要针对港澳地区市场的企业面临的外贸环境持续好转。2010 年前 3 季度，广东省对香港有进出口记录的企业有 2.6 万家，比去年同期增加 757 家；在有进出口记录的企业中，大部分企业进出口增速明显，其中进出口增速在 30% 以上的企业有 1.6 万家，占同期口岸对港企业出口总数的 61.5%。同时，广东范围内各关区海关采取多种措施增强加工贸易发展动力，如深圳海关进一步优化加工贸易风险担保制度，简化加工贸易企业外发加工手续，支持对港澳地区加工贸易稳定发展。2010 年前 3 季度，广东省对港以加工贸易方式进出口高于同期粤港贸易总体增幅 0.5 个百分点，对澳加工贸易进出口在粤澳贸易与去年同期持平的情况下实现 2.7% 的小幅增长，在粤港、粤澳贸易中的比重也分别上升 0.3 个和 1.4 个百分点。这表明港澳地区对珠三角地区的加工贸易转移步伐进一步加快，带动珠三角地区的制造业优势进一步显现，从而加快区域产业分工布局的形成和粤港澳三地经贸继续深入融合。

（二）供港产品稳步增长，CEPA 落实力度进一步加强，自港澳引进资金和技术规模持续扩大，服务贸易领域继续拓宽，对港澳经贸合作获得全面发展

《纲要》实施以来，广东省在水、电、气、农副产品等供港方面全力支持香港和澳门等。根据海关统计数据，2010 年前 3 季度，在广东省出口农产品、肉类、水海产品、鲜蛋、粮食、蔬菜、水果、乳品等重要生活必需品中，香港均为第一大出口目的地，出口电流也基本全部输往港澳地区；同时，内地与港澳关于建立更紧密经贸关系的安排（CEPA）进一步落实，2010 年前 3 季度广东范围内各关区进口香港 CEPA 项下零关税产品受惠货值达 3.8 亿美元，关税优惠达 2.1 亿元人民币，同比分别增长 24.9% 和 20.5%，占全国的

58.8%和59.9%；澳门CEPA项下受惠货值达14.3万美元，关税优惠14.4万美元，分别占全国的76.4%和84.2%。此外，自港澳引进资金和技术规模持续扩大，2010年上半年，广东省与香港合同外资金额80.15亿美元，占全省的79.1%，同比增长29%；实际利用外资59.08亿美元，占全省的61.3%，同比增长2.2%。澳门合同外资金额同比增长74.5%①。由此可见，外商投资企业仍为带动粤港澳贸易增长的主要力量。广东省通过加快自港澳引进先进技术和管理方法，建立合作基地，创新技术合作方式，大力推进珠三角区域技术水平和管理水平提升，促进制度优化建设。服务贸易领域方面的合作也进一步拓宽，当前内地与香港间服务贸易领域已开放至44个，与澳门间开放至43个，全方位促进了对港澳经贸合作的深入开展。

（三）粤港澳经贸合作的加强促进了珠三角地区加快发展新兴产业，提升高端产品比重，优化对港澳进出口商品结构，促进整体经济的发展和转型升级

《纲要》实施后，粤港澳三地经济加快融合，有效增强了珠三角地区经济发展后劲，同时广东省通过承接部分来自港澳的国际先进制造业、高新技术产业转移，提升了本地高端制造业所占比重；省内各市采取一系列措施提高自主创新水平，有关部门设立专项资金引导在粤港澳资加工贸易企业进行技术改造；广东范围内海关也协助珠三角区域加工贸易企业加强与港澳企业的联系配合，全力支持其延伸产业链条，由劳动密集型向资本和技术密集型进行平稳过渡，以上措施均有助于促进传统产业转型升级，建立现代化产业体系。2010年前3季度，广东省对香港、澳门出口高新技术产品增幅分别高于同期对港、澳贸易总体增幅4个和3.8个百分点，所占比重也分别比2009年同期提高1.6个和0.6个百分点，表明对港澳出口商品结构呈现逐渐优化态势。同时，2010年前3季度广东省对香港出口前10位商品中，有8类是技术含量较高的电子类产品，且出口增速普遍高于同期对港出口总体增幅，合计占同期对港出口总值的43.1%，比重比2009年同期提高3.7个百分点；而其余2类分别为技术含量较低的服装及衣着附件和纺织纱线、织物及制品，出口仅分别缓慢增长3%和12.3%，所占比重也比2009年同期分别下滑1.1个和0.6个百分点，表明随着出口商品结构中中高端产品所占份额持续提升，粤港澳贸易结构升级步伐不断加快。

---

① 上半年广东实际利用外商直接投资同比下降1.6%.（2010-07-26）. http://www.gdstats.gov.cn/tjkx/t20100726_77240.htm.

（四）通过深化广东省对港澳合作分工体系，加快珠三角地区向周边地区进行产业转移步伐，加快地域间资源优化配置，带动地区经济协调发展

《规划》实施后，广东省逐步强化珠三角地区与港澳高端制造业和生产型服务业合作，而粤北山区及东西两翼与港澳中低端制造业合作的战略布局，并积极引导珠三角港澳资企业通过外发加工的方式向粤北山区和东西两翼转移，形成梯度发展、分工合理的多层次产业协作体系，从而推进粤港澳经济在更高层次上实现融合，并带动环珠三角地区获得协调发展。在此过程中，广东范围内海关大力采取相关措施加快企业转移步伐，如支持加工贸易企业不停产就地转型、简化本关区加工贸易企业向外关区搬迁手续等，促进产业资源在经济圈内逐渐优化配置。例如，深圳地区采取各项措施促进加工贸易产业向惠州等地有序转移，2010 年前 3 季度，惠州市对香港进出口增幅比深圳市高出 3.8 个百分点，同时在全省对港进出口中所占比重也比 2009 年同期上升 0.2 个百分点；位于粤北和东西两翼的清远、揭阳、阳江、梅州和茂名对香港进出口增幅均高达 40% 以上。非珠三角地区对港澳地区进出口迅猛增长，广东省对港澳贸易逐渐显示向东西两翼转移迹象，表明粤港澳合作深化与产业转移形成有力的相互促进作用。

（五）加强粤港澳基础设施对接，同时优化海关监管体系，为加强三地经贸合作提供良好的物流条件，经港澳地区转口进出口贸易快速发展

《规划》实施后，粤港澳三方积极推进跨界基础设施建设与交通网络对接，如港珠澳大桥、深圳东部过境高速公路先后开工，广深港客运专线加快建设，深港间第 7 个陆路过境口岸莲塘/香园围口岸进入规划。此外，还积极推进深港空港合作，全方位加强港口、码头、机场等基础设施在建设、运营、管理等各方面的合作，充分发挥物流服务支持经贸发展的作用。2010 年 8 月，《粤港澳基础设施建设合作专项规划》编制完成进入审定阶段，对下一阶段粤港澳基础设施建设起到更为有力的推动作用。同时，广东地区范围内海关大力优化监管方式，积极推广便利通关模式，并推进与港澳海关合作纵深发展，加强查验结果互认和单证统一化发展等，提高海关监管通关效率，促进对港澳地区通关物流快速便捷化发展，大大促进了经济来往的紧密程度，同时也促使粤港澳地区在世界范围内进一步发挥作为物流基地的作用，强化经港澳转口外贸动力。2010 年前 3 季度，在广东省对港澳贸易稳定增长的同时，经香港起抵但进口原产地（或出口最终目的地）为其他国家（地区）的货物进出口总值达到2 147亿美元，同比快速增长 30.2%，尤其是自香港起运进口至广东省，但原产地为其他国家（地区）的货物金额达到1 685亿美元，同比快速增长33.2%，说明香港充分发挥了其物流中心和转口中心的作用，促进了广东省及珠三角地区对外贸易的平稳快速发展。

三、当前进一步加强粤港澳经贸合作，促进珠三角地区经济发展与转型升级急需突破的问题

当前，粤港澳三地分工合作关系及外向型基地逐步形成，但从全面贯彻实施《纲要》、进一步提升区域竞争创新能力的要求看，目前急需突破的问题有：

（一）粤港澳合作交流体制仍亟待进一步强化和完善，应突破制度性差异障碍，促使合作机制制度化、常规化、细致化发展

当前粤港、粤澳间已建立年度高层联席会议机制，三地政府联席会议也取得良好效果，但随着合作交流的深入发展，联席会议的频率和深度仍有待进一步加强。同时，应改进效率较低的合作方式，加强合作沟通细致化发展，如粤澳合作的重点在于珠澳合作，但珠海作为地级市，在部分具体合作事项上力度相对欠缺，珠澳合作在一定程度上被纳入粤港贸易框架，合作过程相对繁琐，降低了合作效率，2010年前3季度对澳贸易在广东省对外贸易中所占比重仍不到1%。此外，粤港澳三地在政治、社会、经济、金融、法律等各方面的制度存在较大差异，加大了跨境经营企业风险，也使得资源自由流动面临体制性障碍，市场机制的作用难以得到充分发挥，制约了区域内优势互补的产业分工体制的形成。为此，应加快建立常规化的三方联席会议制度，制定科学、完善、细致的合作规划，可考虑在加强省级部门指导的基础上对各地给予更多授权，如利用专项合作小组的形式促进各地政府与港澳相关部门进行直接沟通与合作，提高合作效率；同时，通过加强政府间协作促进广东省与港澳地区在各方制度上形成接轨，打破限制资源自由流动的机制、体制性障碍，以促进区域内资源的合理流动和优化组合，加快粤港澳经济的全面融合和一体化进程。

（二）粤港澳三地在区域经贸合作中的不同定位和职责分工有待进一步明确，经贸发展的错位化、互补化有待增强

以比较优势为基础的区域产业分工体系的形成是粤港澳经济合作的重要基础，根据《规划》要求，珠三角地区目前仍面临进一步开展结构转型和发展方式转变的任务，正由轻型加工工业向资本和技术密集型的重化工业升级发展，急需在粤港澳合作体系中进一步强化珠三角地区逐渐升级的制造业优势，完善区域产业分工体系。但当前粤港澳间经贸发展仍存在定位不清晰、

职责不清楚的现象，导致部分领域经济发展呈现一定的重合性，2010 年前 3 季度广东省对香港、澳门进出口前 10 位商品中，均有 3 类品种出现重合，区域间错位化、互补化的合作方式仍有待进一步加强。为此，在强化粤港澳三地沟通交流机制的同时，需要加强区域性发展的协调安排和统筹规划，进一步明确三地的不同优势和发展轨迹，根据区域经济发展和产业布局优化的需求，制定清晰的职责定位，实现各有侧重的发展，其中香港应强化作为国际金融中心、航运中心和物流中心的角色，澳门强化作为旅游休闲中心、会展中心的地位，广东省进一步发挥作为制造业基地的作用以为港澳发展提供稳固的后方支援；实现明确的分工和错位化发展，以促使资源的优化配置，进一步建立互补化、错位化的发展格局，以强化三方经济互补、互惠、互利的效果，提高粤港澳经贸合作效率。

（三）粤港澳经贸合作中应加强对跨境基础设施的统筹规划，树立全局发展观念，规避重复建设、恶性竞争等现象

在粤港澳经济合作发展的进程中，由于部分地区未能树立起全局协调发展的观念，在跨境基础设施的建设上缺乏统一的协调规划，造成在港口、机场、转运中心等领域出现基础设施重复建设和恶性竞争的现象，导致争夺客源、低效运作、投资浪费等问题，影响了资源配置效率，对区域经济合作的高效发展存在一定的负面影响。如珠三角地区在较小的区域就有广州、深圳、珠海、香港和澳门五大机场，加上汕头、梅州等小机场有十几个之多，是国内机场最密集的地区，所产生的内耗使得不同城市机场间难以形成合力，成为真正意义上的国际空港中心，也导致部分客流量有限的机场面临运能限制、效益低下的局面；同时，珠三角地区大量毗邻港澳地区的大型港口建设也与港澳地区的港口形成较强的竞争格局，形成对客源的争夺，制约了经济互补化格局的形成和集约化发展。为此，应进一步加强对重大投资项目的统筹规划，从区域经济发展角度对港口、机场等重大基础设施建设进行合理布局，促使各项资源围绕粤港澳经济一体化的目标实现更为合理的配置。

（四）需进一步加强粤港澳区域物流制度创新和基础设施建设，为三方经贸合作营造优良的物流环境

粤港澳间物流融合是经贸合作的重要组成部分，对于粤港澳经济一体化建设有着重要的助推作用，同时加快了港澳制造业向广东省转移进程的实现，但当前粤港澳区域物流发展仍受到部分体制因素的客观制约，如部分重大基础设施项目的规划筹备和建造实施进程仍有待加快，粤港、粤澳间机场、港口的互补性、对接性有待提高，在一定程度上制约了区域经贸合作的深度和广度。此外，物流管理理念有待进一步更新突破，如深圳前海湾保税港区在筹备过程虽引进港资进行管理，有助于借鉴国际先进管理理念，但仍处于起步阶段，在引进港澳管理人员的安排上仍存在一定制度限制，制约着珠三角区域物流业创新和发展的步伐。为此，急需进行体制创新完善以促进物流业全面发展，应抓紧落实《粤港澳基础设施建设合作专项规划》，在交通、能源、资源和信息等各方面加强合作，完善跨界交通基础设施协作机制，加快建设广深港高铁、港珠澳大桥、深港东部通道等重大工程及配套项目，实现珠三角区内和港澳之间客运交通的“公交化”；进一步优化粤港澳之间海关监管模式，继续落实分类通关试点工作，创新通关模式，提高通关效率，加速粤港澳间物流业发展。此外，不断加强理论探索和管理创新，完善物流配套政策的制定和实施，优先发展以供应链管理为核心的现代物流业务，为促进三方经贸合作的深入开展营造有利环境。

（五）应进一步实现粤港澳区域的协调平衡发展，强化珠澳经贸合作及非珠三角地区在粤港澳经贸合作中的地位

粤港澳经贸合作虽取得较快发展，但不同区域的发展相差较大，如深港贸易占据广东省对港澳贸易绝大部分比重，呈现粤港贸易与粤澳贸易发展极不平衡的局面。2010 年前 3 季度广东省对港澳合计进出口中，深港贸易占 50. 9%，而同期珠澳贸易仅占 0. 5%，虽然部分原因是受到珠海地区客观经济实力偏弱的制约，但作为对澳贸易领军力量、与澳门直接陆路对接的珠海市应对此加大重视，拓宽与澳门的经贸合作，促使珠澳贸易进一步融入广东省对港澳贸易的框架，力求与深港贸易取得一定程度的均衡发展。同时，广东省内对港澳贸易大多集中于珠三角地区，粤北和东西两翼所占比重仍然偏低，2010 年前 3 季度，广东省内非珠三角地区对香港和澳门进出口分别仅占同期粤港、粤澳贸易的 3. 3% 和 1. 6%，比 2009 年同期下降 0. 1 个和 2. 3 个百分点。为此，应充分发挥珠三角地区对周边地区经济发展的辐射带动作用，进一步加快珠三角地区将中低端制造业逐渐向东西两翼进行转移，以实现省内产业梯度发展，促使广东省对港澳经济合作的内部布局进一步深化，同时进一步优化珠三角区域产业结构，提升高端制造业和生产型服务业所占比重，加快广东省内产业布局和转移进程，促使区域内经济协调稳定发展。

附表

附表1 2001~2011年深圳市外贸进出口总值表

单位：亿美元,%

年份	进出口总值	出口总值	进口总值	比上年增减		
				进出口	出口	进口
2001年	686.0	374.8	311.2	7.3	8.4	5.9
2002年	872.3	465.6	406.7	27.2	24.2	30.7
2003年	1 174.6	630.0	544.6	34.6	35.3	33.9
2004年	1 475.0	780.7	694.4	25.6	23.9	27.5
2005年	1 828.7	1 016.1	812.7	24.0	30.2	17.0
2006年	2 372.4	1 359.6	1 012.7	29.7	33.8	24.6
2007年	2 882.3	1 690.9	1 191.4	21.5	24.4	17.6
2008年	3 015.3	1 811.8	1 203.5	4.6	7.2	1.0
2009年	2 701.6	1 619.8	1 081.8	-10.4	-10.6	-10.1
2010年	3 467.6	2 041.8	1 425.8	28.4	26.1	31.8
2011年	4 141.0	2 455.2	1 685.8	19.4	20.2	18.2

附表2　2001~2011年深圳市主要贸易方式进出口统计表

单位：亿美元,%

年份	贸易方式	进出口值	出口值	进口值	比上年增减		
					进出口	出口	进口
2001年	合计	686.0	374.8	311.2	7.3	8.4	5.9
	一般贸易	120.3	40.8	79.4	22.9	31.2	19.1
	加工贸易	508.5	311.9	196.6	5.9	7.7	3.1
	加工贸易进口设备	6.1	–	6.1	10.5	–	10.5
	外商投资企业作为投资进口的设备、物品	8.5	–	8.5	-17.4	–	-17.4
	海关特殊监管区域	35.8	20.8	15.0	-2.3	-5.5	2.6
2002年	合计	872.3	465.6	406.7	27.2	24.2	30.7
	一般贸易	159.2	55.7	103.5	32.4	36.4	30.3
	加工贸易	628.9	376.6	252.4	23.7	20.7	28.4
	加工贸易进口设备	6.7	–	6.7	9.6	–	9.6
	外商投资企业作为投资进口的设备、物品	10.2	–	10.2	19.2	–	19.2
	保税监管场所进出境货物	21.4	17.6	3.8	7.4	9.8	-2.8
2003年	合计	1 174.6	630.0	544.6	34.6	35.3	33.9
	一般贸易	226.9	80.2	146.7	42.5	44.0	41.7
	加工贸易	822.8	498.2	324.6	30.8	32.3	28.6
	加工贸易进口设备	8.1	–	8.1	20.8	–	20.8
	外商投资企业作为投资进口的设备、物品	12.8	–	12.8	25.8	–	25.8
	海关特殊监管区域	101.3	51.6	49.7	59.1	55.4	63.2

续表

年份	贸易方式	进出口值	出口值	进口值	比上年增减		
					进出口	出口	进口
2004 年	合计	1 475.0	780.7	694.4	25.6	23.9	27.5
	一般贸易	282.5	105.8	176.7	24.5	31.9	20.4
	加工贸易	999.7	598.8	400.9	21.5	20.2	23.5
	加工贸易进口设备	10.1	–	10.1	24.5	–	24.5
	外商投资企业作为投资进口的设备、物品	16.3	–	16.3	27.1	–	27.1
	海关特殊监管区域	164.1	76.0	88.1	62.0	47.3	77.3
2005 年	合计	1 828.7	1 016.1	812.7	24.0	30.2	17.0
	一般贸易	355.5	169.7	185.8	25.8	60.4	5.1
	加工贸易	1 249.9	755.0	494.9	25.0	26.1	23.4
	加工贸易进口设备	11.0	–	11.0	9.4	–	9.4
	外商投资企业作为投资进口的设备、物品	15.6	–	15.6	–4.3	–	–4.3
	海关特殊监管区域	196.3	91.3	105.0	19.6	20.1	19.1
2006 年	合计	2 372.4	1 359.6	1 012.7	29.7	33.8	24.6
	一般贸易	536.9	320.9	216.0	51.0	89.1	16.3
	加工贸易	1 539.4	918.2	621.2	23.2	21.6	25.5
	加工贸易进口设备	8.5	–	8.5	–22.8	–	–22.8
	外商投资企业作为投资进口的设备、物品	19.9	–	19.9	27.5	–	27.5
	海关特殊监管区域	264.9	120.5	144.4	35.0	32.0	37.5
2007 年	合计	2 882.3	1 690.9	1 191.4	21.5	24.4	17.6
	一般贸易	727.4	461.7	265.7	35.5	43.9	23.0
	加工贸易	1 766.6	1 068.5	698.1	14.8	16.4	12.4
	加工贸易进口设备	12.1	–	12.1	42.4	–	42.4
	外商投资企业作为投资进口的设备、物品	20.6	–	20.6	3.7	–	3.7
	海关特殊监管区域	343.2	154.0	189.1	29.5	27.8	31.0

续表

年份	贸易方式	进出口值	出口值	进口值	比上年增减		
					进出口	出口	进口
2008年	合计	3 015.3	1 811.8	1 203.5	4.6	7.2	1.0
	一般贸易	792.2	480.8	311.4	8.9	4.1	17.2
	加工贸易	1 751.5	1 097.5	653.9	-0.9	2.7	-6.3
	加工贸易进口设备	8.3	-	8.3	-31.9	-	-31.9
	外商投资企业作为投资进口的设备、物品	16.5	-	16.5	-19.8	-	-19.8
	海关特殊监管区域	409.4	200.9	208.5	19.3	30.4	10.2
2009年	合计	2 701.6	1 619.8	1 081.8	-10.4	-10.6	-10.1
	一般贸易	822.4	474.7	347.7	3.8	-1.3	11.7
	加工贸易	1 488.3	932.2	556.1	-15.0	-15.1	-15.0
	加工贸易进口设备	1.5	-	1.5	-81.9	-	-81.9
	外商投资企业作为投资进口的设备、物品	8.6	-	8.6	-48.1	-	-48.1
	海关特殊监管区域	347.9	180.4	167.5	-15.0	-10.2	-19.7
2010年	合计	3 467.6	2 041.8	1 425.8	28.4	26.1	31.8
	一般贸易	1 094.7	636.7	458.1	33.1	34.1	31.7
	加工贸易	1 890.7	1 174.3	716.5	27.0	26.0	28.8
	加工贸易进口设备	2.9	-	2.9	97.0	-	97.0
	外商投资企业作为投资进口的设备、物品	11.2	-	11.2	30.5	-	30.5
	海关特殊监管区域	464.0	229.4	234.6	33.4	27.2	40.1
2011年	合计	4 141.0	2 455.2	1 685.8	19.4	20.2	18.2
	一般贸易	1 299.9	779.7	520.2	18.7	22.5	13.6
	加工贸易	2 283.5	1 387.0	896.5	20.8	18.1	25.1
	加工贸易进口设备	2.6	-	2.6	-13.0	-	-13.0
	外商投资企业作为投资进口的设备、物品	6.2	-	6.2	-44.6	-	-44.6
	海关特殊监管区域	544.2	287.6	256.7	17.3	25.3	9.4

附表3　2011年深圳市出口前50位商品统计表

单位：亿美元，%

序号	商品名称	出口值	比上年增减	占2011年出口总值比重
01	自动数据处理设备及其部件	325.4	1.3	13.3
02	电话机	269.8	43.4	11.0
03	服装及衣着附件	105.8	12.3	4.3
04	自动数据处理设备的零件	88.3	-7.8	3.6
05	打印机（包括多功能一体机）	63.7	6.6	2.6
06	集成电路	58.7	47.5	2.4
07	贵金属或包贵金属的首饰	58.1	173.4	2.4
08	鞋类	47.6	15.4	1.9
09	家具及其零件	47.2	5.6	1.9
10	静止式变流器	46.5	20.1	1.9
11	纺织纱线、织物及制品	33.5	12.8	1.4
12	液晶显示板	31.1	-2.8	1.3
13	玩具	29.2	0.9	1.2
14	通断保护电路装置及零件	28.1	15.9	1.1
15	塑料制品	27.6	13.2	1.1
16	箱包及类似容器	25.8	12.8	1.0
17	录、放像机	25.3	-22.3	1.0
18	二极管及类似半导体器件	22.0	32.9	0.9
19	印刷电路	21.0	22.5	0.9
20	电线和电缆	20.8	21.5	0.8
21	电视机（包括整套散件）	20.2	22.0	0.8
22	电视、收音机及无线电讯设备的零附件	19.6	14.5	0.8
23	蓄电池	18.0	12.9	0.7
24	灯具、照明装置及类似品	17.6	37.1	0.7
25	收音设备（包括收录音组合机及整套散件）	14.1	22.4	0.6

续表

序号	商品名称	出口值	比上年增减	占2011年出口总值比重
26	成品油	12.5	78.3	0.5
27	电动机及发电机	12.2	6.8	0.5
28	扬声器	11.0	6.6	0.4
29	医疗仪器及器械	10.9	19.2	0.4
30	印刷品	9.0	10.7	0.4
31	集装箱	9.0	64.3	0.4
32	手表	8.8	2.0	0.4
33	游戏机	8.5	-13.1	0.3
34	录放音、像机及唱机的零附件	7.8	3.6	0.3
35	汽车零件	7.4	33.9	0.3
36	钢材	7.2	78.7	0.3
37	体育用具及设备	7.1	0.8	0.3
38	医药品	6.6	-16.6	0.3
39	电流	6.3	1.7	0.3
40	摩托车及自行车的零件	6.1	22.0	0.3
41	电扇	4.9	41.5	0.2
42	家用陶瓷器皿	4.9	9.2	0.2
43	照相机	4.8	-6.4	0.2
44	玻璃制品	4.6	19.2	0.2
45	电容器	3.6	18.1	0.1
46	手用或机用工具	3.6	26.5	0.1
47	眼镜及其零件	3.5	20.6	0.1
48	床垫、寝具及类似品	3.1	19.7	0.1
49	未锻造的铜及铜材	3.1	59.7	0.1
50	自行车	3.1	13.0	0.1

附表4 2011年深圳市进口前50位商品统计表

单位：亿美元,%

序号	商品名称	进口值	比上年增减	占2011年进口总值比重
01	集成电路	451.1	6.7	26.8
02	自动数据处理设备及其部件	93.3	16.6	5.5
03	液晶显示板	60.7	-15.3	3.6
04	自动数据处理设备的零件	55.7	-5.1	3.3
05	二极管及类似半导体器件	43.3	5.3	2.6
06	初级形状的塑料	41.3	-1.5	2.4
07	印刷、装订机械及零件	32.6	9.7	1.9
08	印刷电路	32.5	21.6	1.9
09	通断保护电路装置及零件	32.2	4.6	1.9
10	变压、整流、电感器及零件	29.7	17.2	1.8
11	未锻造的铜及铜材	23.4	-5.0	1.4
12	电容器	18.8	-2.5	1.1
13	计量检测分析自控仪器及器具	18.2	28.9	1.1
14	电视摄像机、数字照相机及视频摄录一体机	17.7	97.6	1.0
15	成品油	16.8	60.7	1.0
16	制造平板显示器用的机器及装置	14.7	273.7	0.9
17	钢材	13.2	-5.2	0.8
18	电视、收音机及无线电讯设备的零附件	12.4	27.7	0.7
19	纺织纱线、织物及制品	11.0	0.7	0.7
20	液化石油气及其他烃类气	10.6	1.1	0.6
21	蓄电池	9.7	11.6	0.6
22	电线和电缆	9.5	21.3	0.6
23	飞机	9.4	50.7	0.6
24	非泡沫塑料的板、片、膜、箔	6.7	3.0	0.4
25	鲜、干水果及坚果	6.5	38.7	0.4

续表

序号	商品名称	进口值	比上年增减	占2011年进口总值比重
26	金属加工机床	5.7	-34.7	0.3
27	电动机及发电机	5.7	12.1	0.3
28	未锻造的铝及铝材	5.5	8.0	0.3
29	服装及衣着附件	5.0	79.5	0.3
30	粮食	5.0	13.0	0.3
31	医药品	4.9	30.7	0.3
32	电阻器	4.4	8.5	0.3
33	纸及纸板（未切成形的）	4.1	-7.7	0.2
34	塑料制品	3.8	8.5	0.2
35	煤	3.8	297.4	0.2
36	原木	3.7	188.2	0.2
37	医疗仪器及器械	3.6	32.0	0.2
38	锯材	3.4	19.7	0.2
39	废塑料	3.1	-13.5	0.2
40	钢铁制标准紧固件	2.9	7.9	0.2
41	酒类	2.7	14.5	0.2
42	印刷品	2.3	28.6	0.1
43	废金属	2.2	-19.9	0.1
44	已组装的完整表芯	2.2	1.8	0.1
45	肥料	2.1	19.1	0.1
46	钻石	2.1	24.2	0.1
47	手表	2.0	9.1	0.1
48	阀门	2.0	10.0	0.1
49	汽车零件	1.9	29.2	0.1
50	合成橡胶（包括胶乳）	1.7	19.7	0.1

附表 5－1　2001～2004 年深圳市对前 20 位贸易伙伴进出口情况统计表

单位：亿美元，%

2001 年				2002 年				2003 年				2004 年			
贸易伙伴	进出口值	比上年增减	占同年进出口总值比重	贸易伙伴	进出口值	比上年增减	占同年进出口总值比重	贸易伙伴	进出口值	比上年增减	占同年进出口总值比重	贸易伙伴	进出口值	比上年增减	占同年进出口总值比重
中国香港	150.9	16.2	22.0	中国香港	200.1	32.6	22.9	中国香港	284.2	42.1	24.2	中国香港	367.4	29.3	24.9
美国	120.0	0.4	17.5	美国	139.2	16.0	16.0	美国	167.1	20.1	14.2	美国	204.1	22.1	13.8
日本	91.4	－1.4	13.3	日本	111.5	22.0	12.8	日本	147.5	32.2	12.6	日本	165.3	12.1	11.2
欧盟	75.8	－0.6	11.1	东盟	94.8	29.0	10.9	东盟	130.1	37.2	11.1	东盟	154.9	19.1	10.5
东盟	73.5	14.8	10.7	欧盟	89.3	17.8	10.2	欧盟	115.3	29.1	9.8	欧盟	134.3	16.5	9.1
中国台湾	61.0	3.8	8.9	中国台湾	82.9	35.9	9.5	中国台湾	105.4	27.1	9.0	中国台湾	129.4	22.8	8.8
韩国	25.1	－2.2	3.7	韩国	33.1	31.6	3.8	韩国	47.3	43.0	4.0	韩国	64.6	36.6	4.4
澳大利亚	12.2	12.4	1.8	澳大利亚	12.3	1.4	1.4	澳大利亚	10.3	－16.1	0.9	澳大利亚	12.6	22.0	0.9
墨西哥	5.3	53.6	0.8	墨西哥	6.4	20.1	0.7	加拿大	8.4	36.0	0.7	加拿大	10.7	27.7	0.7

续表

2001年				2002年				2003年				2004年			
贸易伙伴	进出口值	比上年增减	占同年进出口总值比重	贸易伙伴	进出口值	比上年增减	占同年进出口总值比重	贸易伙伴	进出口值	比上年增减	占同年进出口总值比重	贸易伙伴	进出口值	比上年增减	占同年进出口总值比重
加拿大	4.9	-0.9	0.7	加拿大	6.2	25.9	0.7	墨西哥	6.6	4.3	0.6	俄罗斯	9.1	50.7	0.6
南非	3.3	-0.3	0.5	俄罗斯	4.0	51.7	0.5	俄罗斯	6.1	50.7	0.5	墨西哥	8.1	22.0	0.5
俄罗斯	2.7	9.7	0.4	阿联酋	3.5	65.2	0.4	阿联酋	4.9	39.1	0.4	阿联酋	5.9	20.9	0.4
沙特阿拉伯	2.3	4.8	0.3	南非	2.7	-17.8	0.3	沙特阿拉伯	4.4	64.9	0.4	沙特阿拉伯	5.5	25.3	0.4
瑞士	2.1	-2.2	0.3	沙特阿拉伯	2.7	15.9	0.3	巴西	3.2	45.4	0.3	瑞士	5.0	57.4	0.3
阿联酋	2.1	64.4	0.3	瑞士	2.6	21.7	0.3	南非	3.2	17.4	0.3	巴西	4.7	46.5	0.3
巴西	1.9	2.6	0.3	印度	2.2	49.9	0.3	瑞士	3.2	22.2	0.3	南非	4.6	43.8	0.3
阿根廷	1.5	64.5	0.2	巴西	2.2	14.4	0.3	印度	2.8	24.7	0.2	印度	4.4	56.2	0.3
印度	1.5	41.4	0.2	阿根廷	1.3	-14.7	0.2	土耳其	2.6	102.4	0.2	土耳其	2.9	12.1	0.2
挪威	1.1	32.3	0.2	以色列	1.3	65.9	0.1	阿根廷	2.3	77.9	0.2	哥斯达黎加	2.8	23.9	0.2
新西兰	1.1	30.4	0.2	土耳其	1.3	43.6	0.1	哥斯达黎加	2.3	171.0	0.2	以色列	2.2	21.1	0.1

附表5-2　2005～2008年深圳市对前20位贸易伙伴进出口情况统计表

单位：亿美元，%

2005年				2006年				2007年				2008年			
贸易伙伴	进出口值	比上年增减	占同年进出口总值比重	贸易伙伴	进出口值	比上年增减	占同年进出口总值比重	贸易伙伴	进出口值	比上年增减	占同年进出口总值比重	贸易伙伴	进出口值	比上年增减	占同年进出口总值比重
中国香港	473.7	28.9	25.9	中国香港	599.7	26.6	25.3	中国香港	713.9	19.0	24.8	中国香港	721.4	1.1	23.9
美国	254.4	24.6	13.9	美国	305.6	20.1	12.9	美国	341.7	11.8	11.9	美国	360.1	5.4	11.9
东盟	183.3	18.3	10.0	欧盟	251.6	52.3	10.6	东盟	294.0	32.1	10.2	东盟	327.7	11.5	10.9
日本	172.0	4.1	9.4	东盟	222.5	21.4	9.4	欧盟	266.5	5.9	9.2	欧盟	314.5	18.0	10.4
欧盟	165.2	23.0	9.0	中国台湾	186.1	23.8	7.8	中国台湾	212.6	14.3	7.4	日本	211.4	5.9	7.0
中国台湾	150.3	16.1	8.2	日本	181.5	5.5	7.7	日本	199.8	10.1	6.9	中国台湾	201.2	-5.4	6.7
韩国	79.9	23.7	4.4	韩国	117.1	46.5	4.9	韩国	133.5	14.0	4.6	韩国	113.2	-15.2	3.8
澳大利亚	14.8	17.7	0.8	加拿大	24.1	64.8	1.0	加拿大	32.8	36.1	1.1	印度	32.7	40.1	1.1
加拿大	14.6	36.7	0.8	澳大利亚	19.0	27.9	0.8	俄罗斯	29.4	183.5	1.0	澳大利亚	26.8	-1.2	0.9
墨西哥	9.6	19.0	0.5	墨西哥	15.1	56.4	0.6	澳大利亚	27.1	42.7	0.9	加拿大	25.2	-23.2	0.8

续表

2005年				2006年				2007年				2008年			
贸易伙伴	进出口值	比上年增减	占同年进出口总值比重	贸易伙伴	进出口值	比上年增减	占同年进出口总值比重	贸易伙伴	进出口值	比上年增减	占同年进出口总值比重	贸易伙伴	进出口值	比上年增减	占同年进出口总值比重
俄罗斯	9.3	2.3	0.5	土耳其	14.4	299.3	0.6	印度	23.4	101.8	0.8	阿联酋	24.1	12.9	0.8
印度	8.7	100.3	0.5	印度	11.6	32.6	0.5	阿联酋	21.4	122.4	0.7	俄罗斯	23.5	-20.1	0.8
阿联酋	8.2	38.0	0.4	俄罗斯	10.4	11.1	0.4	土耳其	19.4	35.4	0.7	墨西哥	18.1	-6.1	0.6
沙特阿拉伯	7.2	31.5	0.4	阿联酋	9.6	17.1	0.4	墨西哥	19.3	27.7	0.7	巴西	16.7	38.6	0.6
瑞士	6.0	19.3	0.3	南非	9.6	74.9	0.4	南非	13.1	37.3	0.5	南非	12.8	-2.3	0.4
南非	5.5	18.9	0.3	哥斯达黎加	8.5	97.3	0.4	沙特阿拉伯	12.9	96.8	0.4	沙特阿拉伯	12.8	-0.8	0.4
巴西	4.9	4.3	0.3	巴西	8.4	70.0	0.4	巴西	12.1	43.4	0.4	哥斯达黎加	11.9	4.3	0.4
哥斯达黎加	4.3	51.9	0.2	沙特阿拉伯	6.5	-9.4	0.3	哥斯达黎加	11.4	34.2	0.4	委内瑞拉	11.1	113.3	0.4
土耳其	3.6	23.4	0.2	瑞士	6.5	7.9	0.3	巴拿马	10.6	386.3	0.4	瑞士	10.9	26.6	0.4
巴基斯坦	3.3	83.8	0.2	巴基斯坦	3.8	15.2	0.2	瑞士	8.6	33.3	0.3	尼日利亚	10.0	149.5	0.3

附表5-3 2009~2011年深圳市对前20位贸易伙伴进出口情况统计表

单位：亿美元，%

2009年				2010年				2011年			
贸易伙伴	进出口值	比上年增减	占同年进出口总值比重	贸易伙伴	进出口值	比上年增减	占同年进出口总值比重	贸易伙伴	进出口值	比上年增减	占同年进出口总值比重
中国香港	623.8	-13.5	23.1	中国香港	860.6	38.0	24.8	中国香港	1 139.3	32.4	27.5
东盟	333.9	1.9	12.4	东盟	386.6	15.8	11.1	东盟	439.3	13.6	10.6
美国	304.9	-15.3	11.3	美国	362.8	19.0	10.5	美国	377.3	4.0	9.1
欧盟	275.9	-12.3	10.2	欧盟	341.7	23.8	9.9	欧盟	353.2	3.4	8.5
中国台湾	184.8	-8.1	6.8	中国台湾	239.3	29.5	6.9	日本	255.4	14.5	6.2
日本	177.8	-15.9	6.6	日本	223.0	25.5	6.4	中国台湾	247.7	3.5	6.0
韩国	108.2	-4.5	4.0	韩国	156.2	44.4	4.5	韩国	184.8	18.4	4.5
印度	43.4	32.6	1.6	印度	41.4	-4.6	1.2	南非	103.7	191.2	2.5
澳大利亚	29.8	11.4	1.1	澳大利亚	36.5	22.4	1.1	印度	42.7	3.1	1.0
加拿大	21.3	-15.3	0.8	南非	35.6	126.9	1.0	澳大利亚	41.6	14.0	1.0

续表

2009年				2010年				2011年			
贸易伙伴	进出口值	比上年增减	占同年进出口总值比重	贸易伙伴	进出口值	比上年增减	占同年进出口总值比重	贸易伙伴	进出口值	比上年增减	占同年进出口总值比重
阿联酋	20.8	-13.7	0.8	加拿大	27.2	27.9	0.8	俄罗斯	29.2	12.4	0.7
墨西哥	17.1	-5.7	0.6	俄罗斯	26.0	96.8	0.7	墨西哥	28.6	21.9	0.7
南非	15.7	22.2	0.6	墨西哥	23.5	37.6	0.7	巴西	27.5	23.4	0.7
巴西	13.5	-19.3	0.5	阿联酋	22.7	9.1	0.7	加拿大	27.3	0.2	0.7
俄罗斯	13.2	-43.9	0.5	巴西	22.3	65.1	0.6	阿联酋	23.3	2.5	0.6
哥斯达黎加	11.6	-2.7	0.4	哥斯达黎加	15.7	35.1	0.5	哥斯达黎加	19.1	22.0	0.5
沙特阿拉伯	10.5	-18.3	0.4	巴拿马	11.9	95.8	0.3	瑞士	18.2	82.8	0.4
瑞士	8.8	-19.6	0.3	沙特阿拉伯	11.7	12.1	0.3	沙特阿拉伯	16.5	40.9	0.4
智利	7.7	40.7	0.3	土耳其	10.5	41.8	0.3	巴拿马	14.9	24.7	0.4
土耳其	7.4	-8.4	0.3	智利	10.5	36.5	0.3	土耳其	13.5	28.2	0.3

附表 6-1　2011 年深圳市前 100 位企业进出口情况统计表

单位:亿美元,%

企业名称	企业代码	进出口值	出口值	进口值	比上年增减		
					进出口	出口	进口
富泰华工业(深圳)有限公司	4403948021	4 692 614.3	2 756 654.6	1 935 959.6	37.2	34.4	41.5
鸿富锦精密工业(深圳)有限公司	4403944494	1 483 213.9	757 628.5	725 585.4	-19.6	-23.8	-14.7
华为技术有限公司	4403950010	1 171 753.8	987 412.3	184 341.6	8.5	25.8	-37.5
深圳嘉泓永业物流有限公司	4403467618	784 296.7	173 404.6	610 892.1	54.8	563.3	27.1
深圳市宝安外经发展有限公司	4403910498	721 662.6	469 941.3	251 721.3	-9.8	-8.5	-12.2
华为终端有限公司	4403930090	657 675.0	362 549.5	295 125.4	40.0	42.7	36.7
群康科技(深圳)有限公司	4403941121	556 749.2	324 034.0	232 715.2	-25.9	-28.7	-21.7
富华杰工业(深圳)有限公司	4403948030	535 471.6	290 030.6	245 440.9	-2.0	1.7	-6.0
深圳综合信兴物流有限公司	4403447904	520 193.8	87 460.9	432 732.9	19.9	4.7	23.5
中兴通讯股份有限公司	4403111049	520 176.1	514 604.0	5 572.1	12.2	12.1	25.4
深圳龙岗区对外经济发展有限公司	4403910188	363 209.7	252 713.4	110 496.3	-10.6	-10.2	-11.3
鹏智科技(深圳)有限公司	4403948014	357 157.4	212 933.4	144 224.0	187.9	193.6	180.0
长城国际系统科技(深圳)有限公司	4403428003	353 913.1	353 791.4	121.8	13.0	13.1	-63.8
深圳市中兴康讯电子有限公司	4403111152	345 809.2	72.0	345 737.2	23.6	-25.6	23.7
高先电子(深圳)有限公司	4403948252	321 545.9	166 832.2	154 713.7	15.9	15.6	16.2

续表

企业名称	企业代码	进出口值	出口值	进口值	比上年增减		
					进出口	出口	进口
恩斯迈电子(深圳)有限公司	4403945502	276 455.9	145 406.6	131 049.4	15.7	18.3	13.0
全球物流(深圳)有限公司	4403447923	257 440.6	68 652.7	188 787.9	4.7	3.3	5.3
深圳开发微电子有限公司	4403130064	249 050.5	151 140.2	97 910.3	-0.9	-3.4	3.2
深圳中外运物流有限公司	4403119989	248 471.6	241 828.5	6 643.1	11.6	10.9	49.2
联想信息产品(深圳)有限公司	4403448249	246 224.1	246 223.9	0.1	-18.9	-18.9	-91.8
深圳光汇石油集团股份有限公司	4403111892	236 453.9	115 931.9	120 522.0	79.3	80.8	77.9
深圳市朗华供应链服务有限公司	4403065686	231 033.4	122 537.2	108 496.3	4.2	20.1	-9.3
富士施乐高科技(深圳)有限公司	4403144781	230 424.3	166 539.8	63 884.5	22.7	22.8	22.4
深圳赛意法微电子有限公司	4403437523	211 077.6	117 976.4	93 101.3	-17.3	-18.4	-15.9
爱普生技术(深圳)有限公司	4403140428	197 602.9	122 429.3	75 173.6	8.7	4.6	16.1
唯佳物流(深圳)有限公司	4403448278	184 613.4	46 838.2	137 775.1	3.3	30.3	-3.5
深圳市九立商贸有限公司	4403111803	182 878.8	4 405.4	178 473.4	14.4	-38.8	16.9
深圳招商局海运物流有限公司	4403630001	182 494.0	142 580.6	39 913.4	7.3	14.0	-11.3
深圳中电投资股份有限公司	4403119138	181 496.8	160 911.3	20 585.5	47.1	49.0	33.8
深圳市华星光电技术有限公司	4453961715	176 726.9	-	176 726.9	308 893.4	-	308 893.4
深圳市信利康供应链管理有限公司	4403164920	174 486.4	32 903.4	141 583.0	81.9	514.3	56.4

续表

企业名称	企业代码	进出口值	出口值	进口值	比上年增减		
					进出口	出口	进口
深圳市深国际华南物流有限公司	4403918021	171 483. 1	152 863. 5	18 619. 6	52. 2	52. 6	48. 7
兴英科技(深圳)有限公司	4403949040	164 459. 6	90 439. 5	74 020. 1	10. 2	21. 3	-0. 9
深圳市天鹰速递有限公司	4403960660	161 582. 9	76 549. 3	85 033. 6	14508555. 6	6921172. 7	1104332651. 9
深圳市富森供应链管理有限公司	4403160542	145 784. 4	218. 0	145 566. 5	22. 8	89. 5	22. 7
深圳市华富洋供应链有限公司	4403162850	144 978. 9	2 841. 5	142 137. 4	7. 8	-50. 0	10. 4
深圳市金宝丰珠宝首饰有限公司	4403467723	143 735. 0	71 990. 5	71 744. 5	1 077. 7	1 098. 4	1 057. 7
沛顿科技(深圳)有限公司	4403148919	141 356. 8	77 546. 3	63 810. 5	-12. 1	0. 1	-23. 4
日立环球存储产品(深圳)有限公司	4403540027	139 497. 0	104 239. 5	35 257. 5	-9. 9	-10. 3	-8. 9
深圳市怡亚通供应链股份有限公司	4453066866	139 423. 4	25 292. 2	114 131. 2	-	-	-
深圳市年富实业发展有限公司	4403161326	127 998. 8	79 510. 2	48 488. 6	54. 8	52. 2	59. 3
理光(深圳)工业发展有限公司	4403140658	126 838. 6	88 151. 5	38 687. 0	13. 4	10. 0	22. 0
深圳市金运达国际物流有限公司	4403111689	126 517. 8	126 276. 6	241. 3	11. 8	11. 6	2 949. 0
飞力达物流(深圳)有限公司	4403448314	121 864. 6	34 825. 2	87 039. 4	-0. 2	64. 1	-13. 7
深圳富泰宏精密工业有限公司	4403948992	121 048. 5	85 094. 3	35 954. 2	-30. 0	-24. 9	-39. 7
深圳嘉里盐田港物流有限公司	4403730001	115 869. 7	104 160. 8	11 708. 8	0. 6	1. 2	-4. 5
住友电工电子制品(深圳)有限公司	4403943793	115 341. 9	62 361. 5	52 980. 3	331. 5	336. 6	325. 6

续表

企业名称	企业代码	进出口值	出口值	进口值	比上年增减		
					进出口	出口	进口
深圳市勤辉投资开发有限公司	4403110537	114 320.0	114 311.9	8.1	-7.1	-7.1	-63.4
深圳市盐田港出口货物监管仓有限公司	4403111377	112 955.7	112 955.7	-	15.4	15.4	-
深圳盐田港普洛斯物流园有限公司	4403137759	111 756.0	111 731.8	24.1	83.4	83.3	-
深圳能健恒商贸发展有限公司	4403437721	99 162.8	61 820.8	37 342.1	52.7	92.0	14.1
昊阳天宇科技(深圳)有限公司	4403949244	96 071.2	47 617.9	48 453.3	14.5	16.1	13.0
深圳南方中集东部物流装备制造有限公司	4403937525	94 235.8	89 805.2	4 430.6	96.8	91.1	397.9
深圳海量存储设备有限公司	4403335224	90 798.2	44 656.7	46 141.4	3.2	-2.8	9.8
冲电气实业(深圳)有限公司	4403145859	90 389.6	46 620.0	43 769.6	7.5	6.9	8.3
深圳市兆驰股份有限公司	4403968471	86 837.5	54 001.7	32 835.7	52.0	43.7	67.9
深圳市国电物流有限公司	4403418513	86 120.5	22 487.3	63 633.2	-13.0	5.6	-18.1
伟创力电子设备(深圳)有限公司	4403942926	85 062.1	49 088.1	35 973.9	83.5	93.5	71.4
世成电子(深圳)有限公司	4453960044	84 981.2	48 267.5	36 713.7	36.2	34.5	38.4
近铁国际物流(深圳)有限公司	4403447565	84 694.9	30 128.2	54 566.7	18.1	22.2	15.9
麦迪实电子科技(深圳)有限公司	4403447853	82 227.1	23 297.6	58 929.4	0.4	-18.8	10.8
深圳宝华行珠宝首饰有限公司	4403438107	80 383.5	80 379.2	4.3	51 089.5	70 216.2	-89.9
深圳村田科技有限公司	4403949813	80 303.2	38 594.8	41 708.3	104.6	141.9	79.0

续表

企业名称	企业代码	进出口值	出口值	进口值	比上年增减		
					进出口	出口	进口
伯恩光学(深圳)有限公司	4403946606	79 667.8	53 758.1	25 909.7	35.4	45.2	18.9
深圳市光明新区经济发展有限公司	4403965466	78 670.8	50 935.6	27 735.3	-6.5	-4.7	-9.6
深圳航空有限责任公司	4403910228	78 416.1	1 005.0	77 411.1	111.6	406 782.6	108.9
深超光电(深圳)有限公司	4403148707	76 628.7	26 887.2	49 741.5	-14.1	-12.7	-14.8
广东大鹏液化天然气有限公司	4403130088	76 573.0	13 740.6	62 832.4	-7.4	-7.2	-7.4
兄弟高科技(深圳)有限公司	4403949821	76 453.3	65 167.2	11 286.0	-9.0	-12.1	14.6
深圳市安盛华钟表有限公司	4403467534	76 040.4	74 991.4	1 049.0	30.8	29.7	241.2
深圳市怡亚通供应链股份有限公司	4403137671	75 451.9	9 703.7	65 748.2	-66.7	-76.1	-64.7
伟创力科技(深圳)有限公司	4403945183	73 403.6	37 943.7	35 459.9	19.7	18.9	20.7
日立环球存储科技(深圳)有限公司	4403447663	72 263.0	36 290.3	35 972.7	-13.5	5.2	-26.6
深圳能源物流有限公司	4403417513	70 195.3	22 407.2	47 788.1	10.3	-5.4	19.6
东芝泰格信息系统(深圳)有限公司	4403941169	69 679.9	41 981.7	27 698.2	18.5	2.1	56.7
晨隆珠宝首饰(深圳)有限公司	4403448460	68 853.7	68 853.7	-	-	-	-
深圳市旗丰供应链服务有限公司	4403467739	68 021.8	30 572.5	37 449.3	896.6	994.3	828.9
深圳三星视界有限公司	4403135350	68 020.7	28 140.4	39 880.3	35.9	33.0	38.0
深圳长城开发科技股份有限公司	4403110340	67 411.9	15 214.4	52 197.5	-	-	-

续表

企业名称	企业代码	进出口值	出口值	进口值	比上年增减		
					进出口	出口	进口
深圳市意大隆珠宝首饰有限公司	4403065200	67 329.0	66 516.2	812.8	1.5	3.2	-55.9
新美亚电子(深圳)有限公司	4403943255	66 935.9	34 499.9	32 436.0	13.4	22.7	5.0
深圳市金森珠宝首饰有限公司	4403418505	65 992.9	56 173.7	9 819.3	60.6	64.3	42.0
深圳市鸿基出口监管仓库有限公司	4403150098	65 708.5	65 627.8	80.7	14.3	14.3	-15.1
广东核电合营有限公司	4403130628	65 246.2	63 397.1	1 849.2	-7.8	1.7	-78.1
深圳金吉盟首饰有限公司	4453060988	65 043.3	65 043.3	-	826.6	826.6	-
富葵精密组件(深圳)有限公司	4403944821	63 946.6	36 836.0	27 110.6	20.6	30.3	9.5
深圳市创捷供应链有限公司	4453163997	59 176.1	6 422.0	52 754.1	25.7	4.9	28.8
深圳东丰珠宝首饰有限公司	4403140249	57 695.3	56 991.5	703.8	45.5	43.8	5 913.4
富顶精密组件(深圳)有限公司	4403943122	57 436.2	46 546.6	10 889.6	7.7	16.3	-18.3
兄弟工业(深圳)有限公司	4403947147	57 166.1	43 873.9	13 292.1	14.4	10.5	29.4
富士能(深圳)科技有限公司	4403946042	56 761.2	29 740.7	27 020.5	1.5	7.9	-4.7
深圳市普路通供应链管理股份有限公司	4403065167	56 426.6	15 729.2	40 697.4	51.1	145.6	31.6
深圳和记内陆集装箱仓储有限公司	4403921420	55 959.8	55 959.8	0.0	16.5	16.5	-99.6
泰克威科技(深圳)有限公司	4403949088	55 605.8	28 131.4	27 474.4	99.7	90.9	109.6
富裕仓储(深圳)有限公司	4403447529	54 722.9	16 266.8	38 456.1	146.8	221.7	124.7

续表

企业名称	企业代码	进出口值	出口值	进口值	比上年增减		
					进出口	出口	进口
比亚迪精密制造有限公司	4403937384	54 714.5	39 208.7	15 505.8	-3.9	-8.9	11.6
康佳集团股份有限公司	4403130843	54 537.5	29 048.6	25 488.9	-18.2	-15.0	-21.7
深圳市盐田长江出口货物监管仓有限公司	4403111137	54 360.1	54 360.1	-	10.1	10.1	-
意法半导体制造(深圳)有限公司	4403945446	54 314.4	27 920.0	26 394.4	64.3	65.9	62.5
中海物流(深圳)有限公司	4403447513	53 491.9	29 399.5	24 092.4	6.7	8.3	4.9

附表 6－2　2001 年深圳市前 100 位企业进出口情况统计表

单位：亿美元，%

企业名称	企业代码	进出口值	出口值	进口值	比上年增减		
					进出口	出口	进口
深圳市宝安外经发展有限公司	4403910498	997 585.7	384 766.6	612 819.0	-3.9	-1.9	1.7
深圳龙岗区对外经济发展有限公司	4403910188	594 213.1	224 110.7	370 102.4	-0.6	-1.6	-3.4
鸿富锦精密工业（深圳）有限公司	4403944494	325 470.3	122 292.0	203 178.4	772.4	686.3	575.5
希捷国际科技（深圳）有限公司	4403145394	139 318.5	67 143.5	72 175.0	-	19 982.5	9 578.6
爱普生技术（深圳）有限公司	4403140428	126 332.5	58 589.8	67 742.7	20.6	28.1	38.0
长城国际信息产品（深圳）福保公司	4403437717	102 887.9	6.1	102 881.8	962.3	947.0	-95.7
深圳海量存储设备有限公司	4403335224	90 810.7	45 593.3	45 217.3	19.0	25.5	32.7
深圳长城开发科技股份有限公司	4403131743	82 523.8	38 651.8	43 872.0	0.0	-1.1	-2.3
鑫茂科技（深圳）有限公司	4403448034	78 180.3	30 038.8	48 141.6	-7.2	-5.1	-1.7
深圳市吉亚龙实业发展有限公司	4403150010	73 524.6	61 045.6	12 479.0	84.1	29.3	21.9
广东核电合营有限公司	4403130628	63 994.3	267.9	63 726.3	9.5	5.8	-88.2
深圳三洋华强激光电子有限公司	4403132888	57 168.2	25 095.1	32 073.2	8.1	4.1	-0.6
才众电脑（深圳）有限公司	4403448033	56 460.0	25 089.2	31 370.9	-4.0	1.3	8.8
友利电电子（深圳）有限公司	4403941003	54 756.9	23 328.7	31 428.2	-37.7	-41.5	-46.0
日立环球存储科技（深圳）有限公司	4403447663	52 794.0	25 454.6	27 339.4	-8.9	-5.1	-0.6

续表

企业名称	企业代码	进出口值	出口值	进口值	比上年增减		
					进出口	出口	进口
综合信兴仓运(深圳)有限公司	4403447574	51 586.9	49 313.1	2 273.7	-25.3	743.0	1 504.2
三洋电机(蛇口)有限公司	4403140041	45 741.8	18 691.1	27 050.6	3.2	6.6	12.0
唯冠科技(深圳)有限公司	4403448010	44 655.7	18 750.9	25 904.8	-13.6	-13.2	-12.6
理光(深圳)工业发展有限公司.	4403140658	43 925.3	13 031.9	30 893.4	79.3	83.4	93.7
中海物流(深圳)有限公司	4403447513	43 654.0	38 452.8	5 201.2	-46.3	-45.8	-45.7
伟创力实业(深圳)有限公司	4403942605	35 737.4	16 929.7	18 807.6	-44.5	-42.9	-41.1
深圳赛意法微电子有限公司	4403437523	31 722.0	15 048.2	16 673.8	27.0	8.2	-7.0
深圳市顺安外资实业发展有限公司	4403110112	30 986.1	12 784.7	18 201.4	-9.1	-11.2	-14.0
中国三九进出口(集团)有限公司	4403119014	30 913.6	30 636.9	276.7	71.7	113.2	113.7
深圳三星视界有限公司	4403135350	30 605.0	15 084.3	15 520.6	75.3	70.0	65.0
深圳市怡亚通供应链股份有限公司	4403111247	29 718.9	29 718.9	-	-	-4.3	-4.2
深圳南方中集集装箱制造有限公司	4403135063	28 824.9	7 382.3	21 442.6	3.6	-13.1	-40.7
中兴通讯股份有限公司	4403111049	28 061.2	23 203.4	4 857.8	146.2	69.7	59.3
深圳市盐田港出口货物监管仓有限公司	4403111377	27 805.2	-	27 805.2	1 234.1	1 234.1	-
竞争视讯科技(深圳)有限公司	4403144827	27 727.7	15 990.1	11 737.6	-29.0	-18.6	-8.9
中国外运集团深圳公司	4403118045	27 043.5	3.4	27 040.1	-18.2	-18.3	-92.3

续表

企业名称	企业代码	进出口值	出口值	进口值	比上年增减		
					进出口	出口	进口
南太电子(深圳)有限公司	4403940364	26 528.6	14 130.7	12 397.9	-8.9	-4.7	-0.6
深圳亿升液体仓储有限公司	4403130618	25 940.9	16 767.3	9 173.7	-39.6	-28.8	-21.1
盐田国际集装箱码头有限公司	4403133891	25 354.0	732.9	24 621.1	3.6	5.0	89.6
富士施乐高科技(深圳)有限公司	4403144781	24 851.7	7 530.0	17 321.7	72.8	56.2	27.9
佳能精技立志凯高科技(深圳)有限公司	4403141114	24 759.4	10 804.5	13 954.8	335.1	320.4	302.9
东芝泰格信息系统(深圳)有限公司	4403941169	24 503.0	9 024.5	15 478.6	80.3	82.0	85.0
广东粤港供水有限公司	4403121467	23 577.0	-	23 577.0	-	-	-
深圳桑菲消费通信有限公司	4403135500	22 382.1	15 937.2	6 444.9	-30.5	-32.8	-33.6
捷家宝电器(深圳)有限公司	4403942550	22 307.8	7 563.3	14 744.5	70.4	67.6	62.4
深圳赤湾港航股份有限公司	4403133154	21 870.8	17 168.0	4 702.8	6.3	1.5	0.3
深圳华安液化石油气有限公司	4403134914	21 096.7	21 039.3	57.5	-69.5	-7.4	-6.9
深圳市中兴康讯电子有限公司	4403111152	21 092.0	21 092.0	-	-	56.9	56.9
至卓飞高线路板(深圳)有限公司	4403140169	20 542.2	7 769.5	12 772.7	25.1	12.0	-4.4
深圳市勤辉投资开发有限公司	4403110537	20 538.2	-	20 538.2	26.3	24.7	-
深圳中电投资股份有限公司	4403119138	20 083.7	5 604.9	14 478.8	30.7	24.6	11.2
雅达电子有限公司	4403940407	19 877.5	8 734.5	11 143.1	12.6	1.2	-10.4

续表

企业名称	企业代码	进出口值	出口值	进口值	比上年增减		
					进出口	出口	进口
深圳市福田外资实业发展有限公司	4403111317	19 874. 8	9 066. 4	10 808. 4	99. 9	98. 7	97. 2
恩斯迈电子(深圳)有限公司	4403945502	18 793. 0	11 382. 0	7 411. 0	–	–	–
奥林巴斯(深圳)工业有限公司	4403140396	18 597. 5	9 911. 2	8 686. 4	–38. 6	–27. 8	–14. 5
深圳创华合作有限公司	4403120326	18 020. 2	7 258. 4	10 761. 8	13. 5	7 258. 4	–16. 8
深圳三洋华强能源有限公司	4403934851	18 012. 2	8 241. 5	9 770. 8	–0. 9	–8. 4	–16. 0
伟创力科技(深圳)有限公司	4403945183	17 968. 9	6 892. 7	11 076. 2	–	6 590. 2	2 466. 3
深圳市罗诚投资服务有限公司	4403110927	17 611. 0	7 506. 0	10 105. 0	3. 9	5. 4	7. 7
深圳市金森珠宝首饰有限公司	4403418505	17 354. 0	8 278. 3	9 075. 7	–12. 7	–10. 2	–7. 2
环胜电子(深圳)有限公司	4403145296	15 452. 1	8 478. 8	6 973. 3	15 312. 9	2 469. 7	1 424. 7
海博通电子制造(深圳)有限公司	4403144671	15 312. 2	6 480. 1	8 832. 1	40. 6	38. 4	35. 4
盐平文辉储运(深圳)有限公司	4403447002	15 092. 4	783. 3	14 309. 2	39. 4	45. 5	600. 1
中国科健股份有限公司	4403110256	14 933. 2	14 933. 2	–	–	104. 9	104. 9
深圳长科国际电子有限公司	4403334804	14 453. 1	9 303. 2	5 149. 9	–55. 4	–46. 2	–39. 3
深圳创维–R G B电子有限公司	4403131697	14 112. 6	6 892. 9	7 219. 7	–12. 8	–18. 1	–23. 1
伟创力电子设备(深圳)有限公司	4403942926	13 511. 7	5 821. 7	7 690. 0	136. 3	80. 7	37. 8
新利实业（深圳）有限公司	4403142635	13 272. 9	4 725. 4	8 547. 5	16. 9	–11. 9	–39. 0

续表

企业名称	企业代码	进出口值	出口值	进口值	比上年增减		
					进出口	出口	进口
深圳市盐田区捷诚外资服务有限公司	4403110002	12 530.3	5 664.3	6 866.0	-16.6	-16.6	-16.6
深圳金美威电子有限公司	4403936556	12 441.8	5 623.3	6 818.5	342.6	363.1	390.6
杜邦中国集团有限公司	4403140109	12 306.4	5 139.5	7 166.8	-11.5	-13.7	-16.5
深圳市东风南方实业集团有限公司	4403111288	12 298.1	12 286.4	11.7	140.7	445.1	445.8
中国航空技术深圳有限公司	4403119009	12 155.8	8 918.7	3 237.0	11.4	13.0	13.6
长营电器(深圳)有限公司	4403940017	11 831.4	3 858.6	7 972.8	-1.4	-16.6	-36.8
深圳市粮食集团有限公司	4403110082	11 639.1	9 180.6	2 458.5	66.6	444.6	1 287.6
新美亚科技(深圳)有限公司	4403447725	11 606.8	6 457.9	5 148.9	255.2	166.5	122.3
中广核电进出口有限公司	4403119102	11 381.3	11 381.3	-	-	-76.8	-76.8
深圳轻工进出口有限公司	4403119039	11 067.5	4 412.2	6 655.3	240.6	249.7	264.5
康佳集团股份有限公司	4403130843	10 999.1	6 621.0	4 378.0	-51.9	-65.0	-70.4
深圳赛格日立彩色显示器件有限公司	4403131695	10 981.1	5 030.4	5 950.7	-4.5	-2.1	0.9
信隆实业(深圳)有限公司	4403940357	10 978.3	2 753.1	8 225.2	126.8	77.4	7.5
深圳市盐田长江出口货物监管仓有限公司	4403111137	10 331.0	-	10 331.0	-29.0	-29.0	-
真益电子(深圳)有限公司	4403940057	10 275.5	3 554.2	6 721.3	15.3	6.0	-8.0
中国长城计算机深圳股份有限公司	4403310907	9 931.2	7 514.5	2 416.7	211.7	13.3	-6.0

续表

企业名称	企业代码	进出口值	出口值	进口值	比上年增减		
					进出口	出口	进口
深圳市迈克斯实业发展有限公司	4403111358	9 800.1	9 797.1	3.0	–	44.7	44.6
深圳彩虹皇旗电子资讯有限公司	4403438106	9 418.7	3 999.5	5 419.2	19 6111.1	32 523.4	15218.6
迪高乐梳化家私(深圳)有限公司	4403941714	9 331.2	3 284.6	6 046.6	-1.1	-3.9	-8.7
万威电讯(深圳)有限公司	4403142366	9 185.5	3 996.8	5 188.7	-51.5	-53.0	-54.8
深圳国威电子有限公司	4403132788	8 839.6	3 478.2	5 361.4	9.5	27.8	72.0
深圳市普盛投资发展有限公司	4403111142	8 793.6	8 707.4	86.1	59.8	104.9	105.5
深圳王利电机有限公司	4403920413	8 714.8	3 231.9	5 482.9	-26.6	-31.1	-37.6
宝吉工艺品(深圳)有限公司	4403940027	8 693.9	2 894.5	5 799.4	23.6	20.4	14.3
深圳市比亚迪实业有限公司	4403110732	8 679.9	1 175.4	7 504.4	29.3	30.4	37.8
深圳市石油技术开发进出口有限公司	4403119078	8 653.5	8 488.7	164.8	25.3	-11.6	-12.1
深圳先进微电子科技有限公司	4403121204	8 626.6	3 101.7	5 524.9	-61.2	-65.6	-71.3
广东省宝安纺织品进出口公司	4403118009	8 380.7	2 845.3	5 535.4	-14.7	-14.5	-14.1
富士康精密组件(深圳)有限公司	4403941508	8 329.5	3 668.0	4 661.5	-59.7	-59.5	-59.3
三洋半导体(蛇口)有限公司	4403140385	8 195.6	4 514.6	3 681.0	0.6	1.4	2.2
金像磁讯(深圳)有限公司	4403941123	8 011.7	3 366.3	4 645.4	24.0	21.5	18.1
深圳以莱特凉宇空调有限公司	4403135056	7 866.2	1 580.6	6 285.7	-18.9	-24.8	-41.7

续表

企业名称	企业代码	进出口值	出口值	进口值	比上年增减		
					进出口	出口	进口
立信染整机械(深圳)有限公司	4403940323	7 827.1	3 122.1	4 705.1	9.6	7.7	5.1
广东省东方进出口公司	4403118015	7 548.0	2 761.1	4 786.9	57.7	50.1	38.6
深圳轻工业品进出口公司	4403110035	7 521.5	1 631.8	5 889.8	33.9	27.1	7.2
广东华美集团有限公司	4403130045	7 520.5	7 520.5	–	–	56.3	56.3
鸿兴印刷(中国)有限公司	4403940812	7 464.7	4 677.3	2 787.4	15.3	-3.1	-11.5

后　记

《深圳外贸入世10周年述评》的编写工作始于2011年11月，由深圳海关综合统计处负责组织编写，深圳关区监测预警业务骨干具体负责这项工作。在编写过程中，得到深圳海关李小敏副关长的具体指导，海关总署综合统计司和深圳市政府有关部门给予了热忱帮助，使本书得以顺利编写完成。

参与本书撰写工作和搜集信息资料及数据的海关人员有周坚文、柯火娟、温涌波、林培忠、刘颖、周颖、吴剑平、张学军、林素娜、王枫、万健、黄小燕、王璐、张煊、党延刚、邓美玲、陈红、周琦、刘云、张恒、王秋野、张馨元、杨阳、石静怡等，由林培忠、刘颖、周颖、张学军、林素娜、王枫、万健和王璐等对初稿进行复核，吴剑平同志完成文后附录数据的统计整理工作；全书由柯火娟、林培忠、周颖等进行统稿，由周坚文负责全书的最终定稿工作，深圳海关办公室李安提供了部分图片材料。在编写过程中，参考了《"入世"五年广东对外贸易监测报告》、《"十一五"期间中国对外贸易监测报告》和《深圳统计年鉴（2011）》。书中引用的数据除有专门注明出处外，均来自海关贸易统计数据。在撰写过程中，得到深圳市经济贸易和信息化委员会曾锦辉等人的大力支持，特此表示感谢。

由于该书的撰写时间紧，搜集数据和资料的难度较大，以及编写人员的水平有限，书中难免有疏漏和不当之处，敬请读者批评指正。

2012年6月